马桥史话

MAQIAO SHIHUA

张乃清 著

上海闵行地方文史丛书
（第二辑）

中西書局

图书在版编目(CIP)数据

马桥史话/张乃清著. —上海：中西书局,2023
(上海闵行地方文史丛书. 第二辑)
ISBN 978-7-5475-2106-9

Ⅰ. ①马… Ⅱ. ①张… Ⅲ. ①乡镇—地方史—闵行区
Ⅳ. ①K295.15

中国国家版本馆 CIP 数据核字(2023)第 074253 号

马桥史话

张乃清 著

责任编辑	刘 博
封面设计	梁业礼
责任印制	朱人杰
出版发行	上海世纪出版集团 中西書局(www.zxpress.com.cn)
地 址	上海市闵行区号景路 159 弄 B 座(邮政编码：201101)
印 刷	常熟市人民印刷有限公司
开 本	700 毫米×1000 毫米 1/16
印 张	18.75
字 数	269 000
版 次	2023 年 6 月第 1 版 2023 年 6 月第 1 次印刷
书 号	ISBN 978-7-5475-2106-9/K·427
定 价	98.00 元

本书如有质量问题，请与承印厂联系。电话：0512-52601369

上海闵行地方文史丛书

编委会

监　制　胡明华

策　划　朱　奕

编　务　孙春兰　倪　懿

陆　捷　张燕琳

马桥镇
北桥镇
碧江路
联盟
联建
旗忠
望海
吴会
民主
同心
彭渡
金星
联农
联工
上海电机厂
上海重型机器厂
新华汽车厂
上海电力机械厂
化妆品公司
市政公司

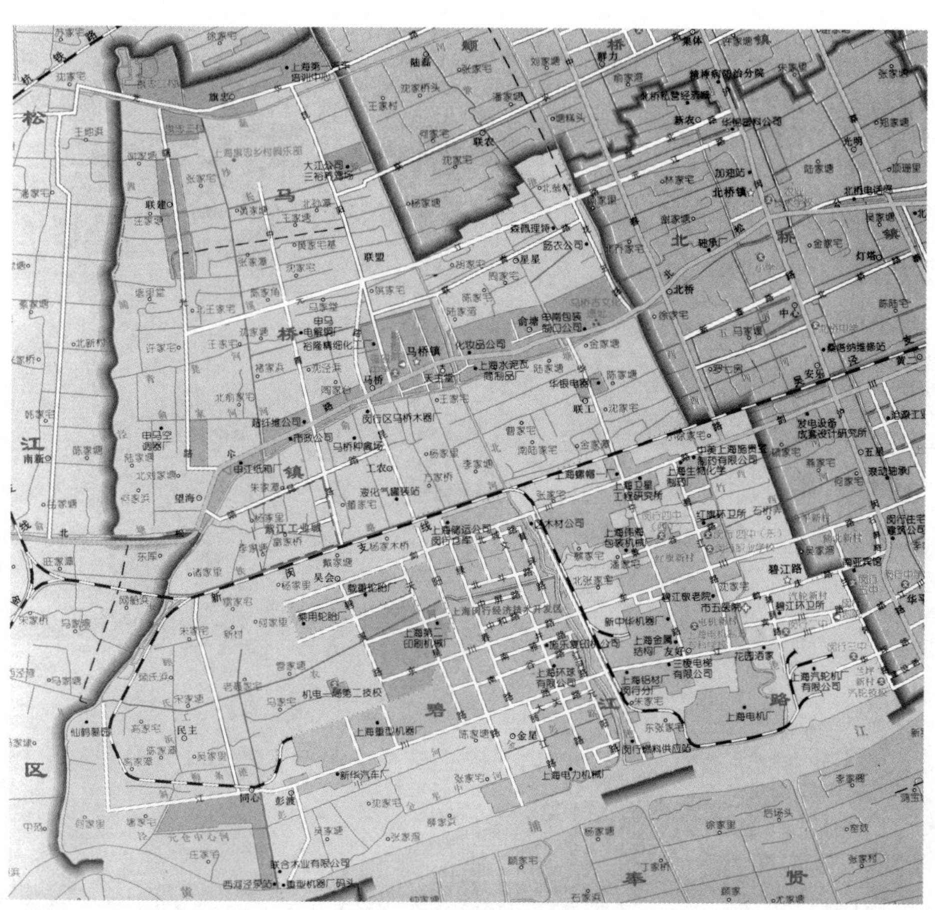

1999 年马桥镇地图

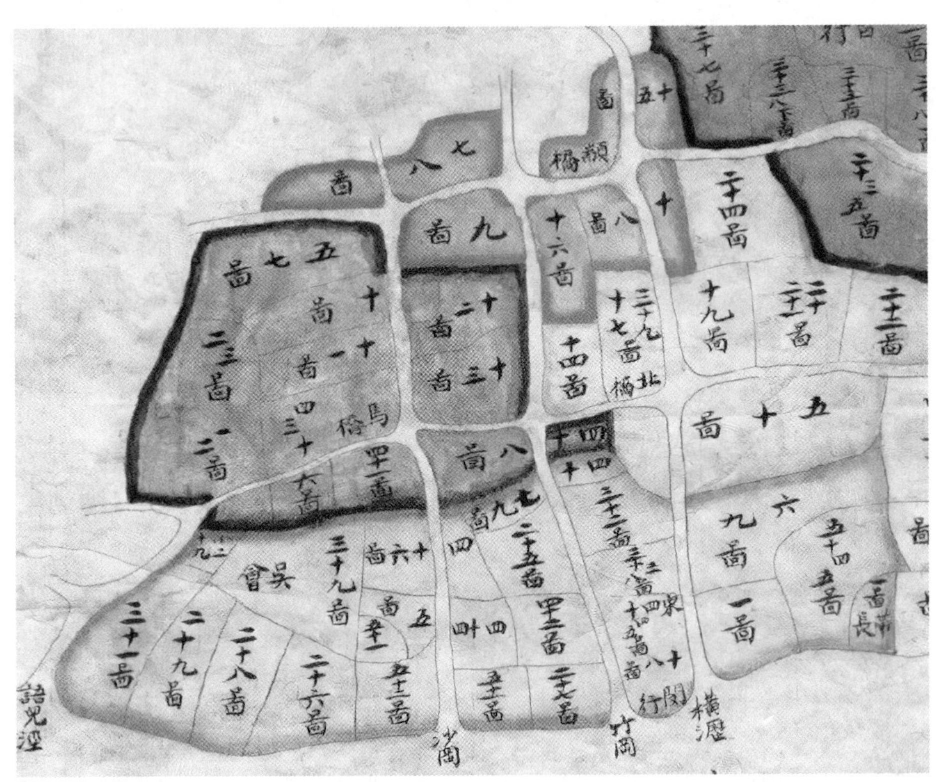

1905 年本地区地图

前言

Preface

从“马桥文化”到“江南文化高地”，再到“上海文化沪郊样板”，马桥历史文脉的主线绵延3 000多年，攀援上升，硕果显赫，积淀丰厚。史实说明，这里始终为沪郊社会发展的“先行者”，是一处文化宝库。

这样的文化现象在江南地区是罕见的，是上海乡镇文化史的代表性篇章。由此形成的地域文化特色及其内涵，是马桥人最值得总结和弘扬的精神财富，也是马桥人阔步走向未来的力量源泉。

距今6 000至3 000年之前，“三冈”海岸线先后成陆，使这里成为远古上海腹地的“高原”。

这里曾出土良渚文化的遗存，说明这里拥有至少5 000年的地域文明史。公元前2 000年前后，环太湖地区江河泛滥，洪水淹没陆地。“良渚文化”突然终结，此后约有三百年间无人类遗存。

公元前1 800年至公元前1 200年，“马桥文化”从产生到消逝，前后数百年。考古界确认，马桥文化可能是起源于良渚文化而接受了南方印纹陶和中原地区文化影响的文化遗存。因此，“马桥遗址”意义非凡，这里是远古“上海”走出历史低谷，重新攀援上升的起点，其历史价值绝不可低估。返祖性质的“马桥文化”出土文物，对考古界来说必然具有极其重要的价值。但是，“马桥文化”与中原、江浙地区同时期的文化遗存相比较，器物品质显得粗糙，更无青铜器、玉器等高等级物品，存在巨大的落差。当时的“马桥人”回到了以狩猎为主、饲养为辅的生活状态。“马桥文化”前没有承袭“良渚文化”，后没有直接绵延产生新的文化形态，在马桥历史文脉中成为一个相对独立的“断层”。

从“马桥文化”消逝，到春秋战国时期，相隔近千年。这个时期，冈身之东区域逐步成陆，海岸线一再东移，出现大量滩涂，人口随之聚集。其间，有新的“马桥人”在这里生活，他们垦荒屯田，艰难谋生，随着生产方式的改变，“半生为食”改为“全熟而食”，“搭棚为窝”改为“建村立巷”，然而尚没有形成独有特征的文化遗存。这个时期出土的文物为数不多，品质平庸，说明这个时期这里仍是穷乡僻壤，处于历史舞台的边缘。

直至春秋战国时期黄浦江水系初步形成之后，这里才逐步崛起，诞生了绵延一千多年的“马桥古文化”，文化脉络清晰流畅，各时期均有不同的重要内涵，具有特殊的历史价值和文化价值，有待深入发掘和利用。“马桥古文化”的价值并不低于“马桥文化”，这是远古“上海”走出历史低谷，重新攀援上升的重要篇章，也是“马桥人”最出彩的文化遗产。

黄浦江中游段，江面开阔，连通江浙，自古为“漕运黄金水道”，古称“瓜泾塘”，宋代改称“黄浦塘”“黄浦”。马桥地区地处北岸，古称“塘北”，这里一马平川，水网如织，地势偏高，旱涝无忧，宜植棉粮，物产丰富，人们只要勤于耕种，便足以温饱，先民们依水而居，以水而兴，逢熟吃熟，自给自足，因此这里具有“黄浦要塞”和“漕粮基地”的战略地位。

春秋战国时期长达500多年，随着“吴越争霸”之战，“黄浦要塞”人口增多，“漕粮基地”持续开发，吴越楚文化在此交汇融合，战略地位日益凸显，文化积淀深厚。黄浦江沿岸的文明遗迹，以及星罗棋布的自然村落，就是这段历史的见证。

在唐代此地设置了华亭县。受“宋室南渡”影响，“南宋大迁徙”引发历史性转折，这里“金梧引凤”，成为一片热土。宋元以后，“上海文化”重心由西向东发展，这里是一个重要的人文聚集地。

元代，这里设立“邹城巡检司署”，初具规模的“吴会街”呈现繁荣景象，与乌泥泾镇、青龙镇齐名，沙港河、竹港河两岸迎来了大量特殊的“外来户”。这里人才会聚，农家富足，耕读成风，世态安逸，人文和谐，地域文化优势开始显现。

明初，进士彭汝器（字宗琏）定居于此，形成彭渡村。至明代中期，这里耕读传家蔚然成风,科举入仕逐渐成为乡人追求的人生目标。从明天顺八年董纶中进士至清顺治十八年董含中进士的197年间,这里先后高中进士的有16人,计有50多人走上仕途。仅嘉靖年间,吴会里就有戴邦正、董子仪、龚恺、董传策、龚情五人考中进士。最显赫的当属竹冈董氏家族,万历年间,马桥人董其昌出任南京礼部尚书。董其昌的祖辈闻人辈出,名扬江南。松江知府奉旨在董家老宅建"云间三凤坊"。董宜阳撰《竹冈阡表》,记载竹冈董氏世系,又请南京太仆寺主簿许初抄录成册,被乾隆皇帝视为宝物。

明嘉靖、万历年间,这里尽显江南文化风采,"科甲之乡"美誉江南。这里民风淳朴,耕读传家,乡贤美俗,展现了江南文化特有的诗性品质。董纪以耕读为乐,甘为乡间隐士,自建"西郊草堂",撰《西郊笑端集》。精神追求称"六有",即"言有教,动有法,昼有为,宵有得,瞬有养,息有存"。董宜阳因痛失爱妻,决意不再远行,在沙港河边筑"紫冈草堂"静心读书,攻于学问。晚年家道中落,仍修筑曲水园,手植紫藤树。这里先后发掘了八处明代墓葬,丰富的出土文物呈现了明代的人文风情。步入清代,董含获进士、弟弟董俞中举人,却遇上"江南奏销案",一夜之间功名被毁,遂以诗文自娱。董含勤于著述,所著《三冈识略》共十卷,为后人研究地方文化史提供了宝贵资料。董俞甘做"田园诗人",传世诗稿一千三百多首。

这里的行政区划稳定了七百年之久,始终属松江府上海县,位于上海县西南端。明清时代,这里远离城市尘嚣,屡次避过兵火灾难,长期稳定在农耕社会的状态。除马桥老镇外,还拥有荷巷桥、中渡桥、紫藤棚、沙脊街等乡间集镇。经济社会虽并不繁华,田园风光却更显安宁和谐。

这里有一些人文现象值得探究:数百年来,马桥地区有不少乡间集镇,却没有形成一个有规模的城镇;有不少乡间小庙,却没有形成一个有规模的寺庙。清代晚期,松江来的传教士在这里传播天主教,先后兴建六个小教堂,但是花开无果,没能产生重大影响。这里的民间信仰主要是俗神信仰,寺观供奉的多为土著神,还有佛道并奉的现象,或信仰天老爷、土地公公等自然神和福、禄、寿、喜、财、门神等社会神。这些现象说明,这里长期是一个纯粹的农耕社会,儒家传统文化始终占主导地位。

明清时期,这里出现过不少显赫的家族,对本地社会影响最久远的是竹冈董氏、竹冈黄氏、俞塘钮氏。其共同特点是传承家学,守望家园,族无霸气,造福乡里。竹冈黄氏是楚相春申君黄歇的直系裔孙,明嘉靖年间形成黄家河圈。清代后期,黄氏十九世孙黄宗坚长期靠务农谋生,以徐光启的《农政全书》为指导,遵循科学原理,探寻改良棉花生产,提高了本地棉花产量和质量,乡亲们随之收入大增。他撰写的《种棉实验浅说》,成为农科经典之作。清康熙元年(1662)俞塘钮氏从上海县城迁居俞塘,家学传承,先后出了1名进士、3名岁贡生和3名举人,秀才至少有36名。

近代,闵行镇发展成"小上海",呈现出一幅"海派乡土"文化景象。

荷巷桥的顾言,不仅创办了吴会书院,长期出任闵行乡董,主持水利建设,更重要的是步入上海学界,成为上海学务公所主要人物之一。

俞塘的钮永建,从科场冲上战场,成为辛亥革命先驱,是最具代表性的"近代上海人"。

清光绪二十四年(1898),钮永建向顾言提出,将吴会书院改建为新式小学堂,增添"新学"课程,使学生得到智育、德育、体育知识,成为适应时代潮流的人才。光绪二十六年(1900),强恕学堂在马桥镇正式开学,领时代风气之先。

1928年,钮永建在马桥镇上筹建"私立强恕职业中学",引导年轻人重视园艺农事,为我国最早的私立中等职业学校。1930年9月1日正式开学,入秋后改称"强恕园艺学校"。同时,钮永建创建俞塘民众教育馆,后扩展为江苏省立,辐射沪郊各县。这里勇于开拓创新,实施"乡村改造"成效卓越,一举成为上海西南(江苏南部)地区的文化交流中心。新中国成立后,乡人们勇于开拓,成就卓越,这里始终被称为"沪郊骏马"。

为深入贯彻落实党的二十大关于全面推进乡村振兴战略部署,今日的马桥镇理应推进文化自信自强,"让历史文化遗产活起来",坚持创造性转化、创新性发展,切实做好"赓续历史文脉"这篇"大文章"。马桥镇的明天必将更美好!

目录

Contents

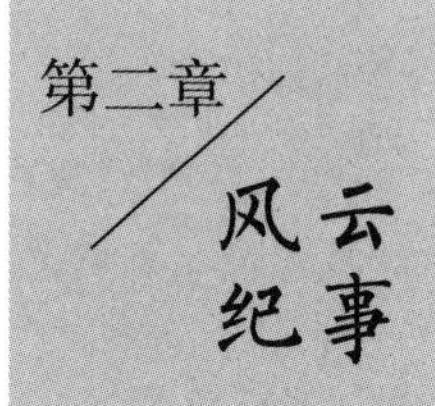
第二章
风云
纪事

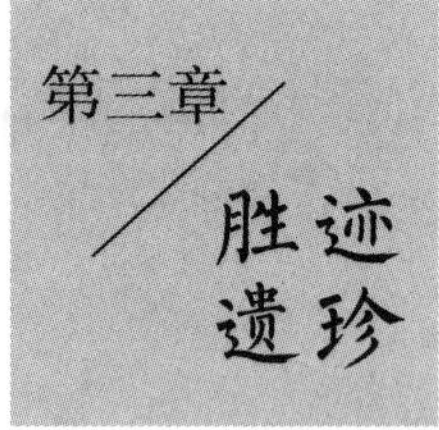
第三章
胜迹
遗珍

附录

第一章 人杰地灵

董其昌塑像及云间三凤坊

董家老宅云间三凤坊遗存

顾言创办吴会书院

董家老宅闻书香

竹冈董氏由来

元代初，竹冈董氏的始迁祖董官一，在“吴会里竹冈洪桥东”定居。明代初，董氏后人董成子孙枝繁叶茂，分头拓地建宅，并为祖辈设立墓园。至明代中叶，董氏宅院成群，散布在沙冈至竹冈之间，绵延数里，乡人称之为“董家汇”。而最初的“释耕所”“东野草堂”“西郊草堂”等所在地（今友好村八组、九组地界），人称“董家老宅”。清初，在石桥头分建“董家宅”（今友好村十组）。

《董氏族谱》记载：董官一生下儿子董仲庄。董仲庄“隐德弗耀”，入赘当地韩氏人家，“居吴会里东沙冈上”，生有两个儿子，均为且耕且读的处士。

董仲庄长子董中（1380—1442），字思忠，号遗安。据当地出土的《明故处士董公（董中）圹志》记载：“自曾祖以上世居松之上海，考仲庄，隐德弗耀，妣韩氏。先考幼孤，赘于外氏，弱冠归守先业，勤俭经营，□大其门阀。永乐间，乡里推为万石长。凡应事接物，敬亲睦族，所著有能声平音，训子孙以读书闻礼，课童奴以耕垦为业，故以遗安名其堂。寻往松城，得中风疾，遽然卒。”（《圹志》石今存闵行区博物馆）董中以经营贸易起家，并负责乡里赋税征收,为家族奠定了经济基础。

董中娶宋氏为妻,生有三个儿子,长子董和,娶江氏;次子董平;三子董弘。孙儿有三,董经、董纶、董震。孙女董重阳,其女名妙真,嫁给龚士俊。

董中曾企望在松江府城谋发展,不料得中风疾,遽然去世。明正统八年(1443)四月初,董中安葬于上海县十六保师字围先垅之侧。

董仲庄次子董平,入赘当地钱氏人家,因沿钱姓。三传至董冕,即董其昌高祖,恢复董姓。董平36岁去世,墓葬在竹冈西车墩俞塘北原。思贤一支四代单传,人丁单薄,所以一直以来比较拮据。

“竹冈董氏”坚持耕读传家,终有董纶脱颖而出,考中进士,“董家老宅”就此享有盛名。而后,董纶儿子董忱、董恬同时登科,明弘治帝钦赐“云间三凤”题额,松江府在“董家老宅”立起牌坊,这里更加风光无限。

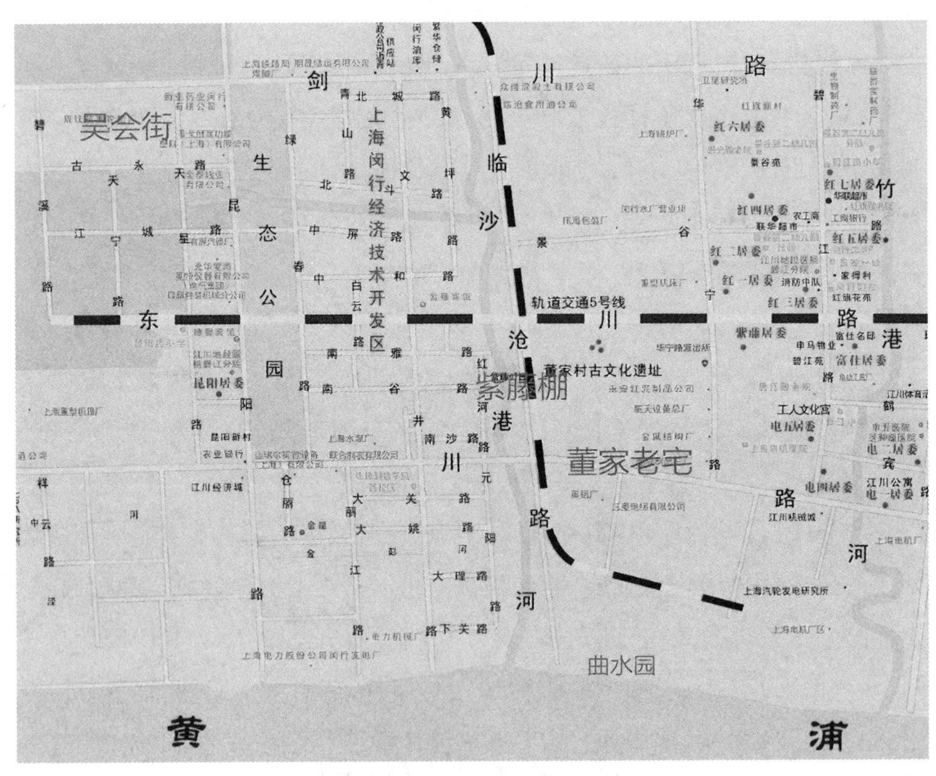

董家老宅位置地图

释耕为乐

明代初，社会动荡逐渐平息，百姓生活重得安宁。在董家老宅，当时有董成以能诗闻名，生有三子一女。

长子董良用，颇具文才，在沙冈有“百亩私田十尺庐”，以耕读为乐，不就朝廷征辟，甘为乡间隐士。寓居乌泥泾的元末诗人王逢撰有《题董良用征士释耕所》，描述了董氏当时的家境，诗云：

百亩私田十尺庐，释耕为乐野人如。
陇牛瀼卧春犁后，水鸟低飞午馌余。
殷丧蕨薇元可食，秦炎种树独存书。
老予拟就庞公隐，岁暮相看两鬓疏。

董佐才的兄弟董纪，字良史，也以文才出名。

明洪武三年(1370)秋，朝廷在各地推举“贤良方正”，召集人才。董纪应召，廷试时对策胜出。次年初春，董纪赴任江西按察使佥事。

然而，董纪本性刚直，并不适应官场生态，无心仕途。两年后，他以奉养父母为由，索性“乌纱换角巾”，辞官归乡。

许多人不理解他的行为，董纪则不以为然，撰写了一首《览镜自嘲》给友人，诗云：

官样乌纱换角巾，已非巢许辈中人。
枉烦征印加殊礼，敢谓儒冠误此身。
归隐定招林鹤怨，前呵应被野鸥嗔。
寄书杨璞能诗妇，深得愁眉日九颦。

洪武六年(1373)，董纪返回吴会里后，隐居在其兄董佐才“释耕所之西

轩”,屋小亦雅,自得其乐,称之“东野草堂”。其《与胡彦恭同宿西轩》,诗云:

同下西窗榻,凄凉强说诗。
暮秋将尽夜,风雨正来时。
屡剪生花烛,频夸杀着棋。
侍儿先欲寐,意似怪眠迟。

董纪还撰有《寄仲斋并述草堂新居之乐》,诗云:

青云甲第嫌高大,却向东皋别业居。
有地不栽无用树,满池俱畜可烹鱼。
每因客至呼狂药,只厌人来乞草书。
时雨桑麻连夜长,老农相庆道何如。

同年十一月,董佐才因乡荐进京为官,授广东茂名县知县。次年四月,在京起行。洪武八年正月,始得到任。六月,由茂名调任广西柳州雒容县知县。《元诗集·癸集》收录了董佐才《题华亭朱孟辩篆冢诗卷》《方寸铁为卢丹》等八首诗。

洪武九年(1376),董佐才在广西柳州雒容县任上突然病故,卒年 53 岁。留下两个儿子,长子董泽,字时雨,在西芦河泊所任职。

董纪先后失去姐弟,兄长突然客死他乡,且尸骨一时难以运回,他闻讯极为悲伤,即撰《祭兄雒容知县》感叹曰:“痛哉！吾兄之未可死也。为人子,父母日薄西山,养生送死之责有攸在,是未可死。为人父,男不知有室,女不知有家,羁孤之身越在万里,亦未可死。”“呜呼,兄胡为乎复弃我而先殒乎,病而吾不知时,死而吾不知日,殓不得凭其尸,殡不得扶其棺,迨闻乎有丧,又未能亟遣嗣子,往迎旅榇,而徒系风捕影,召归魂于仿佛而祀之室堂也。而今而后,吾亦复何意于人间世哉,虽然资父事母不敢不勉,此外则当事嫂如事兄,视侄如视子。庶几有慰,精爽于冥冥而不愧于天也。呜呼！吾言有

穷而情无穷，其知耶其不知耶。”

老父亲董成更是痛楚万分，含泪撰成《父祭子雒容知县董良用》，悲叹：“呜呼！父死子祭乃顺正也，子死父祭何逆戾也。”董佐才之子董泽也撰《祭父雒容知县》叹曰：“窃自幸者犹以我考，平日修身，慎行德义，无愆天真，福善亦可免夫。呜呼！孰谓通济之别，遂为永诀，宜山之报，遂为绝音，抑人事之难，必造物之难知也，诚知其如此，则于向之叔氏议遣，偕行之日，安得听父命之不许而忍远离膝下耶，噬脐之悔，万死无及，虽书策琴瑟，俨然手泽之如新，居处笑语，僾然声容之如在，终不得见其可畏之威，可象之仪矣。呜呼，痛哉！今则耄耋之尊，倚门而何望，寡弱之母，举案而谁敬，颠连二孤，身何托以自立，家何赖以自理也。号天呼地，五内分裂，奈何道阻而且长，时难而复歉，未克迎柩，以襄大事，所以束返魂之帛，立依神之主，斩衰既服，俎豆既陈，至诚之感无不格焉也，神其鉴之。呜呼，痛哉，伏惟尚享。”

这些祭文，既是董氏家人情感的表达，也是本地区社会风情的缩影，又足见当时董氏家族的情怀和素养。

西郊草堂

董纪择地自建新居，称“西郊草堂”，新凿池塘养鱼，新置笔床茶灶。在此且耕且读，教授子孙，超然避世。

耕读余暇，董纪作诗十首，每首以“我亦西郊有草堂”为起句，谓之“草堂杂兴”，聊写其闲居自得之趣：

我亦西郊有草堂，何须定在碧鸡坊，
桑麻得雨饶生意，榆柳参天尽作行。
居鹤另存闲地位，种鱼新凿小池塘，
高情此外犹何慊，只少扁舟系岸傍。

我亦西郊有草堂，旁人错比百花庄，

笔床茶灶皆新置，诗卷图书只旧藏。
屢隐寄声求菊本，山僧折简送椒秧，
豪华短促如春梦，不似田家饭力长。

我亦西郊有草堂，野花山卉四时香，
小儿学字涂鸦拙，奴子应门抵鹤长。
自毁茶经高陆羽，不传琴散陋嵇康，
太平朝野无遗佚，独为才疏得豹藏。

我亦西郊有草堂，石为阶砌土为墙，
竹间棋局消长夏，树底胡床候晚凉。
五月新丝登杼柚，四时佳果当糇粮，
远游多少忘归客，日日邛崃与太行。

我亦西郊有草堂，超然与世欲相忘，
兴来得句追陶谢，闲去抄书补汉唐。
东里花开时独往，南邻酒熟每先尝，
浮生已是中年后，镜里何嫌鬓髪苍。

我亦西郊有草堂，绿荫门巷麦风凉，
缫车索索鸣中霤，烟火依依接近疆。
溪女缬裙提瓮汲，邻翁挟俎隔田瓤，
熙熙实有先民乐，不比桃源事渺茫。

我亦西郊有草堂，时从野老话农桑，
匏瓜足食何忧馑，檿柘新栽莫漫伤。
架上法书兼魏晋，案闲诸子杂荀扬，
朝耕夜读吾儒事，可不焚膏继夕光。

我亦西郊有草堂，苍苔满径石田荒，
灯前夜寂妻儿语，场下秋晴老弱忙。
细纺木棉登市价，先砻穲稏纳官仓，
开门不见征租吏，便是田家一小康。

我亦西郊有草堂，槿花篱落几斜阳，
过桥野色分江断，绕屋禽声得树藏。
椰子作杯倾绿醑，鲈鱼斫脍抹红姜，
应门只为溪童懒，客至长令倒屣忙。

我亦西郊有草堂，梅花纸帐竹筐床，
茅柴味薄葱椒烈，榾柮烟消芋栗香。
为着残棋知胜负，因观通鉴识兴亡，
何须抵死忧身外，万事无如醉作乡。

董纪45岁时，不农不商又不禄，百事无成，生活清贫，处境孤苦。他在《立春日偶书》诗中如实记述了所面临的艰难处境：

我生行年四十五，去年失恃今何怙。
四人兄弟一人在，敢叹零丁与孤苦。
家贫无田惟有书，读书未遇将何如。
不农不商又不禄，百事无成生计疏。
大儿痴顽无好习，见人懒作低头揖。
小儿学语未分明，近始扶床能独立。
山妻抱儿认父面，愿汝父子长相见。
但令骨肉在眼前，到老不嫌贫与贱。
纫穿补绽无时息，昼纺棉花连夜绩。
食指衣身累转多，头焦鬓秃空啾唧。

婢较初来过半长，手拙未解调羹汤。
学攻针线更迟钝，两日一裤缝三行。
苍头入门懒无匹，面垢脚胺常菜色。
使令内外岂云无，自然不得分毫力。
破屋数间如玉川，床头旧物余青毡。
愁来就枕且醉眠，万事得失皆由天。

尽管生活清贫，董纪依然雅好吟咏，抒发情怀。其诗文辞章兼美，凡咏赋一出，总是脍炙人口；其诗闲整流利，平易朴实，可惜每不留稿。其《海屋诗》中有"过桥云磬天台寺，对岸风帆日本船"之句，最为历代诗词名家所推崇。

董纪与华亭陶宅（今属奉贤区青村）的袁凯（字景文，号海叟）及元末进士陆居仁（字宅之，自号巢松翁）、吴哲辈齐名。又与著名诗人陶宗仪及陆居仁、吴里会俞氏、章氏、马氏家族子弟相交甚好，经常互相唱和。

董纪还擅长草书、墨竹，兼工梅兰，曾为松江西佘山宣妙讲寺题写匾额。

董纪在"西郊草堂"隐逸终老，晚年自署"真率道人"，还将自己的作品辑成《西郊笑端集》二卷。有人问其何以名"笑端（义为'笑柄'）"？他答道："得君一问，便是笑端。"

沙冈古风

在董纪《西郊笑端集》中，有两首诗描述了当时沙冈一带的农耕生活，让后人真切地感受到这里的乡村古风。一首《织布谣》云：

朝拾园中花，暮作机上纱，
妇织不停手，姑纺不停车。
园中花有尽，虫蠹兼风损，
苟遇商贩来，腾踊价无准。
经多愁纬少，买花连夜造，

不惜斤两过，且要边幅好。
门前索租赋，催钱又催布，
细意织得成，犹恐监官怒。
年饥负私债，钱物无称贷，
拟尽纳官余，抱布城中卖。
城中布虽贱，得钱图得现，
不恨利轻微，但愿身常健。
举家忙不已，一丝难上体，
钱布汗血成，监官莫轻视。

另一首《采桑曲》云：

清晨采桑露如雨，妾身本是良家女，
使君有妇妾有夫，妾请使君听妾语。
人生节义重移山，一女二夫非等闲，
秋胡黄金道旁意，直见生死嫌疑间。
不惜朱颜镜中老，只恐蚕多叶稀少，
蚕多叶少蚕苦饥，蚕少不堪衣债讨。
朝桑暮桑欲如何，缫车未停催上梭，
无心巧妆浓画蛾，镜台蛛丝萦网罗。

《西郊笑端集》中另有一首《六有斋》诗，董纪称“沙冈俞子诚氏，名其斋，曰六有，盖取横渠张先生告其门人尹氏之语，谓言有教，动有法，昼有为，宵有得，息有养，瞬有存也。学士大夫咸咏歌之，求余品题为作诗一首”。沙冈这位俞子诚的“六有”，反映了当时隐居在此的文士的精神追求。

颇有意义的是，董纪《西郊笑端集》卷二中有篇散文《闲处光阴记》，记载了当时文士章文浩隐居在此的情境，使今人清晰地看到六百多年前这里的另类风光。其文如下：

上海之沙冈,有隐居为章文浩氏,于其墅之西,偏外斋之后,凿地为池,垒石为坛,树以松桂,旁有古梅碧桃,柏夹拱池中,畜金鱼,植嘉莲,池之上又作小轩,通外斋以为游息之所,其广三闲,袤则不逾寻丈,花香竹色,熏染几席,云影天光,出没栏槛,幽阒寥敻,不知有尘世之胶胶扰扰也。因取少游词中语,名之曰闲处光阴,而求予为之记。予谓少游雪月中人,咳唾珠玉,故其言虽浅近而意味无穷,登是轩者睹其名而思其实,一轩之义尽矣备矣。虽然光阴一也,岂有闲不闲之谓哉,闲不闲此天之所,以予夺于人而人不能自必者,光阴不知也,人得其闲不得其处,则徒有其闲而为虚度矣,虽得其处不得其闲,则徒有其处而为虚设矣,既得其闲又得其处,光阴岂有不假乎人者哉。文浩好尚高洁,胸次潇洒,上勤赋税之供,下尽事育之责,退而休偃于此,避喧乐静,此岂非有得于闲处光阴之所者乎。至风日佳时,窗户洞启,与夫二三郡人谈名理,讨论往事,或觞或咏,或琴或奕,或焚香读书,或啜茶观画,无一不适其宜此,岂非有得于闲处光阴之时者乎。且夫光阴者,百代之过客也,其在天地则无穷。在乎人则有限,以有限而言之,古无今之日,今无古之时。文浩有见于此得所与时矣,闲处勿虚设也,光阴勿虚度也,如此则于少游之言为无愧,命轩之意为无负矣。视朝暮运甓,恐不堪事者今亦何在,又安能以彼而易此哉。文浩作而曰某虽不敏,请事斯语矣。遂书为之记。

元末明初外来户

(一) 蒙古族人的“白云一坞”

据董纪《西郊笑端集》卷一《怀静轩并序》记载,有蒙古族人来竹冈吴会里定居。雍古部(蒙古聂思脱里贵族)人马礼(字文郁),祖先居静州天山,曾担任宣政院都事,为元代文学家马祖常(1279—1338,字伯庸)的叔父,元代时赴江南任职,全家在吴会里定居,建造名为“白云一坞”的宅院。其子马祖中,任浙西监仓使。马祖中在吴会里生养了马季子、马定国。后来马季子建

宅院，取名“怀静轩”，“静”指祖籍静州天山，以示不忘本。他与隐居在乌泥泾的诗人王逢（字原吉）等往来甚密，王逢有《题怀静轩》诗。至正七年（1347），马定国以华亭籍考取乡贡。

（二）维吾尔族人的后裔

元代著名田园诗人、画家高克恭（1248—1310），字彦敬，号房山，色畏吾儿（今维吾尔族）人，曾到江浙从政，官至刑部尚书。其有一支子孙在吴会里定居。董其昌的曾祖母就是其玄孙女。

（三）韩氏人家

元代吴会里有韩氏人家，四代同堂，成为望族。至正元年（1341）韩日新重修仁济道院。韩日升 80 岁时建造“世彩堂”及园林。其子韩震，名士杨维桢名其堂，翰林周伯琦题额。

（四）陆深的老家

华亭陆姓始迁祖为唐时陆龟蒙（字鲁望，号天随子，农学家、文学家、道家学者），由长洲（今江苏吴县）迁居松江甫里（今甪直镇）。元代，陆龟蒙十三世孙陆子顺率家族从江苏吴江迁入吴会里，在沙冈北庄建宅定居。十四世孙陆余庆生有五个儿子，务农为业。元末，陆余庆之子陆德衡（字竹居）入赘浦东洋泾章家，官至承事郎。明弘治十四年（1501），陆德衡的曾孙陆深（1477—1544，初名荣，字子渊，号俨山）以应天府乡试第一名中举，四年后又以会试二甲第一名考中进士，后任嘉靖朝大学士。死后赠礼部右侍郎，其居地名“陆家嘴”。

宜阳紫藤花

在马桥古藤园内，有几株紫藤树枝干苍劲，布满棚架。每逢四五月，繁花似锦，令游人心旷神怡。这几株紫藤树，历经五百多年风雨，至今仍充满生机，被列为上海市 1368 号古树名木。

明嘉靖三十四(1555)年，明代书画大家董其昌在董家老宅出生。其同族叔父董宜阳，于同年在沙冈桥侧种植了这几株紫藤。

痛失父母

董宜阳(1511—1572)，字子元，董纶之孙、董恬之子，为明嘉靖年间著名诗人、书法家。

董恬娶乔氏为妻，乔氏生下三个女儿后即病逝。董恬只得再娶继室，不幸又早逝。他本不想再续弦，可是又不甘于无子，年过五十又娶唐氏。唐氏祖籍安徽凤阳，祖辈从军，其父亲唐麟袭为大兴卫指挥使。虽说娘家世代武弁，但她娟好静慧，幼以孝闻，个性坚贞豪爽，为人温顺谦让，从不嫉贤妒能。族人称其“儒素自将，媲德俪义，雍然有义”。

董恬有福，五十七岁时唐氏为董家生养了董宜阳。

明正德八年(1513)七月，唐氏陪伴董恬返归故乡。董恬终日无所事事，只

管与宾友饮酒赋诗，闲游寻乐，家务事全靠唐氏独自料理。而唐氏任劳任怨，精心照料太夫人，且“执妇道惟谨待族属，处娣姒尤甚诚睦”，深受族人好评。

董宜阳在唐氏的悉心照料下，七岁启蒙，聪警脱俗，九岁能文，无书不读。他尤好钻研当代典故，好学勤奋。董恬对此很是满意，认定他必有锦绣前程。然而，嘉靖七年（1528），他年仅十七岁时，父亲董恬突然因病离世。眼看生母唐氏悲伤得几度昏死，董宜阳束手无措，方寸大乱。

就此，唐氏寝食俱损，日渐消瘦，还不时长叹：“吾未亡人何用生，为所为犹强。可眼看孤儿尚幼，吾情事未能尽责啊！”

唐氏的病情拖了六年，不断恶化。

嘉靖十二年（1533）八月十日，唐氏在家中抱憾离世，年仅41岁。

当年十二月十七日，董宜阳将母亲安葬在北竹港河边祖墓园内，并恳请名士文徵明撰写了《大理寺少卿董公继室唐夫人墓志铭》。

安葬母亲时，因祖墓内没有预留墓穴，又一时无力购地，董宜阳只得草草地将母亲与祖母合葬在一起。为此，他深感内疚，难以释怀。他将这件心事告诉了好友莫如忠（字子良，号中江）。莫如忠以理相劝，并为其撰写了一篇《董氏世墓记》，将董氏家族墓园的实情告诉世人。

贤妻杨令

多灾多难的董宜阳有幸娶了个贤妻。

妻子杨令，出自华亭名门之家。其父杨璨，字终玉，自号朴斋，松江叶榭镇人。明正德六年（1511），进士及第，历任桐乡、开化知县、刑部主事，为了便于奉养老母，请求改官南京验封主事，后升任南京吏部考功郎中。后调到北京任尚宝少卿，他以不服北方水土为由请辞，改任应天府府丞。嘉靖八年（1529），身心欠安，乞请致仕归家。未过数月，杨璨病死家中，终年66岁。杨令弟弟杨士宜为吏科都给事中。

杨令生性婉顺，父亲极宠爱她。当时，董宜阳的父亲董恬身为大理寺少卿，两家皆两世通显。董恬与董宜阳的生母唐氏认为门当户对，便将杨令娶进了家门。

董恬去世后，唐氏独守在堂，而董宜阳夫妇年方二十，即主持门户。当时，董氏族大，宗亲有上百人，姻亲亦有上百人，彼此窥望，互相攀比，处事不当就会无故滋生矛盾。对此，小夫妻俩均能以理待之，时有贫病的族人，杨氏总是及时提醒丈夫视其轻重缓急，时常给予资助赈恤。董宜阳的弟弟娶妻时，他为其“具六礼迎之”，“杨氏辍奁篚助其经费”。夫妻俩的为人得到了族人好评。

董宜阳想到松江城里去游学，又担心开销太大，一再迟疑。杨氏对他说：“大丈夫立身，当进退有据，子能得时而驾，则宜以功名自见于世，不然，犹当强志力行，后世称为善士，何但以官阀语人耶？”于是，她收起随嫁的金翠首饰和纨绮衣装，坦然面对清贫生活，筹集资金交给丈夫作为游学费用。董宜阳深感不安，杨氏劝说：“这是新妇应做的事。子元勤苦绩学，能无愧梁伯鸾，我胡讵不为孟光乎？”就此，她勤于纺织，积聚零钱，量节米盐，如女婢一样承担家务杂作，一心一意让丈夫专志于学业，有所作为。

董宜阳初学既成，能为古文辞，考入京城国子监，成为例贡生。随后，他一路游学，经苏州，过齐鲁，抵达京都，广泛求教海内名士。曾拜见南京国子监祭酒黄佐（字才伯，号希斋），求其为父亲撰写了《董大理恬传》。

董宜阳远赴京师，奔波数月。而杨氏在家中日夜思念，不由抑郁得病。

一天，董宜阳在梦中听到妻子的呼唤。于是，他抽空赶回家来，打算将妻子接到京城去。然而，当董宜阳回到家中时，杨氏竟然已经去世。董宜阳悲痛万分，毅然放弃了应试之路。

杨氏去世时年仅 26 岁，给董宜阳留下了两个幼儿。

名士何良俊（1506—1573，字元朗，号柘湖，柘林人）的女儿与杨氏为妯娌，对杨氏的品行时有耳闻。杨氏去世后，他特撰《董生妻杨氏传》大加赞赏：“夫以杨氏贞固之性，使其遭遇事变，则出死要节，岂足为杨氏道哉？乃知今世非无贤女妇，但末俗好诡，非殊异不书。余观古人之意不然。夫齐女好贤，鸡鸣作咏，少君去饰，乐妻砥行，载在汉史。是皆以一节施于后世，况杨氏兼有之哉？余故以为之传云。”

后来，董宜阳娶顾氏为继室，生有董方大、董开大、董立大、董叔大、董观大、董永大等六个儿子。

滨江曲水园

上海博物馆收藏着明代画家文嘉的名作《曲水园图》，所绘的是董宜阳居住地曲水园的景观。图上画家自题："董君子元有别业在黄浦之上，松竹秀郁，殊为胜绝，名之曰曲水园。嘉靖己未九月过吴，请予图之，因为写此。茂苑文嘉。"此画绘于嘉靖三十八年(1559)，当时文嘉59岁(乃文徵明次子)，董宜阳50岁，两人交往密切。

明代文嘉《曲水园图》(局部)

《曲水园图》画面的右方有一畴平岸，河畔筑有茅屋三间，四围林木茂盛，长松挺秀，修竹深密。隔河下方有坡石葭苇，古柏阴翳。画面中部为一大片空蒙的水域，河中坐落几处汀屿，点缀着柳竹屋舍，至卷末微露坡岸的一隅。《曲水园图》形象地再现了黄浦江畔曲水绕村的景色。画家所称"松竹秀郁，殊为胜绝"，正是赞美其地居水滨，有自然质朴之美，而这与主人"守拙心弥敦"的淡泊人格是互为表里的。画中正屋内有一人踞坐草席展卷而读，自然是曲水园主人董宜阳。右屋内侍童正在端奉茶杯，邻屋桌上放置书册，陈设简朴雅洁。竹林小径有策杖来客，傍岸孤舟有人坐钓，他们都是主人“不事机关与世违”的朋友，在这僻静的水乡幽境里，共同觅得一块“只知身世常闲逸，不道人间有是非”的乐土。

紫冈草堂

董宜阳痛失爱妻杨令之后，决意不再远行，宁可终身不仕。他在沙港河边筑室静心读书，取名紫冈草堂，自号七休居士、紫冈山樵，人称紫冈先生。

他常年日坐一室，手不释卷，博览周、秦诸子百家、小说及国家掌故、郡县文献书籍，或校诵书史、临写古石刻，或吟诗作文，不问世俗事。作诗宗高适、岑参，晚年尤喜长庆元白体，擅写古诗，诗品清醇、朴茂、典雅。楷书法虞世南，行草法僧智永。他的文学成就，一再被顾遴、文徵明、许谷等名家推崇。

礼部尚书孙承恩有《题董子元紫冈草堂》诗云：

沙痕海迹见紫冈，冈上幽人结草堂。
浦响候潮喧枕席，门高乔木带风霜。
庭阶旧识乘骢至，宅里今看表凤翔。
莫怪诗书流泽远，直从汴宋溯源长。

名士陆深（字子渊，号俨山）有七言绝句《留题董子元紫冈别业》，诗云：

江流南下第三冈，曲径回栏绕画廊。
最是杏花春色里，縠纹浮动木兰堂。

董宜阳十分看重手足之情，竟将祖传的产业全部留给兄弟，全靠自力支撑门户。

董宜阳晚年生活十分清贫，但他始终保持着君子风范。相传，有人得知

董宜阳的老友在浙西任巡抚，便给他送钱，请求引荐。结果，遭到他严词回绝："汝视我何如人哉？"

董宜阳勤于笔耕，还收集整理了很多乡邦文献，为后人留下了极为宝贵的史料。毕生著有《云间近代人物志》《皇明名臣琬琰录》《中园杂记》《上海纪变》《松志备遗》《皇明先哲金石录》《金石林》《紫冈集》《兰金集》《云间诗文选略》《唱和集》等，还纂修《董氏族谱》十卷。

明隆庆六年（1572），董宜阳在家去世，享年61岁，安葬在竹冈西原。

紫藤寄情

董宜阳在紫冈草堂附近的沙冈桥一侧种植了几株紫藤。他去世后，乡人对紫藤倾心呵护，以示缅怀。每年四月，竹港河畔紫藤花盛开，满园飘香，成为地方胜景。

后来，乡人为紫藤搭起廊桥棚顶，宛如天篷，逐渐有人在此开店，有人迁来汇居，形成了一个乡间集镇，取名称"紫藤棚"。

可惜，"前人栽树，后人只知乘凉"，紫藤棚街市一直未有拓展，难以形成规模，集镇功能逐渐消亡。

清道光年间，竹冈黄家河圈的诗人黄家锟（字晋藩，号谈生）撰《冈桥紫藤》诗云：

藤植冈桥侧，蕤延荫晚凉。
雨滋青叶润，风动紫花香。
地僻成村小，人游引兴长。
虬枝欣压架，璎珞挂斜阳。

另一首《沙冈藤花歌》云：

沙冈桥接紫藤棚，由来已久得此名，

不知胜朝何人手，种植二百余年春。
枝干横其本大于五斗瓮，其干高于九丈栋。
其枝曲曲多回环，其叶重重少虚空。
春夏之交天气新，万串花垂少俗尘。
日暖风和香馥郁，蜂狂蝶醉飞逡巡。
况复荫蔽十家小，市共称荚以藤缚。
藤如连理粗为骨，千萦百结细者筋。
蟠作华盖竟如此，我辈追寻兴不穷。
闲未茶肆问老翁，为言冈古树亦古。
年年但见一片云，拥护无级金帝宫。

另有黄步瀛（字云楼）撰《沙冈藤花歌》诗云：

古沙冈上景一新，十家小市临江滨。
蒙茸压架藤回绕，不识花开几度春。
老干横斜枝顺逆，孤根合抱藤千尺。
纷纷缨络垂垂成，绿荫浓遮市廛宅。
旭日临空晴色暄，花枝万串映柴门。
翠幄香浮风细细，紫英云护蜂喧喧。
可惜芬芳在僻壤，个中妙景谁延赏。
我曾挈友到桥东，满地花英驻藜杖。
揭来坐久不知归，落残片片点春衣。
沽得兰陵一壶酒，开樽棚下醉芳菲。

如今，紫藤棚小镇已经消逝，而古紫藤依然枝繁叶茂，其形如蟠虬，藤围达 163 厘米，实属沪上罕见，已被列为上海古树名木保护单位。1999 年 12 月，有关部门就地（临沧路 148 号）建成园林，取名“古藤园”。每年紫藤花开时节，园内游人如织。

董传策传奇

舍生取义

董氏家族八世孙董传策(1530—1579),字原汉,号幼海。曾祖父董怿。祖父董继芳,字子声,号惜斋,县学生。父亲董体仁,字公近,号海观,母亲米氏。董体仁沉毅博洽,早岁试博士,辄高等。四十多岁时,应补序贡,他依然恬淡自如,推让贫困的同乡好友先去京城就读,士人均称赞其高义。

董传策画像

董传策九岁能属文,少时即有大志,为诸生时即慷慨自负,虽说身材清瘦"癯然不胜衣",却有志以天下为己任。他曾坦言:"安得一日上封事,与国家除稂锄奸耶封。"

明嘉靖二十八年(1549),董传策19岁参加乡试,考中举人。

嘉靖二十九年(1550)春,董传策赴

京城参加殿试，获第三甲第八十三名进士，授太常博士（太常寺掌管祭祀之事的官员，正七品）。

不久，董传策升职为刑部四川司主事。当时，奸臣严嵩深受嘉靖皇帝的信任，担任了内阁首辅、太子太师。严嵩及其儿子严世蕃擅权十余年，网罗了大批爪牙党羽，排除异己，操纵国事，吞没军饷，使得军备松弛，东南倭寇和北方鞑靼侵扰日益严重，形势危急。人们明知祸起严氏，民怨兵怒，但是没有人敢于直言揭露。

担任刑部主事的董传策实在看不下去，为此彻夜难眠。

嘉靖三十七年（1558）三月的一天，董传策忍无可忍，向嘉靖皇帝控诉了严嵩"隳边防，鬻官爵，蠹国用，树党人，骚驿递，坏人才"等六项罪状，弹劾严嵩。

巧的是，这一天董传策的同僚、刑部主事张翀（字子仪，号鹤楼）和刑科给事中吴时来（字惟修，号悟斋）也分别上奏弹劾严嵩。一日之内，竟有三人同时发难，朝廷上下顿时有人震惊，有人担心，有人恼怒。

严嵩立即向皇帝密报，说这是一次有预谋、有组织的诬陷，主谋就是官职仅次于他的徐阶。他认为，董传策与徐阶是松江府同乡，又有姻亲关系，而张翀、吴时来是徐阶的门生，吴时来还在松江府做过官，三个人又是刑部同事，他们关系如此密切，言行如此统一，不可能没有串联组织、没有预谋。

嘉靖皇帝听了严嵩的分析，极为恼怒，即刻下令逮捕了董传策三人，命严嵩务必审出幕后主谋。想不到，无论怎样严刑拷问，这三人竟然口径一致，都回答说是"此高庙神灵教臣为此言"。严嵩仍不罢休，欲动用大刑，忽闻发生地震，才心虚地收场。

最后，严嵩只得以"三人相为主使"结案。嘉靖皇帝认为三人罪不至死，就将其贬谪戍边：张翀到贵州都匀，吴时来去横州（今广西横县），董传策发配广西南宁。

父亲董体仁得知儿子的冤情之后，安抚家人说："儿得不死，报国有日也。"

充军路上

于是，董传策三人结伴南下，在中秋节时到达广西全州后分别。因干旱航道不畅，坐等江水上涨。第二天居然下起了大雨，江水暴涨。董传策甚为得意，挥笔写了《全州大雨》诗。不久，到达桂林，当地好友邀他畅游奇山宝洞。生在江南的董传策平生第一次领略这样的水光山色，游兴更浓，于是挨个游览了伏波岩、水月洞、独秀峰、七星岩，还写下《游桂林诸洞岩记》。

十月初，董传策行船终于到达南宁的青秀山下。他看到这座满目葱茏的山峰，十分喜爱，顾不上旅途劳顿，立刻上岸登山。他足足游了九天之后，才回头办正事。从朝中被贬，他的心情原本是悲愁的，然而面对广西的山水，精神又重新振作起来了。那些沿途见闻，被他写进了《奇游漫记》。

就此，董传策在南宁开始了“出门船当屋，归来屋作船”的生活。邕江水急滩多，船工辛苦危险，因此要雇小船比较困难。董传策就买了一艘带篷的小船，船篷两边开了小窗，挂上窗帘，船篷底下摆只小桌子，可以围坐七八个人，由家童撑船划桨，他还为新船取名叫“飞庐”。他写的《飞庐记》称：“每当日融风恬，云辉雨净，若层霞并山光缀彩，或皓月与江练澄空，于时触景开心，兴言鼓枻，乃更悬不系之帆，携不速之客，飘飘然与波上下，登峰以遨，临矶而酌，间自吟其意兴所到，从者和而歌之，无论协窾咸适也。醉则骈卧蓬底，放之中流，任其所泊而徜徉焉。兴穷辄返，故所以为常。”

明嘉靖三十八年(1559)，董传策的父亲董体仁舐犊情深，竟以衰弱之躯，跋山涉水，远行万里，赶到广西南宁探望儿子。董传策亲驾“飞庐”在横州乌蛮滩迎接老父亲。父子相见，痛诉别离之情，令人辛酸。在南宁，董传策陪父亲乘船游遍了当地胜景，父子俩共度了人生的美好时光。直至深秋，他才驾“飞庐”送父亲至梧州依依惜别。

踏遍青山

明嘉靖四十一年(1562)五月,严嵩终于被推翻了,徐阶接替了首辅的位置。

董传策听到这个消息,极为兴奋,三天两头乘“飞庐”到青秀山游览,寄情于山水,同时也了解民众的疾苦。

在撷青崖南侧不远,有一口山泉清若水晶,甘若凝露。当初董传策为方便人们取用,就请石匠凿了个石龙头,置于泉水出口处。董传策人品高尚,虽被贬谪,但南宁官民对他却十分崇敬。当地官员特地在泉边建了个小亭子,请董传策起个名。董传策笑笑,以“原泉混混,可喻学有本”,取名称“混混亭”。后来,广西佥事徐浦到此,刻石命名“董泉”,亭子更名为“董泉亭”。

南宁董泉

嘉靖四十二年(1563)秋,徐浦还和南宁郡守方瑜在青山“白云台”为董传策建小屋三间,取名“白云清舍”。董传策题词曰:“天空海阔中原界,云白山青万里心。”徐浦对董传策推崇备至:“先生忠君爱国,不仅清泉姓董,青山也要姓董,才能弘扬人间正气。”而董传策坚辞不受:“余殆莫能当焉!”后来,有人在青山一侧筑建凉亭,让董传策命名,他挥笔题额称“浩浩亭”。

嘉靖四十三年(1564),董传策与徐浦等人发起修复城中王阳明先师的“射圃亭”。他们还为青山多处风景名胜取名题额,不少沿用至今。

南宁盛产南国瓜果,而董传策大多从未见过。他不仅饱尝异果,为之赋诗作词,还将芭蕉、橄榄等晒干后置于特制的锡甑中,密封后托人带回故乡,让亲朋好友共享。他写了《食苦瓜》《访客啜槟榔》《啖五皮果》《寄橄榄》《咏蕉子》《啖荔枝》《人面子》《奶头果》《九层皮》《水泡果》《枸橼》《寄曝蕉》等诗篇,对南方的花果啧啧称奇:“栗怯香滋薯怯奇,蒸来皮里裹层皮,饶君露底元无骨,怪得包藏肉大肥。”(《九层皮》)“碧树离离金弹垂,膏凝甘露嚼来奇。木奴秋色珍如许,那似香飘溽暑枝。”(《啖王皮果》)“蕉子垂垂结阵黄,绿枝风扇迴凝乡,生憎膏腻甜于蜜,消得幽人在异乡。”(《咏蕉子》)这些诗既描写了南方花果的风貌,也借题嘲讽了那些毫无骨气、趋炎附势的小人。同时,董传策还用诗文描绘了当地的民风民俗,为后人做研究留下了大量史料。

董传策为生活了九年的青秀山,写下了《奇游漫记》《游桂林诸洞岩记》《粤西山水歌》等,汇编成《采薇集》(四言、乐府、歌行、绝句等体)、《幽贞集》(五言古体)、《邕歈集》(七言律体)等诗集,盛赞“粤西山水甲天下”,诗意激烈如其为人,将原本偏僻荒凉之地,打造成一个韵味无穷的诗样世界。

返乡遇害

明隆庆元年(1567),董传策37岁时终于盼来平反昭雪,奉诏离开南宁,回京复职任吏部主事。不久,进员外郎。次年,又升为吏部郎中兼太仆寺卿。

董传策原配夫人李氏,生有一女,嫁太学生李自约。侧室王氏,于嘉靖四十五年(1566)五月生下一个儿子。董传策当时梦见日月丽天,因此给儿子取名高明。儿子一岁抓周时,取了《周易河洛图》,三岁识字读《易》,令董传策惊喜万分。隆庆五年(1571)四月,儿子六岁生疹时,因庸医误投汤剂而死。董传策极为悲伤,撰并书《亡儿高明祔葬墓志铭》。

其间,董传策又不胜官场人际矛盾之扰,便以就近照料家室为由,要求调往南京任职。隆庆六年(1572),董传策改任南京工部右侍郎。

万历元年(1573),董传策改任南京光禄寺卿。不久,迁大理寺卿(三大司法长官之一,正三品,掌握刑狱的最高长官)。他严厉整肃南京礼部,众人称其为真礼卿,同时也结下了不少怨恨。于是,有些人勾结起来,暗中密报,诬陷董传策。

同年九月二十一日,董传策因言官弹劾其受贿,被免官遣回故乡。

董传策返乡后,依然为人刚方峭直,嫉恶如仇。当时董家有恶奴假借其名,将垂死的犯人扛进民家,进行敲诈。董传策闻讯大怒,将恶奴杖责后拘押于后堂。恶奴衔恨而诬告,御史误信其言而拘董传策勘问。不久真相大白,恶奴记仇生恨。而董传策不以为然,说:“吾具刚肠,不能随世,俯仰世宜不吾容。”又说:“男子祈不愧心,若世路升沉,人情赞毁,皆幻境,何有于吾等语世?”

万历七年(1579)五月初七日夜,恶奴聚集郭道士等十余奸徒,将董传策以网罩头谋杀。

董传策年仅50岁不幸身亡,吴会里乡人无不痛惜,当地停市三日,为之哀悼。

徐阶见证

事后,董传策的弟弟董传史(后改名董晋,字昭父,号环浦,明隆庆元年举人)竭力敦促追捕凶犯,以重金悬赏。万历八年(1580),终将凶犯正法。

万历九年(1581)九月二十一日,董传史请已退职在家的徐阶为兄长撰

写了墓志铭，并率二孤将董传策安葬在竹冈西（今闵行区二号路航空技工学校内，1964 年发现的董传策和其子董高明墓志铭，今均存上海博物馆）。

徐阶（1503—1583），字子升，号少湖，松江人，嘉靖朝后期至隆庆朝初年任内阁首辅。作为历史见证人，徐阶特撰《明故通议大夫南京礼部右侍郎幼海董公墓志铭》为董传策正名。

徐阶在墓志铭中称："学者服其奇伟。"铭曰："兹惟董公之藏，百世而下，读其谏书，观其言与行，犹恍然闻金石之声，见星斗之光焉。嗟今之人，慎毋毁伤。"

董传策毕生勤于笔耕，著有《采薇集》十四卷、《幽贞集》十一卷、《蘧尘稿》七卷、《邕歈稿》七卷、《奇游漫记》四卷、《霸绳》二卷、《中述》二卷、《忆远游》、《述史》、《景献要疏》、《读书杂著》、《奏疏辑略》、《廓然子稿》二卷、《应客绪言》、《谭道随笔》、《董幼汝先生全集》，另有奏疏、序记、碑铭、应客绪言、读书杂著、谭道随笔、暨戍归诗歌又不下百卷。其中有数部著作被《四库全书总目提要》别集类存目。

董传策的生平故事，曾被文人编入明代传奇名剧《鸣凤记》和清代小说《绿野仙踪》，在民间也有不少传说。

生不逢时

明嘉靖三十四年(1555)一月十九日,董其昌在董家老宅出生了。

董其昌为竹冈董氏家族八世孙。父亲董汉儒,字子策,号白斋。自幼耿介力学,为金山卫县学庠生,但屡试无果,以乡中塾师为业谋生。《董氏族谱》称董汉儒“质颖学邃,屡试不售,而家益贫,以砚舌耕。人高其学行,争延之。”母亲沈氏,娘家在华亭县浦南叶榭镇(今属松江区),亦出自名门。董其昌有弟弟董其津(号近溪)、董其茂(号忆溪)。

可惜,董其昌生不逢时,其时家道衰落,家中只有薄田十多亩。

董其昌少时聪颖,《明史》称其“天才俊逸,少负重名”。董汉儒“为里中儿师,熟诵《通鉴》数叶,晚从枕上口授”。董其昌“悉能诵记”,勤奋力学。

嘉靖四十一年(1562),董其昌7岁,跟随母亲沈氏到叶榭镇上外祖家居住,并就读于水月庵私塾。水月庵,本名水月禅院,位于叶榭镇中市街,始建于元至正八年(1348),历代香火旺盛,声名远播。万历年间,水月庵始设私塾,延聘名儒执教。当时,在水月庵执教的是正德年间进士杨秉义的儿子,其诗词书画俱佳,颇具声誉。董汉儒是慕名将儿子送来就读的。而且,这里靠近黄浦江,与千步泾夹角地设渡,渡口置于彭家角,对岸即是吴会里西侧,

渡口名彭家渡，交通方便。

历代地方志称闵行董园也为董其昌读书处。董其昌幼时家境贫寒，到此投亲读书，合乎情理，但未见实证。

隆庆元年(1567)，董其昌 13 岁时，参加童生试，得到松江知府袁贞吉(号洪溪)、督学耿定向(字在伦，号天台)的赏识，成为松江府学庠生。("公十三出就试，见赏于郡侯洪溪袁公、督学天台耿公，补郡庠，才名籍甚。")

少年董其昌确有才气。族侄董羽宸在《董氏族谱》中称赞董其昌："公之过目成诵，出口成章，绪余所及，俱为世宝。"明末清初史学家计六奇(字用宾，号天节子)也称：董其昌"髫年赋诗，语必惊人"。

乡试遭贬

董其昌《画禅室随笔·评书法自叙答》记载：隆庆五年(1571)，17 岁的董其昌与侄子董传绪(字原正，号伯长)结伴，同赴松江府城参加乡考。当时，他写了一篇八股文，自以为定可夺魁，谁知发榜时竟屈居侄子董传绪之下。原因是松江知府袁贞吉嫌他试卷上的字写得差，文章虽好，也只能屈居第二。此事令董其昌深受刺激，终生难忘。

董传绪是董志学(号廷评)的长子，辈分比董其昌小，但董其昌却视这位堂侄为兄长，礼敬有加。陈继儒曾指出："其昌师事莫中江方伯，兄事廷韩与宗侄传绪。"董其昌如此才学，而能敬重宗侄，也可说明董传绪确实学问深厚。

明隆庆六年(1572)，董其昌拜莫如忠(1508—1588，字子良，号中江，嘉庆十七年进士，官至浙江布政使)为师，与莫如忠之子莫是龙(1537—1587，字云卿，号秋水)共读于莫家私塾。莫是龙比董其昌年长 18 岁，人称"神童"，董其昌拜其为兄。

次年二月，董其昌开始以《金刚经》为帖摹写，真正尝到了书法的乐趣。从此，他发愤学习书法，以唐人颜真卿《多宝塔帖》为楷模，后来又改学魏、晋，临摹钟繇、王羲之的字帖。

董其昌在《画禅室随笔·评书法自叙答》一文中称:“初师颜平原《多宝塔》碑,又改学虞永兴,以为唐书不如晋、魏,遂专仿《黄庭经》及钟元常《宣示表》《力命表》《还示帖》《丙舍帖》。凡三年,自谓逼古,不复以文征仲、祝希哲置之眼角,乃于书家之神理,实未有人处,徒守格辙耳。以游嘉兴,得尽睹项子京家藏真迹,又见右军《官奴帖》于金陵,方悟从前妄自标评,譬如香岩和尚,一经洞山问倒,愿一生做粥饭僧,余亦愿焚笔研矣。然自此渐有小得,今将二十七年,犹作随波逐浪书家。翰墨小道,其难如是,况学道乎?”

松江寻梦

万历四年(1576),董其昌21岁,开始学画。由于刻苦用心,对山水画渐渐入门。

经过十多年的努力,董其昌的书画有了很大的进步。一次,他认真作了一幅《万里书》,想拿到市面上去换几个钱,可人们都认为是件赝品,没人出手。他深受感触,更加奋发,时常弄得衣袍、床帐上尽是墨迹,仍乐此不疲。

可惜,当时父亲董汉儒手中仅有瘠田二十亩,家境比较贫寒。董其昌为此深感不安,全家若是苦守在吴会里,既难以应对政府名目繁多的捐税,又怕难以抗拒各种徭役摊派,更缺乏供养自己继续读书应试的财力。他只得恳求父亲另谋出路,以求改变命运,董汉儒也深有同感。

于是,董汉儒率全家悄悄地离开了吴会里,“弃家远循”,迁居到人文荟萃的华亭县天马山西的姚家浜(今属小昆山镇)。

万历五年(1577)四月,礼部尚书陆树声(字与吉,号平泉,祖籍朱家角人)辞官返乡,董其昌与好友一起赋诗相迎。爱才的陆树声发现了董其昌的才华,请他到家中教授儿子陆彦章。董其昌也因此得以从学于陆树声,尊其为恩师,由此跨入了松江文人圈。

陆彦章(1566—1631),字伯达,是陆树声年逾半百才生养的儿子,比董其昌要小11岁,两人的关系也在师友之间。

同时在陆家私塾寄读的还有袁可立(1562—1633,字礼卿,号节寰,河南

归德府睢州人)。董其昌比大他 7 岁,朝夕相处也成了一生的贴心好友。

董其昌在陆家如鱼得水,身心极为愉快,在课余之闲,常挥毫学画。随着应试日期逼近,他愈发努力,希望能改变自己的命运。

有趣的是,明代著名学者黄道周所作的《节寰袁公传》记载了这样一段轶闻:董其昌屡试不第,心情十分郁闷。有一天晚上,他梦见神人前来告之:"你要等待袁可立和你同考,才有希望上榜。"他梦醒后觉得非常奇怪,于是到各地学堂逐一查访,终于找到袁可立。在得知袁可立家中贫穷恐无力上进后,就将袁可立带回家中亲自课读。到袁可立二十多岁时,两人一起参加考试,果然在乡试和会试中双双中榜。

冒籍应试

明万历七年(1579)秋,董其昌赴南京参加会试,落第而归。他没有消沉,但却怕因自己出身贫困而遭受冷落。他考虑再三,决定从此对外自称为华亭县籍,以"松江城里人"的身份报考应试。

万历十三年(1585)秋,董其昌又赴南京参加会试,再次落第而归。

万历十六年(1588),董其昌在平湖冯氏家以教私塾为生,时年已 33 岁。这一年秋天,由于得到国子监好友范尔孚的资助,董其昌再赴南京参加会试,终于以第三名的成绩得中举人。

次年二月,董其昌与好友陆彦章、袁可立相伴赴北京参加己丑科会试,三人竟一起进入殿试,同时获得进士。董其昌获殿试二甲第一名,被选为庶吉士;陆彦章获殿试三甲第九名;袁可立获殿试二甲第一百二十五名,初任苏州府推官。

当时,与董其昌同科应考的还有竹冈李氏家族的李叔春(1554—1631,字顺卿,号易斋),以上海县籍参加会试,获三甲第二十二名进士。

应试得中,董其昌又喜又慌,怕的是被追究其"冒籍应试"之罪。为此,他平日不再提及"吴会里",一向自称是"华亭董氏",有意隐匿出生地。

董其昌进入翰林院后,内心隐讳至深,处事一直保持低调,加上并不喜从政,便醉心于书画。一年之后,他索性请假回家养病,仅每年奉召出任南宫同考官。并正式迁居松江府城娄县坐化庵侧,在龙门寺西建起自家宅院。

万历二十七年(1599)春,董其昌以翰林院编修的身份正式还乡养病,就此居然“家食二十余年”。

夫人龚氏

据松江名士陈继儒(字仲醇,号眉公)《思白董公暨原配龚氏合葬行状》记载:“公原配龚氏。始谏方川(龚情)、侍御全山(龚恺)从里塾目属公试对偶,奇甚曰:‘此木天贵人’,遂欲以生女许为婿,强夫人,未决,竟以弟云涯公女聘。云涯即一品夫人生父也。”从中可以看出,龚恺、龚情两位前辈都偏爱董其昌的才华,都想把自己的女儿嫁给董其昌,只因夫人未答应而作罢。最终,将族弟龚云涯的女儿龚婉琰嫁给了董其昌。

龚婉琰比董其昌小两岁,明嘉靖三十六年(1557)出生于韩仓龚家宅(今马桥镇彭渡村十二组)。当时,龚婉琰娘家的家境远胜于董家,但她并不觉得是“下嫁”而心存委屈,始终恪守妇道又善解人意。

董其昌应试之途曲曲折折,进出官场起起伏伏,而龚婉琰端正沉静,毫无愁言,一心让董其昌能静心读书,无忧无虑。她喜爱女红,善于刺绣,屏处小楼,静翳无声,生活在自己的乐趣之中。

在日后的岁月里,尽管龚婉琰被封为一品诰命夫人,她仍亲自在家料理家务,抚育子女,照料老人,从不贪图特权。陈继儒《思白董公暨原配龚氏合葬行状》记载:“夫人端静纯悫,秉正义,识大体,昼刺夜绩,上食白斋翁。屏处一小楼,静翳无言声。公以此无内顾,成大儒。既贵,夫人衣浣饭蔬,无异寒窭诸生时。不诲妒,不冶游,不通门外瑱环之问;抚视诸娣媵如女,教授诸子孙如察吏严师;若呵詈鸡犬,鞭笞童婢,绝响矣。”

对于董其昌辞官归乡,龚婉琰十分理解,笑称:“公少无宦情,老无媚骨,鸣犊见殒,倦鸟先还,知几其神乎。家居八载,幸免逆魏网罗。”在她眼里,董其昌似乎能预察先机。

董其昌则答："圣作物睹，大易之成言；有道则见，孔氏之家法。"

董其昌晚年时，朝廷有意请他出任宰相，而董其昌不愿惹事，龚婉琰极为理解。陈继儒《寿董思白原配龚夫人七十序》称："今夫人寻常熟练，习而安之，但愿公却热地避争门急，以德归为幸，不以失宰相为忧，其贤于古人远矣。倘夫人凝滞不化，鼻息咈然，或对案不食，或蒙被窃叹，公能急流勇退如此快人意否？"

为此，董其昌深感心满意足，时常对友人称道："糟糠妇，则夫人是吾良友也。""非夫人，其昌焉有今日！"

荣辱之间

董其昌奉旨以编修返乡养病，"家食二十余年"。他在松江城内先后筑"来仲楼""宝鼎斋""戏鸿堂""画禅室""香光室"等，并趁赴各地巡游之机收集名家书画，家中拥有牙签玉轴之精藏，左图右史之丰富，令人惊叹。他终日置身其中，著书立说，潜心探究古今书画艺术，使其书画取得了超越古人的成就。

明万历四十三年（1615）秋，董其昌的儿子董祖常带人强抢佃户之女绿英，激起众怒。时有好事者作《黑白传》，在董家门前笑骂，绅民同愤。次年春，松江城内爆发"民抄董宦"事件，董家书园楼居遭毁。董其昌惶惶然外出避难，直到半年后事件才平息下来。

董其昌饱受非议，董氏家族的名声随之一落千丈。

泰昌元年（1620），光宗朱常洛继位，董其昌以帝师身份重回朝廷，授太常少卿。

天启五年（1625），董其昌任南京礼部尚书。一年后退隐。

崇祯二年（1629），董其昌"起故官，掌詹事府事"，时年 77 岁。

崇祯七年（1634），董其昌又乞求致仕。

崇祯九年（1636）九月二十八日戌时，董其昌在松江寓所逝世，享年 82 岁。董其昌与夫人龚氏合葬于松江俞塘北。后赐葬苏州太湖边的渔洋山梅家园董氏坟茔,谥号“文敏”。

董其昌生有四子,均未能克承先业。后裔中有董锡嘏,清乾隆十八年(1753)中举人,乾隆二十五年(1760)中进士,任浙江龙游县知县。乾隆年间,有董其昌六世孙董家麟,出任补盐场大使,工画山水与梅竹,小有名气。

董其昌自从离开吴会里之后,几乎忘却了出生地。而吴会里的董氏族人却一直关注着他的荣辱人生。

2009 年第三次全国文物普查时,在马桥镇董姓人家家中发现保存至今的明代手抄本《民抄董宦警示录》一书,共 74 页,略有残缺。这本手抄本收集了松江各府县机构的公文及地方人士的呈文,所述与野史截然不同,说明董其昌在吴会里族人心中还是清正的。

明代著姓望族

除董氏家族外，明代马桥地区还有几家名门望族。

戴春家族

明景泰元年(1450)八月，吴会里戴春与从弟戴曦一起应松江府乡试，上海县知县侯源见之戏言："兄弟俱科举，谁充役者？果捷当为，建联桂坊。"结果，两人同科中举人，知县也真的为他们建了一座"联桂坊"。

戴春，字景元。官籍，上海县学生。景泰元年(1450)中举人，天顺八年(1464)殿试二甲第二十四名进士。历官顺庆府知府、吏部郎、刑部给事中。故里立"世顯坊"。

戴春从弟戴曦，字景晖。学优才敏，外坦内严。景泰元年(1450)中举人，官南京刑部郎。积劳成疾，在任上去世。

戴春从兄戴昕，字景升。正统十二年(1447)举人。以乡荐先后任河北临漳、河南陈州知县，有政绩，

戴昌，字景享。少勤学，书画出众，以岁贡生出任浙江天台训导。

戴昕之子戴俨，字人望。乡贡生，礼部司务。

戴春之孙戴恩，字子允。松江府学生，正德五年(1510)中举人。正德六

年(1511),殿试二甲第六十名进士,授工部主事,官至陕西布政使参议。

戴慈,戴恩弟,松江府学,贡生。

戴恩的侄儿戴邦正,字贞卿,嘉靖四年(1525)中举人,嘉靖五年(1526)殿试三甲第一百零三名进士,授工部主事,历官四川布政使参政。

著名书法家、进士张弼(1425—1487,字汝弼,号东海)曾对吴会戴氏撰诗作评说:"东吴四戴兑能文,小戴青云志未伸。皂枥久淹千里足,通都终遇九方歅。春风桃李虽夸早,秋水芙蓉更出尘。闻说月中丹桂树,高枝偏待后来人。"

龚情家族

龚情,字善甫,号方川,马桥吴会龚家宅(今马桥镇彭渡村十二组)人。父亲龚祐,母亲叶氏。生性颖哲,幼年即能日记千言。松江府学生,嘉靖十九年(1540)中举人,嘉靖三十二年(1553)中进士,殿试三甲第二百八十名。授行人,擢礼科给事中。为人正直有古侠之风,条陈"饬边防,预储蓄,均兵饷,蠲额征"四事。嘉靖三十八年(1559),奉命巡视太仓银库,发现不法行为,严加整顿。年少时娶韩氏女,因病身弱,长辈劝其改聘,不听,直至韩女身亡才重新议婚。性喜博古,属文著作,宗《韩非子》,著有《撮残稿》《雅言漫录》。"台湾故宫博物院"存其草书尺牍两幅。其墓地在龚家宅内,尚存牌坊横枋石。

龚恺,字次元,号全山,龚情从弟。松江府学生,嘉靖十三年(1534)中举人,嘉靖二十六年(1547)中进士,殿试三甲第六十二名,授浙江慈溪县知县。视职廉慎,治释神明,居官刚正,毫不宽容。巡按周如斗谄事权贵,龚恺当面问责。以廉慎入为御史。时黄河河套一带常有骚乱,明总兵仇鸾提议开设"马市",撤除守边部队。龚恺即上疏,劾其论不当,被处杖刑,幸不死。后任湖广按察使副使,所至之处,不称职者都望风解官。龚恺弹劾靖江王骄横恣肆,又建议征讨两广"寇盗",皇帝允准,为此遭奸臣忌恨。当时西北备边,东南倭患,龚恺又冒死上书详述,提出"明纪律、别功罪、抚远人、实军伍、选将、

募兵”六条对策，议皆采行。调任山东参议，遇大蝗灾，下令凡捉到蝗虫者，奖赏粮食，百姓争相灭蝗而消灾。升任湖广副史，后因病而归里。

嘉靖三十九年（1560）十一月十三日，龚情为母亲叶氏立御敕刻碑（碑原在龚家宅，现存莘庄公园内）。

龚情族弟龚云涯的女儿龚婉琰嫁给董其昌。

龚恺的孙儿龚孚吉，字虞伯，号梅玙，万历三十五年（1607）考中武进士。著有《白云笈诗古文集》。

御敕刻碑

董含兄弟享誉文坛

董含赴考

清初，江南连年遭难，社会动荡不安。随着董其昌、董羽宸、董象恒相继去世，董氏门第日趋衰落，难以振兴。

董氏家族复兴的希望落在了第十一世子孙们的身上。

董羽宸的孙子董含（1626—1697），字阆石，一字榕城，别号赘客、莼乡赘客。父亲董仲隆，生性豪爽，不善经营，喜急人之难。为文颖异绝伦，但总是走不通仕途，遂“弃经生业”，与母亲殷氏隐居吴会里东墅，课子读书。

董含自小体弱多病，却嗜好读书，7 岁入学，第二年因病休学。13 岁学作文，15 岁补华亭县学博士弟子员。十七八岁“下帷发愤，覃思腐毫，寝食都废”。父母亲爱护备至，闭户禁之。他昼则扶窗潜入，昏时储火瓮中，候人静吹灯起读，丙夜不辍。20 岁，娶蒋氏为妻，蒋父为明末进士。入秋，为避兵灾，转徙浦东。24 岁，续娶蒋尔辙之女。

当时，董家敝庐数椽，足蔽风雨。他看到庭院边有一株老槐树，虽枝干蜿蜒，但树根已枯，便叫人挖去。刚挖数尺，听到有声，下面竟有一只晶莹如玉的石匣。打开一看，内有竹简，上刻蝌蚪七百余字，剥落不可辨。于是他遍征博考，有识者说是类古记事者之文。董含虽然难知其详，但心中深有感

触，便有心记载所见所闻。

董含昼耕夜诵，埋头苦读，人事都绝。26岁起，他多次参加乡试，可惜时运多舛，屡试不中。直到清顺治十一年（1654），董含28岁时，终于考中举人，受知于溧阳尹江右邱公。

董含自建艺葵草堂，立志奋发进取，重现祖辈风光。他不但好学有文名，而且经常“与海内名流赠缟，订车笠盟，扁舟往来于吴山越水之间，交游日进”。

31岁时，父亲去世，董含“读礼之暇，掩关力学，纵览群籍。闻他处有异书，辄躬往借，阅毕郑重归之。或买或手抄，必竭吾之力而止”。

34岁时，董含与董俞一起参加会试，落第而归。

顺治十八年（1661）春，36岁的董含第三次进京赶考，幸获泽州太宰陈说岩赏识，殿试所进呈的文章得到权要者欣赏，太师益都亭孙公拟将他列为二甲第一名进士。岂料横生枝节，有人质疑他文章的用典有错，最后董含屈居二甲第二名。他自叹“辇上诸公，俱为惋惜，孙公召予相对泣，慰勉有加。予不肖，赋命穷薄，辜负师恩多矣”。

相传，浦东康范生精通占卜，曾给董含独批“辛丑必发”四大字，众人都嗤笑其妄断。董含赶考回来，康范生对他说：“我之前就跟你说过你好事将近了，万万不会有错，你赶快回去摆桌酒席感谢我吧。”董含未坐定身，捷报就传到了家中。

遭黜返乡

董含得中进士，授吏部主事。

不料，董含赴京正要上任，偏偏遇上了“江南奏销案”，一场灾害扑面而来。

此时，江苏巡抚朱国治刚愎自用，向朝廷奏疏说江苏一带士绅学人逃避、拖欠税赋，并列出1.3万余人的名单，全部强加“抗粮”的罪名。皇帝闻之震怒，命人查实，严加勘办。于是将欠粮者，不问是否大僚，亦不分欠数多寡,在籍绅衿按名黜革,不论秀才、举人、进士,凡钱粮未完者,皆被革去功名出身。“奏销案”严酷地打击了江南士族阶级,江南缙绅著名人物几乎全部罗织在内,董含称之“鞭扑纷纷,衣冠扫地”。他惊呼:“轩冕与杂犯同科,千金与一毫同罪,仕籍学校,为之一空……吁,过矣!”

董含虽然也在“奏销案”名单上,但所幸尚在京城等待调遣封官,故而免于被拘捕。

但最终,董含还是被除去进士功名,斥黜回乡。

横遭强权迫害,董含强压心头怨忧:“然蕉鹿之是非,塞马之得丧,于我何有焉!”他以古人格言自勉:“德业观前面人,名位观后面人。观前面人,每见我不如人,而日励思齐之念。观后面人,亦见人不如我,而日消蹭蹬之忧。”

39岁时,董含再娶海虞赵中允士春公女。41岁时,母亲去世。46岁时,董含喜得第一子,从此连生六男、四女。

风波过后,董含已家徒四壁。面对世事纷扰,他绝意仕进,从此放情诗酒,以诗文自娱,犹勤于著述。每日“经史在左,琴尊在右,松风泠然,杂花绕牖”。他性本孤介,不善治生,尤不喜见俗人,杜门者十日常八九。每天晨起则怀抱瓮罐浇灌田园,之后便监督小儿课业,偶尔外出酬酢,午后“或采纂轶事,或坐或卧,或信手拈小诗,不拘体裁,不计工拙”。“长夏则晞发行吟,颓然自放”,好不逍遥自在。“遇良辰佳景,携双童,蹑短屐,登山临水,不废游览。此外嗜好都尽,床头唯存《汉书》数册、《白傅集》一帙,兴到诵《南华经》一二篇。”年过60,他幸齿未尽脱,须鬓白仅数茎,步履犹健。或者与村夫牧童为伍,时而挟册,时而荷锄,时而策杖寻僧,时而围棋赌酒,不禁感慨道:“宠辱俱忘,祸患不及,仆之所得于天者,不既多乎?”

董含晚年一直隐居在吴会里“东冈之艺葵草堂”,自号“莼乡赘客”。他性格耿直,不随流俗,不擅长和陌生人打交道,遇上庸俗之辈,必将其拒之门外。

因董含常年深居简出,坊间居然传言说他已经病死。一个老友闻之大骇,来信询问实情。董含展信,不禁哑然失笑。沉吟片刻,提笔报以一绝云:

蝶粘花片翻棋罫,燕蹴泥香湿画叉。
病起已无裙屐兴,葛巾端坐诵南华。

还有人说董含早就“出家为僧”。为此,他自题《行乐图》云:“噫嘻董生,曷为而髡?不缁不黄,不贾不耕……尔嘲我为芦中之穷士,我亦笑尔为纸上之白民。”

董含一向好静,每每见人充作富贵状,便“背辄涔涔然汗下”。路上偶遇俗人,他甚至会掀起衣角,掩面回避。一天,他听说东篱长出一朵并头菊,粲然可观,便置酒前去赏菊。有人说:“花虽烂漫,惜非佳种啊。”董含则含笑赋诗云:

北郭先生老更饕,秋来逸兴满林皋。
山翁远馈披绵雀,溪妇初分砍雪螯。
翠壳脱时菱胜粉,玉缸开处酒如膏。
绕篱也种无名菊,莫怪樽前啸咏高。

笔记成书

自清顺治元年(1644)开始,董含“年十八便喜弄错椠”,坚持将所见所闻及时撰成笔记,孜孜不倦,直到康熙三十六年(1697)他在世的最后时刻,前后53年从未中断。临终前,董含将这些居乡所著笔记汇编成书,凡五年为一卷,以月系岁,以日系月,天道将周,积成十卷,取名《三冈识略》,给后人留下了一笔珍贵的文化遗产。

董含亲撰《三冈识略自序》,叙述了成书背景:

甲申、乙酉之际,海内鼎沸,时余年未弱冠,避乱转徙,卜居三冈之东。紫冈、沙冈、竹冈。敝庐数椽,足蔽风雨,昼耕夜诵,人事都绝。庭阴有枯槐一株,虽枝干蜿蜒,而萧然无复生意,命仆□去之。不数尺,□然有声,下遇石匣,晶莹如玉。启之,获竹简一,上刻蝌蚪七百余字,剥落不可辨。遍征博考,识者曰,类古记事者之文。然卒莫得而详也。厥后奔走四方,三入京洛,既而栖迟里门。自少及老,取耳目所及者,续书于后。凡五年为一卷,以月系岁,以日系月,天道将周,积成十卷,名《三冈识略》。其间或得之邸报,或得之目击,或得之交游所称述,或可以备稽考、广听睹、益劝诫者,靡不远谘详访。即事属细微,语无诠次,要皆确有根据,抑亦稗家者之流也。夫《搜神》《洞冥》,其旨近诡;《杜阳》《述异》,其说或诬。取两者而折衷之,岂敢曰鼓吹前哲耶?聊以资覆瓿者之一助云尔。

友人贞元昌为《三冈识略》撰序,称董含"留心天下事,凡耳闻目击,或见邸报,或系传述,上而日食星陨,下而山崩地震,中而人妖物怪,靡不详核颠末,付诸赫唬,大约近悯时悼俗者之所为",而誉其书"位置当在相台间"。康熙三十六年(1697)仲夏,友人沈白(字涛思,号赍园,清初紫隄村梅花源人)读罢《三冈识略》手稿,即击掌称奇,特作《识略题词》:

丁丑仲夏,小憩东皋客舍,雨窗快读榕城先生《识略》,未终卷而击节久之,因叹史馆中二十年来,不知撰述若何,头白有期,汗青无日,安得大手笔为之裁定,垂千秋信史耶?草野遗民,拭目俟之矣。为拈二韵志感云:"《辍耕录》自南村叟,《桯史》传于岳倦翁。身阅沧桑文献在,《三冈识略》并称雄。""从他纪事饶银管,自有藏书俪玉杯。谁识江都真史笔,漫夸梁苑有邹枚。"

沈白称其"身阅沧桑文献在","谁识江都真史笔",可与元末明初陶宗仪的《辍耕录》并称雄。

《三冈识略》多载清初时事,又琐记明末清初时三吴风俗习尚、灾异人事,为后人研究地方文化史提供了宝贵资料。该书称当时地方风俗:"曩昔士大夫以清望为重,乡里富人,羞与为伍,有攀附者,必峻绝之。今人崇尚财货,见有拥厚赀者,反屈体降志,或订忘形之交,或结婚姻之雅,而窥其处心

积虑，不过利我财耳。”其中《松郡大荒》一文还记载了本地灾情：“（是年）七月二十七至二十九连日暴风，昼夜不息，风之所向无定，禾尽偃，农人大恐。至秋季三月时久旱，忽天气郁蒸，不云而雷，苗皆枯木，棉豆花俱于数日脱落，于是四乡田有全荒者、有及半者……田主束手无策，相顾浩叹而已。”而地方官不恤人情，“巡抚洪之杰不以入告，方取道居容县青苗一束，绘嘉禾图上献”。卷六《猛虎行》一文，形象地记载了娄县县令孟倒脉性贪而酷厉的性格，遭其剥削追逼破产者数不胜数。董含以“猛虎”冠名极具寓意，文中最后则以偶入娄县的猛虎被手刃致死结束，暗喻了董含的心情。《松郡遇虎》一文展现了董含的诙谐妙笔，他还写了一首乐府云：“虎何来？在四郊，忽东而忽西，往来咆哮。朝食人兮，暮食犊与豚。官吏清廉，尔何为然？居人惶惶，告之幕府。昨檄千兵，今发全伍。迁延却避，恐逢虎怒。沿村捉鸡鸭，膏彼刀与斧。经旬竟不获，屡出亦何补。爰命黄冠诵经，缁衣击鼓。问奚所为，誓将驱虎。虎庶几赴山而蹈海兮，以全我将军之神武。”

《三冈识略》卷十的最末一篇是董含的《莼乡赘客自述》，记述身世甚详。

《三冈识略》初刻后，有人给董含扣上了“谤讪朝廷”的罪名，以致流传不广。好在事后一刻再刻，方能影响深远。

田园诗人

董俞（1631—1688），字苍水，号樗亭。自幼聪颖，童年时即喜读古诗。

清顺治十三年（1656），董俞25岁作《将军篇》，揭露时任苏松常镇提督的马逢知的荒淫生活。

顺治十七年（1660），董俞29岁时赴南京参加乡试，考中举人。

可惜，董俞与兄长董含一起身陷江南奏销案，刚刚走通仕途，却一夜之间功名被毁。他不由得赋诗感叹：

目下坎坷何足悲，人生富贵安可知。
乌啼哑哑鼓声曙，明朝匹马下邳去。

就此，董俞反而定下心来了，索性隐居在吴会里，专心“风雅正变”，甘为田园诗人。

董俞的诗名不及董含，但其诗格高雅胜过兄长，尤善赋，所撰《镜赋》《燕赋》《采桑赋》等清婉流丽，广受好评。董俞的古体诗或缠连旋转，或激昂悲壮，近体诗深沉凝练，遣词造句颇近杜甫诗，被称为云间词派后期之射雕手。其《长相思二首》云：

山鸟啼，水鸟啼，水阔山青路欲迷。愁他双桨迟。酒醒时，梦醒时，花又无聊月又低。莫教羌管吹。

梅花天，杏花天，春在前溪梅杏边。花开两岸烟。风满船，雨满船，风雨寒灯夕不眠。愁来更可怜。

康熙九年（1670），董俞赴桂林，过蕲州，在湖广地区游学，诗兴大发，一年间写下《浮湘集》《度岭集》两本诗集。康熙十六年（1677），他又赴福建地区游学。

相传有一天，董俞携僮仆正驾舟过洞庭湖，至鹿角山，忽然风浪大作，波翻浪涌，上流有颠覆的舟船漂流下来，舟上其他人大惊失色。董俞却镇定自若，还赋诗二首，投入湖中，俄顷湖水平静，恢复如常。“数时辄行三百余里，见者疑有神助。”

康熙十八年（1679）二月四日雪后，董俞应清初文坛公认的盟主王士禛（字子真，号阮亭，时任国子监祭酒）之邀参加文人雅集，即景拈王维诗句“积素广庭闲”韵赋诗。

三月中旬，清廷为了笼络明末隐居的知识分子，举行“博学鸿词”科考。董俞前去应试，一举考中，结果却未被录用，扫兴而归。

董俞晚年隐居吴会里，在南村建造灌园，自娱待客，自号莼乡钓客。康熙二十七年（1688），因病在家去世，年仅 57 岁。

董俞之子董溶，字晴川，为诸生，常与几社文人诗酒往还，有才名，可惜早卒。

文坛留香

康熙三十六年(1697),董含编成《三冈识略》,深感无憾,含笑去世,享年71岁。但有学者认为,据《三冈识略自序》写于"康熙著雍敦毕辜月",董含应卒于康熙四十七(1708)年以后,年八十多岁。

董含之子董威宝,字东集,诸生,有才名,可惜英年早逝。

董含、董俞兄弟俩命运相连,心意相通,家乡的湖光山色足以遣怀释愁,两人潇洒高歌,尽情咏吟,留下了数量可观的诗文。

董含著有《古乐府》二卷、《闵离草》二卷、《献居稿》三卷、《北渚草》二卷、《林史》一卷、《山游草》二卷、《莼乡赘笔》三卷、《三冈识略》十卷、《盍簪感逝录》二卷、《安蔬堂诗稿》十卷、《艺葵草堂稿》等。

董含的《莼乡赘笔》说鬼道狐,直面人生,可称作稀见之聊斋仿作。但也有研究者认为此书是清代后期有人在《三冈识略》的基础上擅自编出来的。

董俞著有《樗亭诗稿》十二卷、《南村渔舍草》七卷、《玉凫词》二卷,《浮湘草》《度岭草》《楚游稿》等诗集。故而被视为云间派后起之秀,深受当时文坛耆宿推重。董俞与钱芳标(原名鼎瑞,字宝汾)齐名,同为云间词派后期代表人物,人称"钱董"。

《玉凫词》二卷,有康熙年间刊本,留松阁藏版。周茂源评董俞的《玉凫词》称:"俊极而壮,词家所不能兼也。惟樗亭(董俞号)能兼之。"董俞的作品具有多元风格,不拘囿于北宋婉约派,对南宋格律派词人亦有所取法。受浙西词派影响,倚声不弃南宋格律词派,尤其得力于阳羡词派。他审美高雅,心胸极为开阔,呈"圆照之象"。既浸淫南唐北宋词,得云间词派之真传,同时又大大突破了云间之藩篱,对苏辛一派的豪放词人亦颇多师法。

俞塘钮氏家族祖辈

钮永建《钮氏源流新考》一文指出：钮氏得姓之始，无可稽考。汉有关内侯钮馥，而钮冲、钮充皆以牧守袭爵；后汉有钮绰，荆、兖、青三州刺史；钮衡，九真太守；钮详，富春侯；钮淑，吴尚书令、临水侯；钮玚，晋察孝廉，复封临水侯；钮胤，中散大夫、新昌太守、东迁侯。迨东吴景帝孙修有钮后，而陈武宣章后本亦姓钮，其父钮景明，追封广德侯，其族兄钮洽，官至中散大夫，其为著姓久矣。

钮永建认为，其先世可追溯吴兴钮氏始祖为东晋吴兴孝廉，曾任松阳县令钮滔（字景直），以浙江吴兴（今属湖州市）东南华林村（属归安县）为故居。世代繁衍，成为吴兴郡四大姓（姚、沈、邱、钮）之一。后确认吴兴钮氏一世祖为宋时人钮挺岩（字梅山），隐居不仕。

宋末元初，有钮梅山次子钮暲（字月涧），入赘于吴江麻源黄硕声，生二子，长子绎（字俞右），继宗黄。次子兀璘（字伯时），奉钮姓宗祀。后分支从华林村迁到吴江北麻漾（吴江市西南隅的湖泊）。明代初，有钮嗣源（字科进）分支由北麻漾迁到湖州归安县琏市镇（同治九年始称练市，今属湖州市南浔区）。后有钮应奇（字华国）分支由琏市镇迁到上海县县署西，遂入上海县籍。其子钮仲信，字明屿，岁贡生，娶大学士徐光启（字子先，号玄扈）的侄女为妻。此时已是明代晚期。

钮氏上海马桥俞塘支始迁祖是钮大椿，为吴兴钮梅山之十三世孙，于清康熙元年(1662)从上海县城始迁居马桥镇东，即十八保十三图俞塘河北岸的俞塘村。始设“爱日堂”，延续270多年。

俞塘钮氏家族历代重视教育，书香传世，人才辈出。据1909年编印的《松江府属历科采芹录》和清代、民国《上海县志》所见上海县籍秀才统计，自雍正至光绪的240多年间，俞塘钮氏子弟入庠为秀才者至少有36名，其中雍正年间一名、乾隆年间八名、嘉庆年间五名、道光年间九名、咸丰年间五名、同治年间二名、光绪年间六名。先后出了一名进士、三名国子监岁贡生和三名举人，因而显赫一方。

钮思恪，字作宾，号省斋。祖父钮正炳，字星若。父亲钮隆培，字月坚，府学教职，廪贡生。清乾隆三年(1738)参加顺天乡试中举，乾隆十年(1745)乙丑中礼部明通榜，授安徽省霍山县教谕。乾隆十二年(1747)，北桥明心寺建钟楼，作记。乾隆十三年(1748)戊辰三甲第三十九名进士，改内阁中书，例授征仕郎。后以母老终养归，卒于家中，享年76岁。墓在十六保二十五图(吴会村)。著有《晚香堂文稿》《三余草堂诗稿》共十卷。娶陕西宁远县知县徐湄(字葭洲)侄女为妻。《国朝松江诗抄》辑纂者姜兆翀之祖母，即其胞姊。又娶姜氏，岁贡生姜荧(字炎公)之女，例封孺人。孙子钮世贤，号味萸，道光二十五年(1845)松江府学庠生；同治元年(1862)五月殉难，以阵亡照例赐云骑尉世爵恤祀忠义祠。

钮鸿，字跃田，钮思恪从子。乾隆十四年(1749)上海县学庠生，乾隆五十四年(1789)己酉为松江府岁贡生。嘉庆十四年(1809)以耆年重游泮水。儿子钮棻，字竞芳。乾隆四十三年(1778)上海县学庠生。诗文俱超逸，著有《杉香存稿》。

钮沅，字斗槎，钮思恪从子。乾隆四十年(1775)上海县学庠生。嘉庆十三年(1808)戊辰为上海县岁贡生。著有《三礼斠义》八卷、《春秋三传斠义》八卷、《文渊玉屑》四卷、《掞藻堂诗文集》三十卷。有《机山怀古》诗广泛流传。

钮元荚，乾隆二十二年(1757)丁丑岁试上海县学庠生，乾隆二十五年

(1760)庚戌松江府岁贡生。

钮翰,字有良,号墨卿,钮思恪曾孙。祖父钮涵,字朗涯,号澹人,乾隆三十年(1765)上海县学庠生。父亲钮榆,字葱庭,号筠庵,嘉庆十七年(1812)上海县学庠生,增广生。钮翰生于道光三年(1823)十一月,少孤家贫,兄殁嫂殉,竭力完成丧葬之事。母亲以孝闻世。咸丰三年(1853)上海县学庠生。同治六年(1867)丁卯乡试中举。兼治《左氏春秋》,学综汉、宋,不以著述自炫。师从青浦名医何其超(字超群,号古心,咸丰年间恩贡生)学医,医术颇高。遇贫者返其诊金或给以药资。咸丰年间,马桥镇上万寿禅院大半被毁,同治十二年(1873),钮翰与奚源等募捐重建正厅,修缮后楼有上下六间。曾屡试春官(参加礼部的进士考试),可惜未能得志。后在家乡设馆教学,以隐居而终。生子钮世慎、钮璥。

钮世慎,字荫谷。同治五年(1866)上海县学庠生。光绪四年(1878),与奚源等募款增建万寿禅院山门,并厢房一间,有碑记。热心为创办吴会书院、疏浚河道等地方公益效力。

钮璥,字奏云,号梅影词人,光绪九年(1883)癸未岁试上海县学庠生。天资过人,未满二十岁即以诗文蜚声文社间。书画出众,擅绘墨梅。

钮元晏,字静庵。曾任马桥镇商会会长,光绪三十一年(1905)募修俞善庙并增建鼓吹台,与王锡珍等创建俞塘小学堂。民国元年(1912)六月任议事会副议长,1923年十一月任议长。

钮元燕,字敦复,号晓园,太学生。博涉群书,通音律,谙掌故,工汉隶,不屑功名,拒不应试,而以学授其子钮世章,晚年以课孙为乐。诰赠奉政大夫。

钮元燕之子钮世章(1832—1874),初名元章,字如金,号味三,钮翰堂侄。承家学,幼通经史,少年能文,通达时务。咸丰五年(1855)上海县学庠生。同治三年(1864)乡试中举第二百二十三名。曾与从父钮翰、从弟钮世慎及里人张庆慈等,先后主持疏浚俞塘、竹港诸河。同治十一年(1872),为创建吴会书院,购校舍,置良田,虽艰阻不少衰。光绪初年,直隶(今河北)地区遭受大旱饥荒,江苏省集资赈灾,钮世章随李金镛(江苏武进人)等航海北上，事后受到松江府嘉奖，被保举为知县加同知衔，赴直隶就职。半年后因病返乡，因积劳成疾而早逝。著有《后汉书杂义》二卷、《琴韵楼读书记》三卷、《琴韵楼诗文集》五卷等。娶曹氏，生子钮永保（嗣世堦）、钮永昭、钮永绍（嗣族父福康）、钮永建。

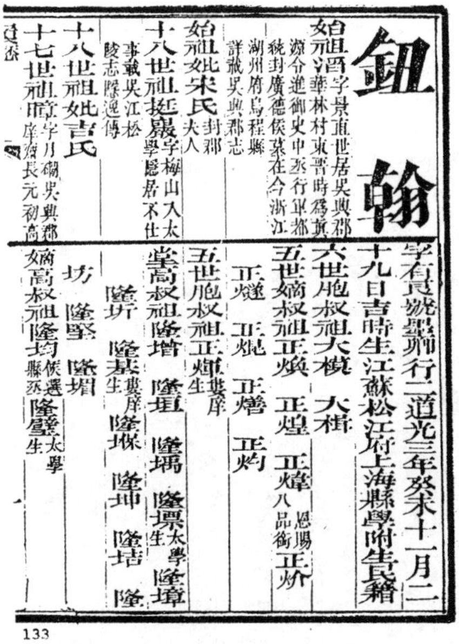

鈕翰
始祖滔字景直世居吳興郡
源令進御史中丞行軍都
統封廣德侯墓在今浙江
湖州府烏程縣
詳載吳興郡志
始祖妣宋氏封郡夫人
十八世祖挺巖字梅山入太學隱居不仕
事載吳江松陵志隱逸傳
十八世祖妣吉氏
十七世祖璋字月磵吳興郡庠膺長元初高
字有良號墨卿行二道光三年癸未十一月二
十九日吉時生江蘇松江府上海縣學附貢生籍
六世胞叔祖大樸　大椿
五世嫡叔祖正煥　正煌　正煒恩賜八品銜　正炌
正燧　正焜　正熺　正灼
五世胞叔祖正輝婁庠生
堂高叔祖隆增　隆垣　隆堨　隆墂太學生　隆墇
隆圻　隆基婁庠生　隆垛　隆坤　隆堵　隆
坊　隆堅　隆墹
嫡高叔祖隆均候選縣丞　隆璧太學生
133

钮翰朱卷

鈕世章
始祖滔字景直世居吳興
華林村五代時爲
真源令進御史中丞行
軍都統封廣德侯著有
文集行世墓在浙江湖
州府烏程縣詳載吳興
郡志
妣氏宋封郡夫人
十九世祖挺巖字梅山入太學生隱
居不仕事載郡志及
吳江松陵志隱逸傳
妣氏吉
字如金號味三行二道光壬辰十月初五
日吉時生江蘇松江府上海縣附生民籍
七世胞叔祖大樸　大椿
六世嫡叔祖正煥　正煌　正煒恩賜八品銜　正炌　正
燧　正焜　正熺　正灼
六世胞叔祖正輝婁庠生
五世堂叔祖隆增　隆垣　隆堨　隆墂太學生　隆墇
隆圻　隆基婁庠生　隆垛　隆坤　隆堵　隆坊
隆堅　隆墹
五世嫡叔祖隆均候選縣丞　隆璧太學生
85

钮世章朱卷

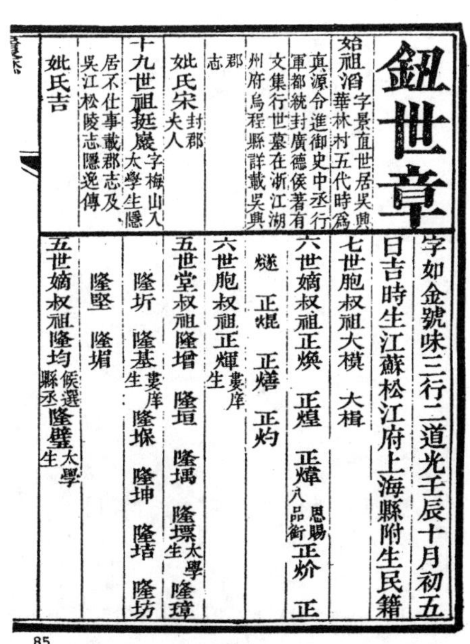

书香门第

顾言(1843—1914),字丹泉,清道光二十三年(1843)出生于荷巷桥东街。

同年11月17日,根据《南京条约》和《五口通商章程》的规定,上海港宣告正式开埠,对外打开了国门。顾言生下来就一脚跨入了近代社会。

顾言的祖辈世居荷巷桥,耕田织布,逢熟吃熟,自给自足,安逸度日。而几代人不甘平庸,叮嘱子孙们且耕且读,知书明理,更期盼通过科考能走上仕途,改变自己的身份,提升家族的声望,有所作为,光宗耀祖。因此,祖父顾月峰(字葆芬)、父亲顾慕陶,均为京师国子监贡生;堂叔顾仲园,为国子监廪贡生。虽说尚未成为达官贵人,也未曾成为富豪财主,但在偏僻而贫困的荷巷桥一带,顾氏家族可称为“大户人家”“书香门第”。

在优越的家境和良好的家教熏陶之下,顾言自幼聪颖好学,出类拔萃,年仅16岁就已读毕儒家经典。他博览古文辞赋,尤其喜欢研读《汉书》,时常会挥笔做些蝇头细批,表述自己的想法,以致丹黄灿然,由此得益匪浅,更显少年老成。

然而,顾言生不逢时,刚刚成年,就遭遇社会大动荡,身心备受折磨。

自咸丰十年(1860)至同治元年(1862)间,因太平天国军队几番东征攻打上海县城(史称“粤匪之乱”),上海城郊到处刀光剑影,以致战火成灾。同治元年2月,美国人华尔率领“洋枪队”与清军及英国、法国兵数千人马,在这一带集结,黄浦江中还驶来了十多艘战船,闵行镇竟成了战地大本营,乡人惊恐万状。

荷巷桥虽然地处僻乡,但是也闻到了兵火的气息。

连续三年多,上海城乡处处不得安宁。因此,顾言无法出门求学和应考,只得蜗居在乡间。但他初心不改,坚持且耕且读,只是僻乡无名师指点,全靠自学。

熬到同治五年(1866),顾言23岁时终于走进上海县城,参加了丙寅乡试,但因成绩一般,未能如愿。

关注民生

顾言虽然年纪尚轻,但为人真诚,善恶分明,敢说敢为。他身居乡村,长年累月亲身感受到民生困苦,因此心中不时会涌起替民呼吁、为民造福的想法。

当时,上海县西南诸乡40多个图,田赋繁重,而且有不少人家因身亡绝户,田荒无收,官府在征粮时却依然按照原有人头数额开征,缺额部分强迫当地乡邻赔垫,极不合理。当地百姓愤然抗议,怨声载道。顾言感同身受,极为焦虑,但是不知如何为乡人解困。

清同治六年(1867),本地乡绅决意上书江苏按察使王大经,要求废除这种不合理的做法。

顾言闻知,精神大振,立即跟随长辈们四处奔波,为民呼吁。他还抢着执笔呈文,陈述乡情,直言“赋繁敛重,首数苏松,吏猛于虎,民哀若鸿。废屋荒冢,谁纳正供,亦有粮户,残疾疲癃。一丝一粟,畴为弥缝,桃僵李代,追比素封。茹苦代纳,是犹养痈,税额未足,家资已空。仰首吁天,天心梦梦”(秦锡田《顾舟泉先生哀词》),强烈要求官府“永远禁止”。

最后,他们的恳求终于感动了按察使王大经,同意修正征粮数额,并在上海县衙前勒石告示“永禁”。

年仅24岁的顾言初出茅庐,取得成功,自信心油然而生。乡民们也因此更加重视这位非同寻常的年轻人。

同治七年(1868),25岁的顾言终于考入上海县学,有幸成为一名秀才。

就此,顾言走进了更广阔的天地。顾言与塘湾镇钱维翰(1845—1891,字亮卿,后来成为妇科名医)、闵行镇李邦黻(1847—1912,字梯云,李林松之孙,李味青之父,后来成为饱学之士)为同科学子,又是邻乡好友,一路来去,志同道合,彼此交情笃深。

顾言虽是农家子弟,却生性不甘寂寞,时常走出荷巷桥,有意广泛交友,增长见识。他结识了松江城方塔东的才子郭福衡(1820—1887,字友松,晚号娄村老福,娄县人)。虽然年龄相差20多岁,却一见如故,交往密切,互为道义之交者。

好友郭福衡虽个性怪诞乖僻,但喜好诙谐,落拓不羁,且记忆力极好,落笔成章,多才多艺,通六法,擅长绘画,以写意为主,不论山水、人物、花卉、翎毛等,着墨不多,却超逸清旷,奇趣横生。顾言自叹不及,十分欣赏。他也不甘落伍,寻求着自己的梦想。

不久,郭福衡有幸成为国子监岁贡生。同治十二年(1873),52岁的郭福衡终于考中了举人。

而顾言成为上海县学秀才之后,虽然连年应考,却是屡试不第,难免觉得焦虑,担忧此生仕途渺茫。家人更是为此着急,想要通过纳捐,帮他获取国子监附贡生的名分。

然而,顾言已经看破红尘,不想纳捐,也不再热衷于追求仕途,他心中另有自己的志向。

结交钮氏

清同治五年(1866),顾言参加乡试时,同考者中有来自马桥乡俞塘村的

钮永誉（字咏仙）、钮世慎（字荫谷）等。钮永誉天资过人，获得乡试第一名。

为此，顾言十分羡慕钮氏子弟，同时对钮氏家族予以特别关注。同样长在乡村，为何钮氏子弟能出类拔萃？于是，他带着疑问时常到俞塘村拜访。一来二去，他与俞塘钮氏家族的年轻一辈结成知己，并学习到不少道理。

钮氏家族为吴兴钮氏俞塘支，自康熙元年（1662）从上海县城迁居俞塘后，世代务农，却形成且耕且读的家风，枝繁叶茂，人才辈出。此时，族中已有一名进士（钮思恪）、三名岁贡生，因此在马桥地区颇具声望。同治三年（1864），32岁的钮世章（1828—1878，字如金，号味三）考中举人。同治六年（1867），44岁的钮翰（字有良，号墨卿）又中举人。他俩中举后，在俞塘设馆教学，注重地方公益，深得乡人敬重。

在顾言眼里，俞塘村乡风淳，学风浓，门风严，是一处令他十分向往的乡间乐园，深感此地是胜过荷巷桥的人生舞台。

顾言不但与钮永誉、钮世慎成为友善同学，交往密切，而且十分仰慕他们的父辈，尊为师长。他时常主动向钮翰、钮世章等求教，还追随他们参与一系列地方公益活动，力尽所能，倾心辅助，从中学习为人处世之道，历练胆识。

钮氏家族正处于兴旺期，子孙们大多奋发有为，乐于接纳顾言为友，互爱互敬，情同手足。钮翰、钮世章等也十分认可顾言的为人和才华，因此日后一再尽力资助顾言的创新之举，从而成为顾言人生道路上最直接的支持者。

学医解难

顾言自幼生长在乡间，奔走于田野，熟知春耕秋收，热爱一草一木，尽情享受农家逢熟吃熟之乐，又悯恤乡民当牛做马之苦，日益萌生造福乡亲，建设好自己家乡的夙愿。

乡村普遍缺医少药，大小疾病横行。每当目睹父老乡亲遭病魔袭扰的惨状，顾言感同身受，十分忧虑。

于是，顾言不顾家人的规劝，毅然放下了科考应试的八股文章，开始热衷钻研中医药学。半年多的时间里，他用心读遍《黄帝内经》《难经》《伤寒杂病论》《神农本草经》等四大医书，到处求教名医圣手，探寻济世良方，希望自己也能治病救人。

当时，杭州名医王士雄(1808—1868，字孟英，晚号梦隐，别号半痴山人)侨居上海行医，尤其擅长医治温热病症，享誉城乡。顾言与他只有一面之交，即十分崇拜他的医德和医术。他的《王氏医案》《温热经纬》《霍乱论》等医书，顾言均认真拜读，探讨入微，甚为赞赏，将其视为自己的人生楷模。

温热病是当时乡村中的常见病，因春温气而变称为温病，因夏热气而变称为热病。每年春夏之际，温热病来势凶猛，往往求医不及即会丧身。而温热病症复杂，医家见之头痛，一时难以对症下药，结果延误救治良机。

顾言深刻领会王孟英医治温热病的要领，又善于学以致用，一旦得知家人、乡邻患有温病或热病，即主动问诊施药，从而掌握了不少有效的医治方法。顾言通过不断探索，掌握了温热病的症结所在，能够及时对症下药，因此一再救命见效，似有“神功”。在荷巷桥一带，乡人将他视为神医，然而，他始终不肯挂牌张扬。

顾言并不以行医谋生，而是志在远方。但是，他善治温热病的名声远扬，乡人皆知。他心地善良，凡乡间病者来求诊，无论远近，必定会前往医治，绝不推辞。而乡人见他实在繁忙，不忍再添麻烦。顾言得知，总会再三声明：救命要紧，来者不拒！

初展才华

顾言一向对“浚渠之学，讲求有素”，对历代先辈的水利著述有所研究，他待人热情，办事沉稳，且有胆识，令人信服，因此在乡间颇具号召力。本地凡有水利工程，他都会主动参与实地工程，增长阅历，抓住机会施展自己的才能。

清同治十二年(1873)十月，经钮世章、钮翰等乡绅呈请，上海县知县组

织十八保乡民疏浚沙冈河道。顾言赶到工地,相助钮世章,初次参与工程管理。

次年十月,上海县知县下令十六保、十八保乡民合力疏浚竹冈河道。工地上急需领头人,顾言便大胆自荐出山。钮世章拍板,让他率队上工地包干。

年仅30岁的顾言胆大心细,办事喜欢亲力亲为,为人和善诚恳,令众人信服,又敢于担当,调度有方,指挥得当,连续奋战了40多天,终于如期完成工程,顺利竣工。竹冈河疏浚之后,使三万余农田受益,乡人齐声叫好。

顾言得到了乡绅和民工们的赞赏,由此他更显自信,对水利工程产生了愈发浓厚的兴趣。

于是,自光绪元年(1875)起,连续三年,每逢秋冬季节,顾言都集中精力,配合本地乡绅规划、呈报水利工程方案,还亲历了竹冈、千步泾、俞塘等河道疏浚工程的现场管理工作。

顾言负责的施工河塘总计长达3.4万余米,需要管理的民工有万余人,需要协调的事项多如牛毛,需要应对的场面多种多样,每日里跑断腿,说破嘴,烦心伤神,筋疲力尽。但是,他坚守职责,使一切进展有序,按时保质地完成了工程。

这一番磨炼,虽然艰苦,却使顾言受用终身。

光绪六年(1880)十一月和次年二月,顾言和多位好友先后前往吴淞江、蒲汇塘、肇嘉浜等疏浚工地,以丰富的实践经验辅佐上海县知县莫祥芝加强工程管理,获得官府奖赏。

顾言的为人和才华,得到了本地官民各界的普遍认可,他也因此打开了视野和心胸,更加努力地为地方事业的发展效力。

创立书院

上海地处江南滨海地区,建立书院起步较晚。清代中叶以后,上海县老城厢内先后建有敬业、蕊珠、龙门三大书院。同治十年(1871)起,敬业书院设立考棚，每年春、秋两季各举行一次考试，上海县的秀才都要赶到这里应试。

当时，黄浦江西岸可称乡镇林立，却还没有一所正规书院，各乡子弟为科举求学必须到上海县城或松江府就读，一路车船辗转，颇为劳顿，极其不便。

顾言有切身之痛，深感乡间子弟求学之苦，又闻听上海城里的书院声名鹊起，便热情地走访四乡乐善好施的乡绅，提议集资创立一所本地的“会文书院”。

县城之外乡间集镇能否有财力自行创办书院？城里的名师是否会到乡下来授课？乡人顾虑重重。

顾言说，五年前浦东的鲁家汇镇上就办起了观涛书院，虽说初创时有不少困难，但他们已经开课。顾言邀几位好友一起赶到鲁家汇镇上参观了观涛书院。一路上顾言说，办学需要场地，鲁家汇镇人利用镇上的同善堂旧屋翻新，而我们马桥镇北街城隍庙前现有文昌阁的余屋可用，暂时不需花钱造新屋。

有人提出，书院聘请“山长”要付“修脯”（礼物或酬金），招收生童应发“膏火”（补贴），没有足够的经费书院就难以持久。

顾言说，经费可以筹集，官府也会支持，鲁家汇的观涛书院已经办成了，“阿奴”（我们）马桥人一定也能办成。

为方便本地学子就近读书，顾言选中马桥镇中市街城隍庙西隔壁的文昌阁作为自己办学的场所。文昌阁始建于清道光二十五年（1845），为祭祀传说中掌管文运功名之神，保一方文风昌盛而建。文昌阁为庭院式建筑，设有书场、茶室，逢年过节更热闹。阁前有公善堂，一向兼作生童文会之场。

同治十年（1871），顾言终于说动了钮世章、张珍等乡绅。

近十年来，顾言坚持参与钮世章主持的俞塘、竹冈诸河疏浚工程，因此钮世章对顾言的才能和志向甚为了解，十分赞赏。当他闻听顾言要创建自己的书院，深为感动。

贡生张珍，慷慨乐施，年臻80，在马桥镇上颇具声望。得知顾言要创建

本地书院，即率先出资予以支持，并安排其子张庆慈相助。张庆慈原名元卓，字树卿，道光十四年(1834)生。8岁能诗，人称神童。咸丰十年(1860)，组织民团护乡，后以军功保训导加五品衔。出任同治《上海县志》参访员。

钮世章、张庆慈出面帮助顾言筹集办学经费，众乡亲积极响应捐田，共得二百六十余亩。

同治十年(1871)十月二十日，由举人钮世章和贡生张珍领头，十多个马桥人赶到上海县衙，求见知县陈其元，呈报办学主张：

> 禀为捐建书院，环求谕详事。窃以书院之设，日省月试，于士林最为裨益。上邑向有敬业、蕊珠两书院，敬业兼育楚材，蕊珠专供本籍士人肄业，文质彬彬，卓有成效。惟邑之西南乡十六、十八两保，闵行、马桥、北桥、颛桥四镇生童，离城七十余里，每届月课之期，信息难通，一经风雨，舟车阻滞，资斧艰难，寒士苦之。敬稔宪台前任南汇县时，于鲁家汇地方创立观涛书院，使僻壤遐陬均沾德化。今过浦滨，人人忭舞。珍等闻风景仰，称颂莫名，兹幸福星移照，教养兼隆。珍等拟仿成规，于马桥镇上议建书院。众姓闻之，慨然乐输，计珍等量捐，并众姓捐田共二百六十余亩，日后继长，增高扩充在望。马桥镇向有文昌阁，本为生童文会之场，阁前有公善堂，除理各善事外，向办兼奖文会花红，其中若接造厢房，合而为一，既作书院，仍理善堂，舆论允洽，工作亦省。自应请饬公善原董，议复核办。珍等仰体仁台栽培之意，兼顾众人踊跃之心，黾勉从事，不敢游移，特事属创建，巨典攸关，且添造房屋，经费甚巨，尚须募捐集资，应请示谕，以昭郑重为敢，联名环求大宪道台公祖大人俯赐衡裁，恩准通详各宪一面，先给示谕，以便劝募兴工，一切善后章程再行禀报。至各户捐田，珍等未敢擅便，除抄粘成数外，应令各捐户赍单呈案合并声明上禀。

上海县知县陈其元，字子庄，同治六年(1867)任南汇县知县时，协助鲁汇镇董事创办了观涛书院。调任上海县后，仍捐钱七百千文，支持他们翻建

新屋。此刻,马桥人看样学样,也要创建书院,陈其元心中十分感动,当即表示带头捐银洋五百,并正式批复:

捐田集资,创建书院,俾生童得就近乐育,诚属善举,可嘉之至。本县当为首先捐廉,以为之倡。所有饬公善堂董议复一处及给示,劝募举办应即照发俟,所事稍有就绪,通详各宪立案可也。

于是,钮世章、张庆慈等乡绅联名发起集捐,正式筹办自己的书院。顾言召集四乡子弟,开始定期在马桥文昌阁内命题课试,称作"文昌阁会课"。根据当时有关规定,凡未曾中举的秀才,须按时接受当地教育官员的督导,即集中受训考核,称"会课"。

同治十一年(1872)五月,"文昌阁会课"正式开办,消息传开,乡人齐声叫好。顾言趁势做大,借用当地曾有名镇吴会(毁于明嘉靖年间倭患)的声望,取名"吴会书院"。

知县陈其元闻讯,撰《新建吴会书院记》,大加赞赏,鼓励推广。苏松太道巡道涂宗瀛(字阆仙)、沈秉成(字仲复)闻讯也各捐银洋二百,松江知府杨永杰捐银洋一百,上海知县叶廷眷捐银洋二百,华亭知县捐银洋六十,均发典生息。为官者"捐廉为倡",顾言深受鼓舞,吴会书院由此奠定了扎实的经济基础,承载起"传道、授业、解惑"等社会功能。

独任其劳

清同治十二年(1873),吴会书院购买了马桥镇上钮姓旧房一所,将书院迁出文昌阁,因经费支绌,劝募艰难,只能略加修葺,即作为课堂。

光绪年初,钮世章赈灾有功,受到松江府的嘉奖,被保举为知县加同知衔,奔赴直隶就职。可惜,钮世章在北方总感到水土不服,加上单身食宿不济,积劳患病,又屡治不愈。半年之后,他只得辞职返乡。谁料光绪四年(1878)秋,钮世章病重难治,不幸在家中逝世,年仅50岁。而张庆慈年仅40

多岁,同治十三年(1874)中举之后,也因患病而居家不出。

于是,35 岁的顾言只得“独任其劳”,挑起了管理吴会书院的重担。顾言参照上海城区最著名的敬业书院的课程规划,增设新学课程。书院“课举业”,即学习“四书”“五经”等儒家经典,传授科举知识和技巧。全年按月分设十课(正月、十二月停课)。

顾言虽然身为吴会书院主持人,但是没有科举功名,书院不能自行设“山长”(院长),因此书院“惟无师课”(由院长出题月考,称“师课”),只有“官课”,即每两个月请巡道、知县轮流出题,组织一次考试,又称“期考”。而且招生有定额,每年只能取 36 人,其中超等生员 8 人、特等生员 12 人,上取童生 6 人,次取 10 人。到每年年终时,书院适量给学生们发放生活补贴,称“膏火”。

尽管办学条件有限,但吴会书院还是被顾言支撑起来,本地市镇和农家的子弟终于能就近见到城里的名师了。

然而,书院虽有一间正厅和两间次屋,但房屋损坏严重,急需改造。光绪六年(1880),顾言与钮世慎(字荫谷,钮翰之子,钮永建从叔父)合作,在本地资深秀才王锡珍(原名平,字子裁,乐善敦义,人称“王老佛”)等里人的支持下,决定翻建教学设施。

二月二十五日,新屋破土动工,并再次由张珍出面禀报刚上任的上海知县莫祥芝。

莫祥芝极为重视,批复称“改建吴会书院,工费既据占定钱一千串,究系如何筹款,应先切实叙明禀,候核夺图存”。三月,张珍等及时将详情禀报莫知县。

就此,吴会书院所需经费主要由道、府、县捐银七百六十元、钱五百吊作为基本款,发典生息。同时还得到县详司分拨的典铺月捐,另外由里人公捐田二百五十亩一分四厘六毫,续购田二十七亩四分五厘五毫,收租充用。

光绪十年(1884),吴会书院被列入《松江府续志·学校志》,正式载入史册。

两老夫子

书院的名气在于是否拥有名师。顾言自然心知肚明,特意先后延请上海县儒学教谕符庆增、宣敬熙两位老夫子定期来到马桥镇上,担任吴会书院主讲人。

符庆增,字蒉山,人称蒉山夫子,宝山县人。咸丰九年(1859)举人。光绪六年(1880)任上海县学教谕。

宣敬熙,字琴山,人称琴山夫子,无锡县金匮人。光绪元年(1875)举人。光绪十年(1884)任上海县学教谕。

两位老夫子一向声名远扬,愿意亲赴沪郊乡村授课,实属不易。因此顾言待他们极为周到,老夫子赞赏"乡下人实在",彼此相处和谐,合作愉快。

名师自有其独特的魅力,每逢会课时,四方生员赶来与恩师相聚,忙得老夫子寝食不安。吴会书院的教学质量因两位老夫子到来而显著提高。

吴会书院因此享誉四方,报名日益踊跃。每年招生时,顾言均为名额有限而头痛。

尽管吴会书院只是每月"定时会课",传授的主要是科考知识,师生之间也未能朝夕相处,彼此较为松散,但是顾言坚持严以律己,亲力亲为,关注每一次会课,要求每个学生刻苦学习。子弟们不论家境贫富,都对他极为尊敬。因此,两位老夫子赏识顾言的人品,安心在吴会书院教了一年又一年。

有两位老夫子支撑吴会书院,顾言十分放心,他也将走向更为广阔的社会大舞台。

县署申诉

清光绪十二年(1886)至光绪十六(1890)年,本地连年淫雨成灾,庄稼歉收,人心动荡,家家户户陷入困境。

顾言一向悯恤乡民疾苦,此时难以安坐在书院教书,便四处奔走,说动本地乡绅,一起到上海县署申诉本乡灾情,恳请县署以积谷息金为灾民提供籽种。

光绪十六年春季里的一天,顾言匆匆赶到闵行镇上的李祖佑家。

闵行镇柳桥弄的李垣(字坤成,号厚栽)是县学秀才,慷慨好施。李垣的外祖父朱如稼为华亭监生,父亲李本堃为武学生员。李垣之子李荣滋(字树九,号畹香、心兰),此时为松江府学恩贡生,刚考中举人,与顾言志同道合。

李氏家族在闵行镇西新街建有养素堂,人称“李园”。这里原为李氏宗祠,光绪年间在镇东戚家桥附近重建李氏宗祠,堂额曰“务本”。

更关键的是,顾言的姑母顾氏(1859 年 3 月 26 日生,顾月峰之女)嫁予李荣滋之子李祖佑(1862—1933),字蕉轩,晚号适叟。同治元年(1862)农历五月二十八日生于通州,因此乳名阿通。光绪十年(1884),入松江府学庠生。他与顾氏所生的儿子李显庚、李显壬英年早逝,所生七个女儿均出嫁或早逝。

与顾言同往的还有李荣滋的侄儿李祖锡。李祖锡(1853—1917),原名毓琛,字子莲,号永怀、祉联,生于咸丰三年(1853)三月,比顾言小十岁。父亲李荣棣(字古唐,号少亭),因咸丰三年(1853)团防军功,归部选用。光绪十一年(1885),李祖锡乡试中举人后,取得副贡生的名分,在家授徒。

于是,顾言与李祖锡、李祖佑一起乘船赶到上海县署。他们三人走进县衙,顾言已 47 岁,见多识广,胸有成竹;李祖锡 37 岁,已有副贡生名分,神色毫无胆怯;而李祖佑年仅 28 岁,显得恂恂儒雅,言语讷讷。

突然,李祖佑看到来自浦东陈行镇上的秦锡田(1861—1940,字君谷,号砚畦)。几年前,他与秦锡田在松江府城应试时相识。此刻不期而遇,即将他介绍给顾言和李祖锡。

顾言早就听闻陈行秦氏家族的名望,不由与之热络交谈。这一番初次相识的情景,令他们终生难忘,50 年后秦锡田在为李祖佑撰写的《行状》中做了记载。

结果，他们的诉求得到批准。顾言在县衙将籽种代领回乡，躬自规划，核实散放，一丝不苟。

当外地灾情蔓延，引发本地米价暴涨时，乡人恐慌不安。顾言又出面呈请上海县衙及时实施平粜政策，以确保乡间安定。他敢于向官府直言，俨然成了乡民们的代言人。

开浚横沥

按中国传统建制，乡镇一级不设行政单位，基层社会治理均由县衙直辖，即所谓“皇权不下县”。然而，为防御太平天国起义军，清咸丰十年（1860）5月，上海县县令刘郇膏（字松岩）创办自治性质的民间武装组织团练（俗称“乡勇”），将各乡团练局作为基层建制，按亩出丁，军民联防。随之，闵行镇也设立了团练局，首次将沙冈、竹冈、莺窦河、女儿泾区域纳入管理范围。

光绪十六年（1890），顾言与闵行团练局董夏其钊等集议，呈请上海县衙疏浚年久淤塞的横沥（闵行镇至春申塘段）和母子泾。

横沥，是今横泾港的古称，为南北流向主干航道。闵行镇依横沥河而建，形成东西两部。横沥通黄浦江，潮退沙长，容易淤塞，以致通航不便。母子泾是闵行老街的市河，弯弯曲曲地穿越了大半个镇。因此，对此项开浚工程，乡人寄予厚望。

新到任的知县陆元鼎（字春江，号少徐）以兴修水利为先务，即响应闵行乡绅的呼声，向上海道台禀借钱二千五百吊（每吊为一千钱，即一两银子），又劝募商捐一千一百五十吊，并指定顾言、夏其钊等担任疏浚工程“综理”。顾言即率领数千民工投入工程。

同年十一月十一日，陆知县亲自到场主持工程开工。闵行镇李祖锡坐镇在工地上，为顾言壮胆。

这项工程涉及十六保、十八保、二十一保的二十个图，挑土民工有数千人，若各自为政，则协调困难。顾言有备而来，根据以往开河的经验教训，他早已与各图图董议定，挑土并摊费者为顶浚（有十二个图），摊费不挑土者为

协浚(有八个图),按项浚或协浚分派定额,每亩支付“佃力”白米四升(以往三升),同时明确了修筑横沥头坝、六磊塘尾坝以及各支塘河坝的责任者,规定了施工标准。在此基础上,顾言拟订了一份《开浚横沥河工章程》,分四章对工地分段、派工任务、工程标准、经费使用等做出具体安排,并且张榜公告,做到公开透明。

来自莺窦湖畔的蒋庆和(1838—1916,字静园),时年52岁,成为顾言的好帮手。他性豪爽,有胆识,谈吐风生,善于为人排难解纷,凡债务纠葛、土地争执之事,经其劝导,即会解决。在工地上,蒋庆和四处奔走,就地调解纠纷,鼓舞民心,深受乡人好评。

由于各图各保均按章程行动,数千民工步调一致,工程进展十分顺利。开工40天后,横沥和母子泾面貌一新。

十二月下旬,陆知县前来实地验收,发现工地上井然有序,工程质量良好,不由连声感叹:“如此巨工,千夫云集,无争殴口角,片纸入告,足见君之调度有方而用心良苦矣。”

为了回报陆知县的恩德,顾言特请已成为饱学之士的同窗好友李邦黻(1847—1912,字梯云,晚年别字鳬叟、鳬僧,李林松之孙)撰《开浚横沥河记》,并于次年三月勒石立碑。全文如下:

> 吾乡为潮汐往来之地,潮退沙长,河流易淤。故自同光以来,凡濒浦壅塞之河,皆次第开浚,独横沥未之及。横沥在邑西南,绵亘一百五六十里,壤接华亭,岁久淤塞,民失其利。近年群议疏浚,而稽诸志乘,访诸父老,皆无故事可循,且以筹费维艰,其议遂寝。
>
> 岁庚寅,春江陆公权邑篆,下车伊始,百废俱举,尤以兴修水利为先务,于是乡民私相庆曰:“横沥之疏通有日矣。”已而为设方略估工程,果一一如所欲,民大悦怿。爰于十一月十一日兴工,以里绅夏君秋田等综理其事,诸君黾勉从。公实事求是,迄十二月下旬告蒇。实疏河二千八百丈,其经费为借支道库二千五百缗,以开办于先。复劝募商捐一千一百五十余缗,以维持于后。诸费概从撙节,工竣盈余五百缗,由县发典,

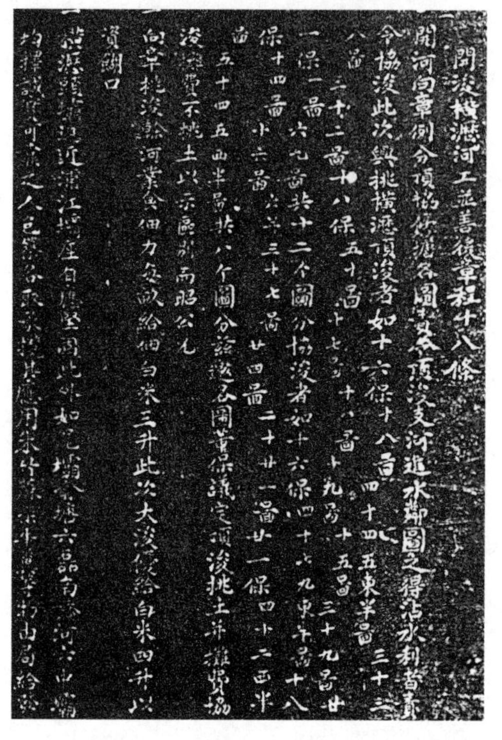
一開浚橫瀝河工並善後章程十八條

《开浚横沥河工并善后章程》刻石拓片

入其孳息，储为善后之需，又豫置各具，以剔淤沙。凡此擘划之周详，规模之久远，罔弗于公受裁焉。

是役也，历时不过四旬，而农民鼓舞奋兴，趋功恐后，以底于成，殆所谓“说以先民，民忘其劳”者耶！非恩德入人之深，何以致此？今幸清流畅旺，帆樯往来，农田灌溉，并享其利。而公已瓜代有期，于是乡民起而颂曰：“是亦公德政之一，不敢忘。”宜将开浚工程暨善后章程四条，并勒诸石，俾后之君子，得所遵循而酌盈剂虚，以持诸久焉，庶无负使君泽民之意也夫！

工程圆满完工，夏其钊、顾言等及时做了总结，进一步将开浚过程中的分段、派工、工程标准、经费使用及竣工后管理等环节做了梳理，整理成《开浚横沥河工并善后章程十八条》，为今后的水利工程提供范本。为了彰显这一项成果，光绪十七年（1891）七月，他们特将《开浚横沥河工并善后章程十八条》勒石立碑，嵌在横泾河东民宅墙壁上。（碑石今存“老闵行历史文化陈列馆”内）

担当局董

清光绪二十二年（1896）十月，夏其钊、顾言等呈请上海县知县后，又组织乡民疏浚了黄浦江支流淡水沥。淡水沥南出黄浦江，北达汲水港，长约 4.9 千米，工程量不小。由于沿用已成熟的开浚河工章程，一切进展极为顺利。

不久，年已53岁的顾言接替因患有眼疾几乎双目失明的夏其钊，出任闵行团练局局董。

光绪二十三年(1897)正月，顾言以闵行镇局董的身份，配合华亭县知县黄承暄协调十八保乡民合力疏浚千步泾。千步泾东岸为上海县，西岸为华亭县，虽然利益不同，但是由于事先拟订方案，明确分工和权益，进展顺利。

光绪二十四年(1898)，眼见女儿泾桥(又称中渡桥)岁久颓废，顾言便出面劝募筹资，主持重建，定名“集义桥”，并挥笔题写了桥联：“中流揖击冲波去，渡口人来踏月归。”

光绪二十五年(1899)十二月二日上海《申报》报道：顾言、夏其钊、李祖锡、钮永建等向江苏巡抚陆元鼎(字春江)递交禀诉，称今届秋霖为患，农田歉收，求减漕赋。陆元鼎批示云：“本年六七月间，阴雨过多，木棉稍损，然较之光绪十五年秋雨四旬情形迥殊，惟赋出于田，如果收成歉薄，民瘼攸关，亦应量予体恤，仰上海县速即亲诣各乡，详勘禀报，毋得迟延，切切此缴。”

身为局董，顾言要兼顾闵行老镇以及沙冈、竹冈、莺窦河、荷巷桥等区域各方的利益，如此地阔面广，必须具有更大的情怀和魄力。仅兴修水利一项，他动足脑筋，细做规划，带领四乡民众，连续苦干数年，先后疏浚了西河泾、柳条江、斜泾、女儿泾、望海塘等，将这五条水系疏通，同时在低洼地筑塘堵水，旱时能灌溉，涝时能排水，乡农因此年年受益。

仗义报恩

那一天，得知好友钮世慎(字荫谷)不幸身患重病，顾言急忙赶到俞塘村前去探望。

谁料想，钮世慎竟已生命垂危。顾言懂医，一看便知无法医治，热泪夺眶而出。

钮世慎拉住顾言的手，含泪询问：虽说我家有些家产，但是家中尚有年幼的子女，真不知如何处置为好？日后，他们必然缺少关照，难以把握人生。我怕他们就此落难，也怕他们有负钮氏祖宗，令我死不瞑目。看来，唯有托孤给你,我才安心啊。

顾言为人讲义气,重情谊,此刻面对好友临终有难,自然毫不犹豫,接受嘱托,并立下契约。

钮世慎终于放心地闭上了眼睛。

众人不解,非亲属长辈而承担孤儿抚养责任,又涉及钮氏望族人家,顾言势必吃力不讨好。

顾言却说,我在创办吴会书院遭遇困难之际,钮世慎热情相助,敢于担当。而如今,他家遭遇养儿困难,我岂可不闻不管?做人啊,理当学会报恩。

于是,顾言亲自出面,邀请俞塘钮氏诸老作证,妥善地处分钮氏家事,将钮世慎留下的家产全部寄交吴会书院管理,并当众发誓代好友抚养其子女至成家立业。

俞塘钮氏诸老齐口赞同。

不久,荷巷桥的沈作舟也遭遇相同困境,急需寻求托孤人,但自愧以往没有为顾言效过力,家中也没有多少资产,因此难以当面启口,只得托人试探。

顾言得知沈家有难,慨然回复称:同村父老,守望相助,不图回报,只讲情义。只要沈家信任,理当尽力而为。

沈作舟感激不尽,自己不能上门致谢,当即命其幼子赶到荷巷桥,跪认顾言为义父。

顾言果真欣然接受,按照前例,当众立下契约,出手助沈家渡过难关。

就此,钮氏、沈氏子女在顾言的关照下,安然成长。

后来,到了成家立业的年龄,顾言帮助他们分别完婚,同时,将他们父亲留下的遗产如数归还。钮、沈两家后人感恩回报,侍奉顾言终身。

顾言如此仗义报恩,震动四乡,至今传为佳话。

面临尴尬

顾言主持吴会书院前后长达 29 年。他历尽艰辛,坚持不懈,“培养寒畯(出身寒微而才能杰出者),士风以振”,从而造就了一批又一批的地方人才。

然而,吴会书院的教学力量、教学内容和教学方法局限于科举传统,与时代需求势必有所脱节,自然越来越陈旧了。而符庆增、宣敬熙两位老夫子早已桃李满天下,因一向受人尊崇,并不思创新,显得过于自负。因此,师生之间潜在的矛盾时有爆发,日趋突出。

闵行区档案馆今存有马桥人张采三(1872—1921,字秀芝)应吴会书院童子试时的试卷一份和《消愁解闷》《弄月吟风》等手抄笔记,其中有所显示。

张采三是光绪年间的秀才,出身内科世家,对乡试不感兴趣,一心从医。师从松江名医金秉之。临诊务求其本,处方严谨,每遇危笃之症大多手到病除。张氏工诗,精书法,自题书斋名"烟波馆"。钮永建中举后,曾请其题写堂匾。

也许,顾言一直没有弄明白,吴会书院为学子们用尽心血,但张采三却会厌倦科考。

其实,在张采三留下的《消愁解闷》手抄笔记中,有两篇文章暴露了当时吴会书院尴尬的教学情况。

一篇文章题为《旬》,作者自称"童召南"。此文声称,光绪十四年书院二月课,老师出课题仅一个字"旬"。作者心中不满,因此作文调侃了一番。

另一篇文章题为《陈代曰：不见诸侯 · 七章》,作者取名"何许人"。此文又称,光绪二十二年吴会书院八月课,宣敬熙先生出的题目太长。作者为此借作文再次调侃。

科举应试教育的陈旧做法,可见一斑。而面对如此尴尬的局面,顾言一时无有良策。

三林喜讯

光绪二十二年(1896),浦东三林塘传来好消息：上海县学候选训导秦荣光在三林塘文昌阁成功创办三林书院,声名鹊起。

秦荣光(1841—1904),初名载瞻,字炳如,号月汀,陈行镇人,"上海县城隍"秦裕伯后裔。他步入中年后,既有挣不脱的功名之心,挥不去的科举情结，又有忧国忧民的情怀，决心尽全力改变家乡现状。他与顾言一样，亲身感受到农家子弟因失学而寡识，因此十分崇尚“兴学就能启蒙，启蒙就能救国”之说，在家乡大力兴学，创设了一批私塾。如今，他自捐十亩田地，说动岳丈汤学钊（字蕴斋）、妹夫周希濂（字景溪）各捐五十亩田地，一举创设了三林书院。

顾言与秦锡田是知交好友，时常听闻他父亲秦荣光的事迹，此时眼见秦荣光知难而进，兴学举动胜于自己，顿时兴起，设法深入打听其情况，想学习其“高招”。

顾言得知，三林书院课规也仿效敬业书院，设有师课。立经学、史论、算学、舆地、掌故、时务等六门课，遵循“切实致用”的教学原则。由三林塘的赵履福（1854—1924，字志熙，号子禧）负责书院具体事务，广征博考，制定适当的教育法则。三林书院起步虽迟，但其行进的步伐踏实有力，赢得了上海城郊学界的好评。

由此，顾言看到了吴会书院与三林书院的差距，也想积极改善现状，及时跟上时代的步伐。可惜，他时常被社会事务缠身，又苦于身边缺少得力的人才，一时难以作为。

光绪二十四年（1898），为进一步筹集兴学经费，秦荣光以“上海县城隍”秦裕伯家族后人的名义，用积存的捐款赎回祖传的上海城隍庙豫园钱粮厅基地，并翻建起楼屋，再利用楼屋的出租收入充实三林书院办学经费。因此，三林书院实力丰厚，秦荣光每年都给在册生童发放津贴（称“膏火”）和奖学金（称“花红”）。

顾言闻讯后十分眼热，忍不住挥笔给上海县署发函，呈请增加些办学补贴。

上海县署十分同情顾言的处境，接函后即大笔一挥，安排三林书院捐钱援助吴会书院。

秦荣光十分仗义，一口答应。

为此，顾言十分感激秦荣光及三林书院，专程前去浦东三林塘登门致谢，虚心求教。

秦荣光比顾言年长两岁，社会影响也更大些，然而论创办书院的资历，顾言要比秦荣光更丰厚些。两人自幼生长在乡村，熟知农家甘苦，怀有护乡图强的志向，又都已经历了数十年的人生磨炼。因此，几次交往后，两人即结为知己。

面对时代变迁日益深入，秦荣光深感"鉴于世界大势，非兴学育才不可"，心中正酝酿着新的发展格局。对此，顾言也正在苦苦地思考，尽心地探索。

新风扑面

清光绪二十四年(1898)6月，光绪皇帝实施"戊戌变法"，维新思潮随之席卷中华大地。而顾言办事一向稳健，时年已56岁，更加生怕折腾，常年身处乡间，信息来源不畅，又整天忙于闵行局董事务，无暇外出考察探路。

正巧，钮世章之子钮永建(1870—1965，字惕生)返乡探亲。光绪十九年(1893)，钮永建参加癸巳恩科乡试中举。然而，他目睹时局变迁，深受刺激，决意研求"新学"，重视习武，考入湖北武备学堂。四年后，他毕业回沪，在经正女学担任教务长，正值维新风气大盛。

这一天，钮永建来到吴会书院，在院内转了一圈，发觉这里的教学已不适应时代的发展。他向顾言提出，应当将吴会书院改建为新式小学堂，增添"新学"课程，使学生学到智育、德育、体育等知识，成为适应时代潮流的人才。

顾言深有感触，对钮永建的才华和见识又十分赞赏，表示全力支持他实施"新学"的主张，并拜托他发力相助。

于是，风华正茂的钮永建在马桥地区广泛宣传"新学"，给乡亲们带来了许多时代新气息。他发动亲朋好友出手相助，尤其得到了奚佐汤、金庆章、黄宗麟、蒋清镜、严家鼎、张之纲、李祖佑等吴会书院学友的鼎力支持，很快就募集到钱款二千多元和田产二百二十四亩四分，并以募捐款买田三百十二亩八分七厘二毫，用作教育基金。

钮永建以举人身份，向上海县知县汪懋琨呈文称：

本邑自西商面埠，为交涉总汇之区，业经建立南洋公学三等学堂，梅溪书院在城厢附廓等处，广肆中西要学，认真培植，将来成效可收。惟邑之西南乡十六、十八、二十一等保，方三四十里之间，离城窎远，走集不便，且上项诸学堂限有额数。乡间不乏聪颖子弟，未免向隅。敬念宪台教养兼至，提供宗风，业于浦东三林塘地方创立三林书院，使僻壤遐陬咸沾德化，今过浦滨，人人忭舞。永建等闻风，景慕称颂，莫名恭读。本年五月初五日，谕旨裁撤时，义以救空疏，是实学振兴，至为当务之急，兹似酌仿城厢各学堂成规，于十八保马桥镇上议立学堂，众姓闻之慨然乐输。永建等量捐，并众姓捐田二百三十余亩，钱一千三百余千，银洋三百余元，日后继长，增高扩充在望。伏查马桥镇向有吴会书院，本为生童肄业之区，建有讲舍，除办理甄别外，房屋本属有余，且有余址，足资添造，若就厅处开办学堂，乐育英才，事归一律，舆论已尤，工作亦省，自应请饬吴会书院经董议复核办。永建等仰体仁宪栽培之意，兼顺众人踊跃之心，黾勉从事，不敢游移中辍，惟延聘教习，置办书图，添造房屋，经费甚巨，尚须募捐集事。事属创始，培植攸关，谨请示谕，以昭郑重，为敢粘单，联名环求宪公祖大人俯赐衡裁，恩准通详各宪，一面先给示谕，广为劝募，举办一切，善后细章，俟公举总董，后由总董再行续报，至各户捐款，其田亩一次俟收到印单后责呈储库，钱洋缴案发典生息，出立收票，并将存根附卷，藉资征信。其学堂命名，摄取孟子求仁之义，名曰强恕。是否有当，并候宪裁，上禀。

钮永建思路开阔，办事周到，为小学堂的建设制订了发展规划，将自己在湖北武备学堂所学的知识、在经正女学担任教务长的实践经验以及在日本游学时的所见所思，又根据马桥地区的实际情况，予以灵活应用。他尝试参照日本小学堂的课程设置和教材，并有所创新，确定正课为汉文，外课为英语，以及修身、读经、讲经、历史、地理、画图、乐歌、游戏等课目，还特地增设了以体操为主的体育课，体现他“勤修武德，增强体质”的主张。

“强恕”问世

清光绪二十五年(1899)7月,为与好友吴稚晖相伴就读,钮永建前去南洋公学,兼职军体领操员,后改任国文教员。

9月15日,应两湖书院山长梁鼎芬召唤,钮永建抵达武昌,参加留日学生考试,以第一名录取,成为官费留学日本的军事生。

12月底,钮永建匆匆动身赶往日本,报考陆军士官学校。临走时,他向顾言提出,这所新式小学堂应当取名“强恕公学”,“强恕”两字出自孟子《尽心篇上》“强恕而行,求仁莫近焉”,原意为做人当自强,勉以忠恕之道、求仁之术,此为最近也。也就是要从人格修养来规范自己的言行,做到“强恕”。而钮永建独到地释之为“不强人谓之恕,不恕己谓之强”。这样,就把人格修养的要求更具体化了,因此这校名也成了学堂的校训。同时,“强恕”两字又是“江苏”的谐音,蕴含着钮永建热爱乡土的情结。

顾言极力支持钮永建的主张,立即调集人手逐一落实。奚佐汤(字真杰,马桥镇人)、黄蕴深(名宗麟,又作云荪、云僧,号懒云,闵行镇人)等年轻人四处奔波,参与募资,协助顾言处理筹办事宜。

光绪二十六年(1900),强恕学堂在马桥镇上最热闹的中市街正式开学。应邀担任首任校长的是钮永建少年时的同学蒋清镜(?—1921,字冰卿)。

钮永建身在异国他乡,始终惦记着家乡的教育事业,不时从日本传来新的教育内容和教育方法。他在主办的《江苏》杂志第三期《上海学堂一般》一文中,介绍了马桥“强恕公学”,称其办学宗旨为:“扩蒙养始基立致用大本,斟酌近世智育德育体育之旨,以因材教授。”他还安排蒋镜清外出考察,学习新式教育。

这时,顾言收到门生金庆章(字静初)的来信。光绪二十四年(1898),金庆章被派遣以官费生赴日本留学。此时,闻听恩师创办新式学堂,特地翻译了日文的《学校管理法》,寄给顾言作办学借鉴。

光绪二十八年(1902),顾言决定停办吴会书院,将结余的银币七百六十元、钱五百吊(每吊为一千钱,即一两银子)、田产二百七十七亩六分一毫及典捐每月三十六吊等资产,全部转为强恕学堂所有,并向上海县知县汪懋琨呈文称:

具禀吴会书院兼办务敏学堂董事顾言等

禀为改设事。窃马桥镇吴会书院由董言随同故董张珍、钮世章等自行量捐,广为劝募,于同治十年间,因陋就简,草草开办。幸荷前宪陈暨前道宪涂捐廉提倡,并给月课加奖,以资鼓舞。迄今三十余年,寒士栽培不少,迨光绪二十四年间,同里举人钮永建游学鄂省,得风气之先,旋里后邀集同志筹劝募捐,开设强恕学堂,维时所募田亩不过百外,银洋二千多元,以租息抵费,不敷甚巨。屡唔言等热商,因就院屋开办,并咸吴会师课,稍资津贴,勉力搏柱者三年。上年,永建自东洋回华,采辑课程,将强恕大加开拓,经费愈形竭蹶。言等正在筹措间,奉督宪札饬,各府厅州县原有书院、义塾改设中小及蒙学堂等,筹议禀办,恳请本邑城乡各书院经董一切仿办等因。现悉郡城云间、景贤两书院,经府宪通详各大宪分别改为中小学堂,批回照办。本邑三林书院亦已停课。言等拟将吴会书院拨案请改,挹彼注兹,强恕差堪自立,惟是添造斋舍,资遣师范,购置图书、仪器,需费不赀,且闵行务敏学堂与强恕一气相生,由祖锡等白手开设,未有恒产,常年经费有绌无盈,尤须酌量倾助。言等为培人才起见,用敢环请宪公祖大人恩准吴会书院田产、当捐、存款尽归强恕学堂,专款吊核卷宗备文通详,并求钧案加奖每月三十千文,拨充学费,饬房立案,以垂永久,一面申请道宪每月加奖钱四十千文,一体拨充学费。是否有当,诋候批示施行,上禀。

上海县知县汪懋琨批复:

近奉明诏,书院开设学堂,惟是更张伊始,费巨难筹,非各就书院向有之款通融,挹注不能集事。今该董等拟以吴会书院改设强恕学堂,即

以该书院田产、当捐、存款暨道县加奖尽数改拨充费，属可行，应准照办，并请各宪立案，可也。

于是，强恕学堂按照当初钮永建的规划，依据清政府颁布的《学堂章程》，办学水准很快进入两等小学堂之列。

至光绪三十一年(1905)，强恕学堂及吴会书院的毕业生中，咨送日本留学、升中学者，已有30余人。

再创“务敏”

顾言十分器重比自己小19岁，却应称作姑夫的李祖佑，为支持钮永建办强恕学堂，特邀请他来增添“新学”课程。李祖佑思想活跃，年富力强，当即欣然答应。

清光绪二十八年(1902)，59岁的顾言与40岁的李祖佑主动争取49岁的李祖锡以及马恩培(字柳江，号矍翁)的支持，在闵行镇上捐募到银圆八百余元，在镇西南积谷仓处创办了一所新学堂，取名务敏学堂。学堂校舍颇具气派，楼分七幢，共有平房21间。

顾言趁势推动周边乡镇创办新学堂。

光绪三十年(1904)，顾言与彭家渡名医马云亭之子马轶群(字杏生)联手，在荷巷桥老镇上创办了私立荷溪初等小学堂，使家乡子弟也能就近读书。马轶群是县学补增生员，个性静默，不涉外事，读书过目不忘，办学后潜心执教，深得顾言的赞赏。

城厢探路

科举制度废止后，各地急需设立相应的学务管理机构。正在兴起的上海地方自治运动，促进上海华界地方事务的振兴，教育改革作为地方事务的重要组成部分，理所当然地受到世人的特殊关注。

已经62岁的顾言闻讯积极响应，决心顺应时代潮流，为地方教育开创新天地。顾言意识到，应当大步走出故土，进一步融入上海老城厢的发展热潮。

上海地方自治运动首倡者李平书（1854—1927）曾与李祖锡结义同好。于是，顾言借助李祖锡的关系与比自己年轻11岁的李平书建立了密切关系。于是，顾言时常奔波于城乡之间，有心跻身上海滩学界大舞台，为上海西南诸乡争取话语权，同时寻找机会要在家乡之外干出一番大事业。

在上海县城里，顾言与正在上海滩“寻梦”的三林书院创办人秦荣光之子秦锡田密切交往，互通信息。秦荣光逝世后，秦锡田即辞官回乡，继承父业，清光绪三十年（1904）9月出任三林学堂总教习，次年又出任三林、陈行、杨思三乡联区学董和浦东同人会常务理事。

秦锡田比顾言年轻18岁，而且曾在京城做过内阁中书（从七品），又以候补湖北同知在武昌供过职，阅历丰富，年富力强，到处宣传要以“切实致用”为兴学宗旨，以提倡教育、造就有真才实学的人才为目标。

顾言与秦锡田都来自沪郊乡镇，泥土气息相通，彼此极为投缘。秦锡田视顾言为长辈，十分尊重他的见解。而顾言欣赏秦锡田的才气，又尊重陈行秦氏具有“上海城隍”后人的名望，因此遇到场面总是将他推在前面。

经秦锡田引荐，顾言结识了时为龙门师范学堂校董的姚文楠（1857—1933，字子让），就此打开了一片新天地。

光绪三十一年（1905）9月15日，聚集在上海的立宪派人士与士绅集议设立地方咨议局的事宜，上海11个团体各派代表（共29人）出席。顾言专程赶赴上海老城厢，参加了这次集会。

顾言为人真诚，又善于肆应，明于世故，因此很快在上海滩建立了广泛的人脉圈子，而且上下左右间绝无枘凿之处，他的名望随之扩大，更加引人关注。

十月间，酝酿已久的上海教育界“阖邑学务公会联合城乡学员大会”在上海文庙明伦堂内隆重召开，上海县各地学界代表人士齐聚一堂。主要发起人有姚文楠（龙门师范学堂校董）、顾言（强恕学堂主持人）、秦锡田（三林

学堂总教习)、项文瑞(上海县师范传习所总监)等。

会议决定,为推进地方教育事业,应当划分学区,设立上海县学务公会,议决要求上海县署以田赋的积谷息款为全县兴办学校之用,并拟定六条章程:一是计亩均摊,二是分区统筹,三是从严考核,四是定期派款,五是储款代存,六是酌量变通。同时,会议以投票方式选举组织职员,从而成立了上海历史上第一个独立的地方教育行政机构——上海县学务公所。经选举,由姚文楠出任上海县学务公会会长,顾言出任副会长。

同年12月12日,江苏学务总会成立大会在老西门外方斜路上召开,推举张謇任会长,姚文楠任常务董事。顾言出席了这次江苏学界名士大聚会,并加入了这个中国最早的省级教育团体。会员大多是年富力强者,而顾言年已62岁,在最初的232名会员中是年龄最大的。

喜获嘉奖

清光绪三十一年(1905)9月2日,清政府正式下诏,宣布废止科举制度,提倡兴办新式学堂。

此时,清政府驻沪商约事务大臣、前任上海道台吕海寰(1840—1927,字镜宇)对上海地区民间办学情况进行了调查,认为三林学堂、强恕学堂、民立南洋中学堂、民立上海中学堂和文明小学堂等五所学堂"卓有成效","程度不入歧异,课程均符定章"。同年12月,吕海寰奏请朝廷对五校给予立案,对各校创办人给予嘉奖"以昭激励",对诸校学生"毕业后准予照章考试奖给出身"。

吕海寰的建议得到了光绪皇帝的批准。光绪三十二年(1906)闰四月二十日,光绪皇帝下旨,顾言等五校创办人获得通令嘉奖。

当时的寰球中国学生会出版的《寰球中国学生报》为此登载消息称:

> 去冬,商约大臣吕具奏上海民立中小学办有成效,请饬学部立案,酌与奖励,遇有该学堂毕业学生准予照章考试奖给出身一折,奉旨,学

部议奏，近苏学务处接到部文，内开商部咨本部议复吕大臣奏，上海民立中小学渐著成效，拟准立案，并请传旨嘉奖。四月二十日奉旨依议。钦此。计开：

民立南洋中学堂贡生候选州判王维泰、附生王植善；

民立上海中学堂布理问衔苏本立，浙江试用县丞苏本炎，附贡生苏本铫，从九品衔苏本诰；

三林学堂候选训导秦荣光，武举人周希濂，同知衔汤学钊，廪生赵履福；

文明小学堂副贡董瑞椿，举人俞复、杜嗣程、计士熊，副贡丁宝书；强恕学堂附贡生顾言。

这个消息在上海城内外产生了巨大的反响，尤其在上海西南乡激发兴学热潮。

在顾言事迹的推动下，本地有识之士争相仿效，创办新式小学堂。各校敦聘良师，按户劝导，因此生源甚众，蔚然成风。

仅马桥地区就有：王锡珍（原名平，字子裁）、钮元晏（字静庵）、钮永昭（字复生，钮永建胞兄）等创建俞塘小学堂；奚佐汤集资创设正蒙小学；张益谦、耿光觐、张秀实等创建西村小学堂、马桥小学堂以及以招收女生为主的萃秀女学堂（初名强华）；黄宗坚、黄申锡在十六保四十二图创办竹溪小学堂；朱凤龢在沙冈口创办强蒙小学堂；孙康祚等在白沃庙创办沙溪小学堂。

上海西南乡，一举成为地方教育先进地区。顾言及强恕学堂随之享誉江南。

学务公所

清光绪三十一年（1905）十一月，上海县学务公所在蕊珠书院（即也是园）珠来阁内正式对外运转，位于老城厢南部（今凝和路西，也是园弄60

号)。城厢城郊各所学堂与其建立起密切联系,这里热闹非凡。

此时,上海县学务公所正式推举姚文楠担任总理兼文案(后称总董兼视学员),顾言担任协理兼财政员(也称副总董),项文瑞担任师范监督(后称协董、视学员)。

项文瑞,字莲生,闵行镇人(祖上自安徽休宁迁闵行),曾就读于吴会书院。入上海县学,肄业于龙门书院。读史之暇,兼攻算学。光绪十一年(1885),选拔就职直州,判选广东连州,因母亲突然丧亡而未能赴任。光绪十四年(1888)5月至11月,经姚文楠推荐,赴日本留学,他与弟子杨保恒(字月如)、贾丰臻(字季英)等以旁听生的身份,进入嘉纳治五郎创办的宏文学院师范科学习,课余赴当地学校参观考察。归国后,受姚文楠委派,他担任敬业学堂监学、养正学堂总理。光绪三十年(1904)7月,他与杨保恒等在龙门书院原址创办速成师范讲习所。光绪三十一年(1905),又设初等师范传习所、师范补习科(后分别改为上海县第一、第二、第三师范传习所),任总监。他所著《日本游学记》在上海滩产生了广泛的社会影响,无疑已是上海教育界最耀眼的新派人物。

肩负重任

大家公推顾言兼任财政员,全权负责管理和募集资金,凡书院董事所管款产截至年终均移交给他接收,统一管理。顾言深感责任重大,全力以赴,日夜操劳。好在他勇于担当,又富有实践经验,很快就开创了新局面。

清光绪三十二年(1906)七月,顾言依靠绅商叶佳棠的相助,一眼看中南市小西门附近(今尚文路北)的一粟庵。这里原址是明礼部尚书、东阁大学士徐光启的农园,他在这里进行种植试验,编写《农政全书》。康熙七年(1668),浙僧超盦购下徐氏荒圃建庵,邑人曹垂璨以“金鸡解衔一粒粟”之义题额,故名。这里无疑是一块风水宝地。

当时,一粟庵住持僧雪峰因出租庵地,正遭某些士绅诉讼。雪峰见到顾言,表示“愿以全庵请酌给官价入官”。于是,顾言果断拍板,购下庵地,并立即着手改建庵屋,这里便成为上海县劝学所新的公办场所。同时,他将一粟庵内的佛像全部迁往闵行老镇,重建庵所,妥善安置。诉讼的士绅无言以对,雪峰僧极为满意。顾言办事的效率得到广泛好评。

七月,顾言与顾祥和、葛尚远等募集资金,在老白渡镇风神庙内开办东区第一小学。三年后(宣统元年五月)风神庙屋塌,顾言又出面筹集经费,联手绅商莫锡伦等,并禀准上海道台蔡乃煌、上海知县田宝荣,建造正楼、侧楼各三幢。后更名为"市立隆德学校"。

十月,遵照朝廷学部《奏定劝学所章程》规定,上海县学务公所更名为"上海县劝学所",主要职责为推广学务、筹措经费、调查学务及设立宣讲所。遵章设立总董一人,以县视学员兼任,并增设协董二人,一经理财政,一代办视学。经大会选举,会长姚文楠、副会长顾言均连任,但是按章程要求,学务总董必须由县视学员兼任,而县视学员必须以曾出洋游学或曾习师范者为合格,因此必须打破原有格局。显然,顾言属于"不合格"。于是,大家推举由项文瑞担任总董。然而,由于项文瑞一再推辞,结果还是久议未决。几经周折,只得采取变通办法:总董与县视学仍以一人兼,但增设协董二人,总董的视学职务可于协董中委托一人代理,另一名协董分工经管财政。经姚文楠推荐,公举秦锡田出任上海县劝学所协董,兼任学务审查长。

按章程规定,上海县劝学所总董、协董的任期均为一年,每届年前十月由大会选举产生,年终交替。结果,姚文楠连任三届,顾言、项文瑞连任二届。

风云际会

上海开埠已有半个多世纪,上海滩风云际会,新兴力量趁势崛起,顾言亲历了一系列前所未有的巨大变迁。他已年过60,仍尽力而为,顺应时代潮流。

在上海教育界的大舞台上,顾言虽说年龄见老,但他坚持清正耿直,谦

和接物，清介持躬，处事刚明，经权并用，名实兼隆。秦锡田与顾言彼此志同道合，极为投缘。秦锡田对顾言温良而恭之德、兼听斯听之识、如璧如琮之品、如海如虹之才尤为赞赏，称其“长于肆应，明于世故，上交下交绝无枘凿之处”。只可惜“被举为劝学所财政协董，曾拟整理公产增加收入，惜独行无助，未竟其志”，秦锡田对此感到十分惋惜。

清光绪三十二年（1906）正月二十六日，顾言与姚文楠、李平书等31人联名上书上海道台袁树勋，率先提出拆除上海县城老城墙的议案，认为“城垣阻碍，商埠难兴，集议公决，拆去城垣，修筑马路，使城厢内外荡平坦直，为振兴商埠之基础”。不料，呈文一经提出，立刻遭到曹骧等20名士绅的激烈反对，拆除城墙之议一时未果。

光绪三十三年（1907），上海官契局在南市老西门外万里桥成立，由顾言兼任总董。该官契局主要承办学务，相当于公证处，相关章程大多由顾言亲手制定。

同年，上海县劝学所重新规划上海地区教育体系，安排总董下设24个学区，各学区设劝学分所，选举产生劝学员。劝学员的职责是商承总董，调查、劝令本管区内筹款兴学事宜、讲习教育、推广学务、宣讲教化民众以及讲绘本区学务图表，报明本城劝学所备案等。每年逢农历正月初七，上海县劝学所召开大会，逢四月初八召开议员会。劝学所的所有事宜，均经该机构议决后实施。

不久，因时局变化，上海地方教育界的管理机制也发生了重大变化。光绪三十四年（1908），根据学部颁布的教育会章程，上海教育研究会和沪学会合并成立上海县教育会，劝学所的选举权、决议权均归教育会。

顾言年已65岁，一向善于应付各种事情的顾言，顺势退出繁杂纷争的上海滩，一心静心养老。他早已知足，唯有举办公益性大型活动，才会去露脸应酬一下。同年11月8日，顾言应邀参加上海著名人士鬻字助赈活动之后，返回了家乡。

此时，上海西南乡的闵行、马桥、颛桥、北桥镇联为一个学区，由李祖佑担任劝学员。顾言德高望重，家乡学界依然将其视为主心骨。

得力弟子

顾言一向注重在年轻人中遴选可造人才，加以重点培养，对于家乡子弟他尤为关注。在其众多得力弟子中，最贴近他的是来自闵行镇的李宗邺。

李宗邺，字颂唐，生于清同治六年（1867）正月二十六日，为闵行陇西李氏十八世孙。祖辈世居闵行镇留桥弄，父亲李显元（号廉卿）。少年时，就读于吴会书院，师从顾言。光绪十年（1884），入上海县学为庠生。后在华泾镇刘氏家塾执教，学生中有后来成为上海名士的刘季平（1878—1938，名钟龢，字季平，以字行，自署“江南刘三”）。

顾言对颇具才气的李宗邺十分赞赏，决定派遣他赴日本深造。光绪三十三年（1907），李宗邺以公费生身份赴日本留学。

在日本，李宗邺先后进入东京弘文学院师范科及高等数理化班，学业始终保持优良。归国后，顾言邀他在务敏学堂任教。李宗邺将留学所获尽情发挥，表现出众，更赢得了顾言的特殊关注。

顾言一向十分赏识有才华的家乡子弟，将他们一个个带到上海城区，谋求更广阔的天地。于是，经顾言推荐，李宗邺转赴敬业中学、务本女子学校任教。

李宗邺没有辜负恩师的期望，在教学中善于创新，业绩显著，很快在上海学界崭露头角，广获好评。

顾言在隐退之前，又特地为李宗邺创造机会，让他大步走上上海教育界的前台。

李宗邺为人诚恳，颇有人缘，又才华横溢，敢于开创新风气，在上海学界声名响亮。宣统元年（1909）、宣统三年（1911），他两次被公推为上海劝学所协董和视学员。

尝试参政

宣统元年（1909）9 月，江苏省在江苏教育会的基础上，成立江苏省咨议

局，议论本省应兴应革事件，预算、决算、税法、公债及应负义务等。根据清政府颁布的《各省咨议局章程》和《咨议局议员选举章程》，江苏全省举行了广泛的民主选举。

顾言年已66岁，仍以符合当选者条件中"在本省地方办学务及其他公益事务满三年以上卓有成绩者"的优势，主动参加公开竞选。竞选过程十分激烈，几经周折。结果，他不负众望，被松江府民众代表公选为江苏省咨议局议员。

当年10月14日，江苏省咨询局在南京如期开局，清末状元、南通实业家张謇(1853—1926，字季直，号啬庵)出任议长。

在此后三年内，顾言不时奔赴南京城，参加省咨议局活动，期望通过议会健全地方公益事业。来自松江府的议员共有15人，其中，与顾言比较熟悉的有黄炎培(号楚南，字任之，川沙县人，时任江苏省教育会副会长)、姚文楠(时任上海市政厅议事会会长)、秦锡田(时任上海劝学所学务审查长)、穆湘瑶(字恕再，川沙杨思乡人，时任上海城厢内外总工程局议董)、雷奋(字继兴，松江县人，时为上海《时报》主编)和夏日琦(字芍宾，嘉定县人，时任松江中学堂监督)等。

新建的江苏省咨议局大楼在南京市玄武门西侧，圆拱门窗，孟莎式屋顶，中间耸起钟塔楼，庄重质朴，雄伟大气。时年30岁的黄炎培担任了省咨议局常驻议员，因此，上海议员前来赴会，主要由他负责接待，相聚甚欢。

在历次议员会议上，顾言直抒胸臆，对江苏省的时局利弊提出议案。他与老友秦锡田互相配合，志同道合，共同提出了多项建议案。秦锡田称之"三年咨议局，昕夕快追随"。

当时担任议员者大多为三四十岁，60岁以上者为极少数。顾言在这充满时代朝气的场合，得益良多，也深感自己年迈，因此他来参会更注重了解信息，促进思考。

是保皇，还是立宪，甚至是革命？顾言眼看着咨议局在一阵又一阵争吵声中淡出历史舞台，不知所措。在这多事之秋，他力不从心了。

首创农校

清光绪三十三年(1907)春,顾言与姚文楠以上海尚无实业学堂,议复串捐作为农学专款。

正巧,时有上海出身的外交家陆徵祥(字子欣)有心为家乡效力,由荷兰使馆先后汇寄墨银(墨西哥鹰洋)二千元。为支持创办农业学校,地方人士也捐出了一大笔资金。上海县知县汪懋琨(字瑶庭)将所得资金全部交给顾言,托其负责谋划,规定使用办法,推进地方教育事业发展。

顾言受此重托,苦心谋划。当时,李祖佑被推举为闵行镇乡董,正谋求地方事业新发展。于是,顾言抽调出部分资金,在闵行镇着手创办一所中等农业学堂,为地方培养农艺人才。

李祖佑极为重视这一历史性机遇,发动乡人全力配合,在西外滩落实建校用地。消息传开,闵行镇上的复新裕木行带头响应,捐田三亩九分二厘七毫,李氏正养堂也随之捐田六分五厘四毫。闵行人士说干就干,建校工程及时启动。

宣统元年(1909),27 间农校教学用房在西外滩建成了。顾言亲临现场表示祝贺,并及时调拨了购置教学设备经费,计有大洋一万零五百多元。

在顾言主持下,闵行农校立即延聘教师,广泛招收学生。

地方上自行创办农艺专科学堂,在当时实属首创,为此各界对闵行农校寄有厚望,选谁来主持教务呢?顾言心中早有打算。他对老友黄宗坚极为器重和信任,见他有丰富的农业生产经验而长期未得到重用,就亲自登门,特聘他出任闵行农校经理(即教务长)。

黄宗坚时年 55 岁,他不负使命,亲自策划建造校舍,为购置图书、理化仪器、校具四处奔走;为培育乡邦科学种田人才,日夜操劳。

宣统二年(1910)二月,上海县中等农业学堂正式开学,俗称“闵行农校”。学堂先办预科,学生不收学费。

一天,顾言正在南京城里出席咨议局会议,听说在苏州任职的李祖锡突

患中风,急忙赶去探望,组织医治。

李祖锡光绪十三年(1887)就获得候选县学教师的身份,可惜没有机遇,只能大材小用,就地执教,直到光绪三十一年(1905)六月,江苏省震泽县(后并入吴江县)急需一名县学训导,他年已52岁,不惜离乡远行受聘,八月正式赴任。科举废止后,又延聘他出任震江高等小学校长。他恪守传统美德,强调修身养性,亲著《修身范》书刊,供学童们诵读。可惜他积劳成疾,57岁时身患中风,突然病倒在职位上。而他的小儿子李显谟刚从日本留学回国,获得武举人后,转赴武昌谋求发展,无法照料父亲。于是,顾言帮助李祖锡辞去教职,将他送回家乡,交给其二儿子李显常照应。

而李祖锡病情初愈,见顾言为创建闵行农校忙得焦头烂额,即不肯在家休息,前来相助。于是,顾言索性请他出任闵行农校监督(即校长)。

不久,农校内还建立了农事试验场,使上海县内有了第一所农业职业学校和第一个农学研究实践场所。

宣统三年(1911),在日本留学七八年的黄艺锡毕业归国后,应学部全国留学生会试,取得农科举人学衔。黄宗坚兴奋地将喜讯告诉顾言。顾言十分欣喜,盼其早日归乡,为父老造福。

革命爆发

清宣统三年(1911)秋天,上海地区有中国同盟会中部总会、光复会上海支部和上海商团公会等三方革命力量酝酿起义,光复上海。同盟会、光复会缺乏军事实力,而商团公会拥有五个中队,是一支较有实力的地方武装,会长李平书时任上海地方自治公所总董,颇具声望。

顾言听到风声,甚为兴奋。他熟悉李平书的为人,何况极为熟悉的学生钮永建(时为同盟会代表)、李显谟如今成了上海滩上最胆大热血的“革命党人”。然而,此时顾言“看勿懂”如此纷乱的时局,也不知道该如何直接参与其间。

四方传来的信息,使顾言明白无疑地看到了这场革命的结果。

上海光复之后，李平书担任沪军都府民政总长，包揽城厢内外全部民政事务，姚文楠担任劝学长。

当局要求各地取消劝学所，地方教育事务由国民政府学务科管理。民国元年（1912）三月，李宗邺出任上海县学务课长兼县视学。十一月一日，上海县劝学所撤销。

最使顾言吃惊的是，上海城里激烈争论了七年多的拆除县城墙之议，经姚文楠等人再次呈请，李平书经代理江苏都督庄蕴宽、沪军都督陈英士批准，一声令下就解决了。

顾言真切地感受到，一个全新的时代正以气吞山河的声势揭开序幕，传统士绅阶层已经瓦解分化，正在蜕变。

隐退回乡

这时，顾言年已 69 岁，外出行动多有不便。何况，他不知这场革命将会闹到何等地步，也不知如何直接参与革命，若再留在城区会变得越来越不合时宜，便决定离开上海滩，返回家乡关注闵行农校的发展。

顾言返回马桥，不由又吃惊了。

几年来，家乡也已经发生重大变化。清宣统三年（1911）正月，马桥乡自治公所设在强恕学校内。议事会议员有 12 人，议长沈澄清（字志青，号培生），副议长朱礼俭，乡董张之纲（字韵笙）。民国元年（1912）六月改组。议长周宗瑜（字甲生，习医），副议长钮元晏（字静庵）。

马桥乡议事会推举顾言出任名誉董事，而他不想再过问世事，终日守在荷巷桥，只求淡出历史舞台，静心养老。

抱憾离世

1912 年 2 月 20 日，农历正月初三，闵行镇上发生了“警民冲突”。有歹徒趁机抢劫公私财物，更有人趁乱纵火，结果将黄浦江边的警局、闵行农校

校舍、西寺等全部焚毁。

顾言闻此消息，大吃一惊。他年近70，出门不便，但身为名誉董事，岂能袖手旁观。他从荷巷桥赶到闵行镇上，与警兵统领李某进行交涉。然后，他当夜乘“小火轮”赶赴上海城区，向民政当局报案。

可惜，此事最终还是不了了之。

闵行农校被毁，竟始终没有查清真正的凶手。呼吁重建校舍，竟得不到上海县当局的重视。眼看凝聚着心血和希望的农校遭受如此结局，顿使顾言极度伤心，病倒在床。

秦锡田闻讯感叹。顾言建农校“功未及半，劫坠羊红，连云大夏，毁于妖烽，艰难再造，永被蛢蠓”。

李祖锡60岁生日时，儿孙们为其筹足寿宴款，亲友们纷纷送来祝寿礼金，而他却把这些都捐出去赈灾。他虽重病初愈，但心境坦然，挥笔撰写《六十初度自述十二章》，反省自己的人生。

李祖锡又特地去探望顾言，想乘兴叙叙旧情。然而，顾言此时正卧床不起，病情不见好转。李祖锡只得默默回家。

1914年春，顾言病重不治，在家中抱憾长辞，享年71岁。四乡为其哀悼，民众为其泣泪。

薪火相传

顾言逝世后，秦锡田公开发表《顾丹泉先生哀词》，历数顾言一生事迹，歌颂其立德、立功、立言之精神。

《顾丹泉先生哀词》全文如下：

于赫顾氏，并冕江东，翊晋有荣，辅吴曰雍。梁陈之际，笃生希冯，簪缨奕叶，为世儒宗。吾邑孔文，振铎乡邦，竹枝绝唱，学富才雄。先生继起，不坠家风，桔怀陆绩，梨让孔融。庭鲤训肃，班马香浓，摛华掞藻，史铸经镕。金银斑管，如椽似杠，早丁世乱，躬耕五茸。白华洁养，春韭秋菘,中兴运启,采芹泮宫。身隐文显,位卑德崇,嗜义若渴,闻善必从。平治道路,修建梁矼,翳桑推食,发棠振凶。凡百公益,悉矢热衷,明习水利,小试邑中。均田均役,蒲肇吴淞,万夫云集,经历秋冬。兵法御众,方程度工,役不逾时,波流溶溶。浦右支港,浚深疏通,农田灌溉,颂献屡丰。赋繁敛重,首数苏松,吏猛于虎,民哀若鸿。废屋荒冢,谁纳正供,亦有粮户,残疾疲癃。一丝一粟,畴为弥缝,桃僵李代,追比素封。茹苦代纳,是犹养痈,税额未足,家资已空。仰首吁天,天心梦梦,先生奏记,大吏动容。严禁永革,公署碑穹,海滨邹鲁,文化大同。吴会黉舍,峻宇崇墉,烝我髦士,告我童蒙。菁莪乐育,桃李鲜秾,天子褒美,诏下九重。赞襄学务,竭智尽忠,整理财政,流细源洪。劝导乡学,昭若发蒙,实业之学,第一明农。筹设农学,豫科附庸,进行次第,成竹在胸。功未及半,劫坠羊红,连云大夏,毁于妖烽,艰难再造,永被帡幪。宪法始布,代议士充,陈民疾苦,振聩发聋。惟先生德,温良而恭,惟先生识,兼听斯容,惟先生品,如璧如琮,惟先生才,如海如虹。谦和接物,清介持躬,刚明处事,勤慎趋公,为公家仆,为国民佣,经权并用,名实兼隆,尤笃友谊,慎始谨终。钮氏孙氏,孤子幼冲,寄托先生,事若家翁,以养以教,以至成童,生不愧死,义薄衡嵩。仁者必寿,儿齿方瞳,千龄盛会,载酒扶筇,年未耄耋,龙蛇运逢,神骑箕尾,城主芙蓉,愁云黯黯,泪雨蒙蒙,行路陨涕,相辍邻舂,昊天不吊,吾道终穷。缅怀先生,闲气泖峰,备不三朽,立德言功。何以崇德,祀之辟雍,何以报功,勒之鼎钟。至言千古,丰碑磨砻,载笔史乘,为光为龙,先生有灵,庶无怨恫。

1935年,重修《上海县志》时,顾言被列入人物志。

顾言生有两个儿子六个孙子。

顾言长子顾文郁(?—1926),字岫云。曾赴日本留学,后在闵行老镇经商,为本地商界知名人士。清末民初,地方自治时任闵行镇经董。1919年6月,为声援北京五四爱国运动,带头组织召开2 600多人到场的闵行镇各界公民大会,发动商学界开展罢课、罢工、罢市斗争,坚持了一周。1921年11

月，被推举为上海沪闵南柘长途汽车股份有限公司董事会成员，全力支持修筑沪闵公路。1924 年 7 月，当选为闵行乡乡董。次年，任闵行乡保卫团团总。1926 年 10 月，因病逝世。生有儿子顾考祥。

顾言次子顾文濬（1884—?），字袖海，清光绪十年（1884）生于荷巷桥。曾赴日本留学。1912 年 6 月，当选为闵行乡议事会议员。1917 年，任闵行乡教育会会长。1922 年 6 月，任闵行卫生协会会长。1926 年，由上海县公署委任为上海县保卫团第一支团长。1932 年 48 岁时，担任广慈苦儿院董事。1937 年抗战爆发后，由上海县政府聘任为上海县救护委员会委员。生有儿子顾鼎祥、顾凤祥、顾发祥、顾正祥、顾定祥。1930 年 4 月 1 日，其孙子顾彧在第一届江苏省运动会上以 1.63 米成绩获男子跳高第一名。

顾言已然离去，但他的同仁和子弟们继承了他未竟的事业。

荷巷桥老街东段的顾言故居幸存至今，坐南面北，沿街七开间，略呈四合院式布局，砖木结构平房，前后二厢房，中间有庭院，西面与金庆章故居相接。20 世纪 50 年代，这里为邻松乡政府机关所在地。人民公社期间，为马桥公社驻邻松地区工作站，又做过卫生所。如今，房屋的看枋梁木上有多处木雕造型仍清晰可见，已列为闵行区文物保护点。

上海乡绅金庆章

赴日留学幸运儿

金庆章

金庆章（1873—1946），字静初。清同治十二年（1873），出生于荷巷桥老镇中街。

金氏祖辈世居荷巷桥，族大枝繁，富有田产，为本地望族。金庆章的父亲金曰坚，字守之，为上海县学庠生。叔父金召棠，号佩生，诸生，两次割股疗母，光绪十七年（1891）去世。

清光绪二十四年（1898），金曰坚因病去世，金庆章之母蒋氏年仅 30 岁。宣统年间，祖父金光琪（字缄三）和叔祖父金光璧（字品三）做主，欲将蒋氏改嫁。蒋氏不从，坚持守寡育儿，并与叔祖父之妻陈氏一起捐祖产创建金氏义庄。

金庆章自幼入吴会书院，师从顾言。受舅父童召南指授，未冠名彰。光绪二十一年（1895），考入上海县学，与闵行镇黄艺锡（字润书，黄宗坚次子）

为同科庠生。

光绪二十二年(1896),清政府派出13名学生赴日本留学,开启了中国近代史上赴日留学的时代新潮。随之,各省督抚相继派遣赴日留学生。光绪二十四年(1898),金庆章正受聘在马桥强恕学堂执教,有幸以官费生名义被派遣到日本留学,考入东京弘文学院师范科进修。

光绪二十五年(1899)12月,钮永建拜访吴会书院恩师顾言,倡办新式小学堂(后定名为强恕学堂),并在金庆章等吴会书院学友的支持帮助下,做了大量准备工作。不久,正在日本东京弘文学院师范科进修的金庆章,特意翻译了日文《学校管理法》,寄回家乡,提供给初创的强恕学堂作办学借鉴。

金庆章在弘文学院师范科毕业之后,决定再学法律。光绪三十年(1904)5月7日,他考入东京法政大学速成科第一期进修。次年,考入早稻田大学法律专门科。

当时,浦东三林塘西林街的朱孔文(1874—1951,字书楼,号六先,执教于马桥强恕学堂)正在早稻田大学法制经济科读书,与金庆章交好,结为知己。金庆章临近毕业时,闵行镇的黄蕴深(1873—1953,名宗麟,字蕴深,以字行)在东京法政大学速成科第五期进修后,考入法政专科。读书之余,作为同乡校友的几人时常在江苏留日学生同乡会活动时相聚。

为照顾金庆章生活起居,时年17岁的外甥女孙世雄(1888—1966),自费赴日本留学,经过预科一年后,考入埼玉县市女子师范学校,完成初师三年、高师四年的学业。

初任七品小京官

清光绪三十四年(1908)6月,金庆章从早稻田大学法律专门科毕业归国。

宣统元年(1909)五月,登基不久的爱新觉罗·溥仪廷试游学毕业生,授金庆章以内阁中书(掌撰拟,记载、翻译、缮写之事,官阶为从七品)补用。同时，授朱孔文以主事，按照所学科目分部补用。

9月27日、29日，金庆章和朱孔文一起参加清廷学部（相当于今教育部）第四届游学毕业生考试。10月15日，两人获授法政科举人。

此后，金庆章先后担任外务部考工司（负责铁路、矿务、电线、机器制造、军火、船政、聘用洋匠洋员、招工、学生出洋等事务）司员、翻译处日本股股员，当时通称“七品小京官”。

朱孔文担任邮传部主事。

同年，因金庆章就职，祖父辈金光璧（字品三）、金光琪（字缄三）和父辈金曰坚（字守之）、金召棠（号佩生）均获赠奉政大夫。

宣统二年（1910），36岁的黄蕴深在日本法政学校毕业后回国。10月3日（农历九月初一）学部举行第六届游学毕业生考试，黄蕴深成绩列中等，也获授法政科举人。

民国元年（1912），南京临时政府成立后，将外务部改称外交部。金庆章与这几位同乡好友如鱼得水，成为时代骄子，风华正茂。

金庆章长期奔波在外，无心成婚，父母为他的婚事忧愁万分。最终他奉父母之命成婚。妻子谢耐冬是闵行镇人。婚后，生有一女（金友恭）。

出使仁川

清宣统元年（1909），金庆章奉命出使朝鲜，担任驻仁川副领事。

仁川市，位于朝鲜半岛中西部汉江江口，隔着黄海遥对中国山东，与威海市隔海相望。光绪十年（1884），仁川港地区被指定为清朝的治外法权区域，逐渐形成华人聚居地，仁川唐人街随之产生。朝鲜由日本“保护国”沦为日本殖民地之后，旅朝华侨处境艰难。金庆章进行外交谈判，多方维护祖国尊严和侨胞利益，为侨民所爱戴。

光绪二十八年（1902）四月，仁川华商在中华商会（今仁川华侨协会）之东厢房创立了一所小学堂，虽然规模有限，教学不很规范，却是韩国最早的华侨学校。

金庆章与领事张国威(广东人)到任后,为了培养侨胞子弟,为侨胞造福,即将这小学堂迁到领事馆内,取名"仁川华侨学堂",由金庆章兼任学堂校长,张国威任学堂监督。初创时期,学制为七年(初小四年,高小三年)。

1912年,学堂改称"中华学校",招生33名开始上课。金庆章自任校长,部分经费由中国驻仁川领事馆拨给。

不久,黄蕴深也出使朝鲜,且任驻仁川领事。两位同乡从此成了同事。

其时,外地道区如群山、大邱等地的侨胞子弟都聚集过来就读高小。眼看学生日增,而中华学校却无正式校舍。于是,金庆章说动当地南、北帮华侨领导一起筹募捐款,新建起三间红砖教室。1923年秋天,在新建的教室开始上课,中华学校改名"仁川华侨小学",学制由七年制改成六年制。

后来,黄蕴深升任汉城副总领事、代理总领事。1916年,他先回北京,任外交部主事。而金庆章长期在仁川任领事,前后达18年。其间,翻译了日文《各级地方行政制度》等著作。

1917年,金庆章返回上海。其子金友宽作文称,父亲是"因为倭人蛮横,交涉困难,愤而辞职"。

加入南社

金庆章、黄蕴深虽身在海外任职,却始终与国内好友保持着密切联系。他俩都能诗擅文,有幸与柳亚子(1887—1958)相熟,于是一起参加了在近现代史上产生过重要影响的资产阶级革命文化团体——南社,金庆章会员编号为431,黄蕴深会员编号为374。金庆章还介绍学成归国的外甥女孙世雄入社,南社会员编号44。此时,孙世雄刚与俞塘钮氏"东房"长房长子钮长庆完婚。

1913年,柳亚子号召南社会员就《分湖旧隐图》发表己见,抒发忧国情怀。金庆章即在《南社丛刻》第十八集(1916年6月版)刊发《题亚子分湖旧隐图》,诗云:

水天灏淼古分湖，万顷烟波入画图。
坛坫主持追陆叶，文章豪迈学韩苏。
山川灵秀非常毓，濠濮情怀且自娱。
不事王侯高尚志，晋之五柳耸之逋。

郑逸梅的《南社丛谈》一书收有金庆章《无题》诗两首。其一云：

徘徊好景自矜持，愁到春深渐不支。
一点痴怀无着处，闲庭又是落花时。

其二云：

不敢逢君说有情，魂香泪粉欠分明。
为悲堕溷飘茵日，凄断双蛾画未成。

千亩义田赡族人

清光绪二十四年(1898)，金庆章父亲因病去世后，母亲蒋氏同叔祖父之妻陈氏一起将遗产330余亩捐为义田，建立金氏义庄。

金庆章担任驻朝鲜仁川领事，享有正俸和“养廉银”，家中又有不少祖传田产，自然生活富裕，但他坚持继承家风，贤而好善。

1917年，金庆章返回上海后，决意效法北宋名士范仲淹置千亩义田行善的壮举，“续购良田数顷，足成千亩”，为义庄赡族之资，接济贫困无依的族人。并请宅邸相邻的前辈顾言相助，手订《金氏义庄章程十条》，“用能通达事理，洞见物情，行之至今，有众利而无一弊”。趁回国探亲时，他主持在镇西辟地建造金氏宗族，五开间庭院式建筑，周围有回廊，大厅高大宽敞，庭院内有戏台等，供族人共享，四周围墙有7米之高。当地人则按旧俗称之为“金家祠堂”。

时任九江地方监察厅长的留日同学朱孔文与金家为姻亲世好，十分赞赏金庆章的义举，特意撰写《金氏义田记》。朱孔文称：金氏义庄的章程有创新之处，规定“银钱簿记，延外姓人经理，使族长不得把持”；“年收租谷，冬夏分散无遗，使族众不生觊觎”；“不孝不悌及游惰无业者，虽贫不与，所以裁制之法严。族姓子弟设塾，使之读书，改就他业，则酌给行装费，所以造就之途广”。

宝山“捉蝗虫”

1923 年，金庆章母亲蒋氏去世，年 55 岁。金庆章回家守孝。

1927 年 4 月，南京国民政府成立。金庆章回国在外交部任职。8 月，经国民政府秘书长钮永建推荐，金庆章担任江苏省宝山县县长。不久，金庆章推荐钮长庆前来担任宝山县政府第一科科长。

当时，上海特别市刚刚成立，拟将宝山县南部各乡和杨行、大场等乡划归市区，引发划界争执。金庆章上任即面对这一难题，极为头痛。不久，宝山县遭遇 60 年未有的雷暴雨，一小时降水 71 毫米，大批民众遭水困，只得登桌爬上屋顶逃命。四乡民众随之人心动荡，金庆章尽力安抚民心，累得要命。

1928 年 2 月，金庆章组织关于县治问题的大讨论，深入研究上海市、县划分问题。他向国民政府据理力争，主张安抚人心。7 月 10 日，江苏省当局仅将闸北、江湾、殷行、吴淞、真如、高桥、彭浦七市乡划归上海特别市，划界争执才宣告结束。

金庆章印发公文、信函时，必加盖“购用国货团结努力，卧薪尝胆誓雪国耻”的印文，可见其情怀。

7 月间，突然有大批蝗虫从西北方飞来，集结于宝山城厢、月浦、盛桥、罗店、杨行五市乡，盘旋空际，遮云蔽日，蚕食农作物，造成了严重蝗灾。金庆章多方劝勉灭蝗，并偕同农民到田间兜捕，被人们誉为“捉蝗虫县长”。至 8 月 29 日，蝗虫始扑灭。

松江"保古物"

辛亥革命之后,各地对祭神祠堂进行存废清理。人们缅怀历代民族英雄,民国政府支持为郑成功、戚继光立祠后,各地纷纷响应。

松江城内,乡绅主张理当为"松江府城隍"、抗清名士李待问(1602—1645,字存我,浦南李家阁人)建立专祠。然而,由于时局动荡,为李待问建立专祠的倡议未能落实。

1928年8月13日,江苏省政府主席钮永建将金庆章调到江苏省重地松江县担任县长。

于是,金庆章匆匆转赴松江城出任县长。金庆章故乡荷巷桥与浦南李家阁(今为奉贤区南桥镇灯塔村)是近邻,历史上同属上海县长人乡十六保。因此,他十分了解李待问的事迹。

松江城内耆老乡绅闻听颇具名望的金县长到任,极为兴奋。蔡光耀、杨铸江、徐士麒、侯伯椿、杨志民等乡绅立即呈文要求"将松江府城隍庙改为李忠节公专祠"。

金庆章是南社成员,自然认同"李待问之功,不亚于郑成功、戚继光,当必一体尊敬"的主张。12月28日,他及时批转了乡绅们的呈文。31日,他又亲撰专折,呈请江苏省民政厅备案,并复呈内政部、省政府备案。专折全文如下:

据绅士蔡光耀、杨铸江、徐士麒、侯伯椿、杨志民等呈称,呈为李公待问,排满殉国,功在民族,谨绘具祠宇图说,吁请备案保护,以资矜式,而维古迹事,窃本邑耆绅耿道冲等于民国十七年十二月,以明末李忠节公待问,当满兵入关,京师震动,汉人且为满汉之际,以大无畏之精神,于无兵无财之时,亲率吾松子弟,起义桑梓,期湔民族之奇耻大辱,卒虽死守不获,以身殉国,然具雪耻复仇之精神,为当时所不可多得。值此革命完成,凡有功民族,及忠烈孝义,足为人类矜式者,谨按

神祠存废标准，应照崇礼先哲例祀之。当即呈请钧府，就松江郡城隍庙，改为李忠节公专祠，旋奉批开。该公民等缅怀先烈，崇德报功，拟将郡城隍庙改为李忠节公专祠，深为有见，准予转呈民厅备案可也等因，仰见钧长崇奉先烈，莫名感激。兹李公以孔仁孟义之精神，为民族主义之先觉，依据台湾华侨代表吴有容等，呈请保护戚继光、郑成功两公祠宇，经行政院四四七九号训令，呈准国府成案在李公之排满革命，功既不亚于郑、戚，吾政府之维护有功，当必一体尊敬，援案保护。公民等对于李祠，责司保管，所有祠屋，除图上绘有虚线部分，由清郡守戚扬，立契租与怀新高小学校，转借与旧松属七县共立女师外，所余各屋，均为纪念祭祀所必需，且为保管人员办事之所，刻因亟待修葺。用亟绘具祠宇图说，呈请钧府俯赐给示保护，并录其改祠原案，检同原图，转呈内政部、省政府备案。俾崇先烈，而资景仰，等情。据此，窃查所称各节，核与神祠存废标准，尚无不合，除批示准予转呈外，理合备文呈请钧长鉴核，按照宜兴城隍庙改祠成案，准予备案。实为公便谨呈。

于是，松江县正式实施。

1929年，金庆章全力募款修葺松江城中“云间第一楼”，立横额，并亲撰《重修云间第一楼记》立碑，以保存江东古迹。

金庆章还兼管司法，不因亲旧而有徇私行为。他严禁娼妓烟赌，净化社会风气，深受舆论称颂。承嗣母遗命，他将母亲私蓄千元捐助给地方教育事业。同年九月十二日下午，松江县第五区（七宝地区）召开肃清烟赌宣传大会，金庆章亲临会场，发表演讲，呼吁民众投入禁毒斗争。当地民众三四千人响应号召，将七宝镇上的烟赌场所一举关闭了。

因人事纠葛，金庆章一度陷入职务危机。时有同乡李鼎三（又名永洲，号象洲）挺身而出，仗义执言，以黄埔军校第三期学子身份上书给蒋介石，终使金庆章摆脱困境。

友宽图书馆

自1932年元旦起,在江苏省立松江中学(今松江一中前身)和闵行广慈苦儿院内,同时都有一个"友宽图书馆",它是为纪念英年早逝的金庆章之子金友宽而建立的。

金庆章在仁川时,纳张同春为继室。1915年儿子金友宽(字毓仁)出生。1930年,金友宽在松江中学读初三时患病去世,年仅16岁。他生前2岁能识"吴在"二字,6岁能构思作文,人之所见,均十分惊奇,公认其为"神童奇才"。入学后尊敬师长,好学不倦,每次考试都夺得第一名。考入江苏省立松江中学(今松江一中前身)第一年,正逢学校举行文会(即作文比赛),金友宽一举夺得全校文会冠军。学业之外,他去图书馆广读博览,有疑必问,读书必做笔录,除读国内书籍外,还翻阅西方书籍。遇尊长必肃立行礼,不轻视农工商杂之人。

春节期间,金友宽回荷巷桥度假,事后写了篇《寒假之回忆》,记述了家乡的风情,表达了纯真的童心,文中写道:"阴历十二月二十六日,我就回到我的家乡去。从松江启程,乘轮船,不过五十分钟,就到彭家渡,上岸向北走二里路,就到了我的家里了。我家的南面有一条小河,淙淙的流水,不绝地向东滚去,有时又退回西面,一天也不知要来去几回。河上有一座小木桥,桥南种的是红花。那时晚稻和棉花都已收了,种的只有红花。绯红的颜色衬着碧绿的叶子,这东西是农人拿来喂牛的。天晚了,一抹的斜阳,与东方初起的月儿一齐倒映在清澈如镜的河里。明早起来,那朝曦又照着我们,大地上也充满了生气。"

1930年6月,江苏举行全省中学国语演讲比赛,金友宽赴扬州参赛。在赛场上,他神采飞扬,口若悬河,轰动全场。当时的记载称其"岌岌有昆阳大战之风,屋瓦有为之顿飞之势","锦标之夺,谁说不宜一等。山河为之生色,全场为之赞美"。不料,归途劳累,以至病发,虽经中西名医几番会诊,也无济于事。10月25日,金友宽执父母手道"孩儿不孝",瞑目长逝。留有《友宽哀逝录》《友宽遗稿》。

广慈苦儿院友宽图书馆

金庆章此时已59岁,儿子金友宽不幸英年早逝,令他哭之哀,念之切,而思有以永存之。当初,友宽每次回到荷巷桥,见家乡同龄儿童无缘求学,就要求父亲购置启蒙读本,全部赠送邻里少年,还经常帮助他们识字。金庆章怜悯友宽其志未成,便将所积廉俸倾囊而出,以数千银元在松江中学和闵行广慈苦儿院两处各建五开间平房的"友宽图书馆",期望乡里少年继友宽好学之志,成为俊秀人才。

1932年元旦,两处"友宽图书馆"同时落成。各界闻讯,纷纷献书,使其馆藏即有成千上万册,成为上海地区新闻热点。

返回故里

1932年"一·二八"淞沪战役爆发,中日双方共有约80万军队正面投入战役,相持了三个月。作为这场战役主战场的宝山县,自然成了重灾区。5月,虽说战火平息了,可是满目疮痍,百废待举。由谁来主持宝山复兴大业?

宝山民众不由想起当年的“捉蝗虫县长”，纷纷向江苏省政府提出申请，要求金庆章回宝山县来再任县长。

当年12月，金庆章奉命回任宝山县县长。

上任后，金庆章即在墅沟桥筹建太嘉宝救济院，另建立农业推广所，设置种苗场，指导农民改良种植方法。

1933年9月，当地连遭两次风潮袭击，水位高达5.72米，长兴、横沙两岛圩堤被冲毁，土地淹没，溺死者无数。陆上塘堤岌岌可危，决口十余处，倒塌房屋2 000多间，死29人，灾民1万多人。

金庆章知其难，甘其苦，立即成立海塘工程处，组织民众修建境内海塘，以排除险情。

然而，金庆章已近60岁，积劳成疾，力不从心，在灾难深重的宝山县难有更大的作为。

1933年秋，金庆章遗憾地因病辞职，返回故里，决意安度晚年。

当时，由钮永建创办的俞塘民众教育馆刚升格为江苏省立，正大力拓展民众教育辐射规模。金庆章得知后，主动让出家族祠堂房屋，由俞塘民众教育馆在此开设荷溪分校。分校由民教馆教导处干部许汉宾兼任馆长，金庆章嗣子金友荣为助理。他们还在镇上开设民众茶园，丰富了当地乡民的文化生活，尤其是扫除文盲运动极有成效。

1937年11月，抗日战争全面爆发后，金庆章守望家园，始终抵制日伪政权的胁迫利诱，坚持拒绝出任伪职。

1942年五月，金庆章手持《金氏祠堂规条》，赶到松江城里向曾被征至礼学馆纂修《大清通礼》的钱同寿（1867—1945，字复初）讨求作记。钱同寿一向对金氏义庄“叹服不置”，对《金氏祠堂规条》极为认同，并特意撰写《上海金氏祠堂记》，赞其“慈良而谨慎，谦逊而安和”，愿其“联其亲疏远近合而教之，以孝悌忠信为本，有善相助，有过相规，近可追蓝田乡约之遣，即远可寻古时宗法之意”。可见，金庆章的义举产生了深远的社会影响。

1946年1月13日，金庆章在上海寓所（武定西路新闻路拐弯处）内病重

吐血逝世，享年73岁。儿子金友信、金友惠(娶陶秀华)和女儿金友爱即印发《金静初先生讣告附家传》。

留住乡魂

1949年2月4日，金庆章的灵柩运回荷巷桥，移入金氏祠堂，供乡人瞻仰，准备安葬在祖墓坟地。当天，天灰蒙蒙的，荷溪小学三年级以上的二百多名学生赶到三里路外的汇桥列队迎灵。

次日下午，俞塘民众教育馆馆长张翼陪同钮永建步行到西贤乡劝学，并视察荷巷桥镇，得知金庆章刚移灵入祠，特地赶到金家宗祠去瞻仰，直至星夜才踏月返回俞塘村。

金庆章生前著有《学校管理法》《各级地方行政制度》等，流传甚广，颇具影响。

拥有千亩义田的金氏义庄，传承了中华优秀传统文化中"仁义"的理念。"仁"是君子的根本品德，"义"是从"仁"的品德出发所遵循的办事原则，孟子则将"仁"与"义"联系起来，共同成为道德行为的最高准则。金氏义庄的社会影响极为深远，使"仁义"成为当地乡魂。

据1946年《上海县推行二五减租概况调查》报告记载，金氏义庄有田八百六十五亩，为当时上海县种粮大户之最。

金氏祖居位于中街北侧，仪门楼幸存。金庆章宅邸位于东街南侧，为五开间两厢房庭院。庭院内幸存一座仪门楼，尚可见部分砖雕文字图案。宅邸内曾有一口建成于1933年的井栏和一株树龄近百年的桂花树。二十世纪七八十年代，在金宅开设马桥粮管所邻松站。如今，金庆章故居和祖居门楼已列为闵行区文物保护点。

2016年6月，金家祠堂遗址被列为闵行区文物保护点。2020年，按原貌全面修复，建成"金氏义庄展览馆"。

竹冈黄氏近代四杰

据《上海竹冈黄氏宗谱》称，竹冈黄氏裔孙源于楚相春申君黄歇的幼子黄穗。南宋时，自河南汴梁（今开封）迁入上海地区，始迁祖为黄文亮，三世孙分迁竹冈和北桥等地。五世孙黄凤岗娶王氏，定居“竹冈西”，即上海县十六保四十二图（今马桥镇友好村，现为红旗新村及周边地区）。明嘉靖年间形成村落，因南、西、北三面都有河道，遂称“黄家河圈”。清道光年前后，竹冈黄氏人才辈出，尤以“文蔚堂”“素安堂”“学古堂”子弟出众，不少族人迁居到闵行镇上。

黄宗坚

黄宗坚（1854—1943），字冰如，竹冈黄氏十九世孙。祖辈以务农起家，因设塾、恤贫，两次受褒扬。曾祖父黄汇南，字汇江，号奠川，太学生，克勤克俭，创基立业，处世平和，治家有法。祖父黄橙，字荫亭，号石君，喜书法，晴耕雨读，不问外事，淡于荣利。父亲黄兆勋，又名熉，字杏园，号寅伯，廪贡生，文辞典丽，书法犹媚，著有《绮香室诗稿》。母亲蒋淑英，字绣余，为明代进士蒋性中十三世孙女，侍候翁姑极诚敬，家务之余不废文史，诗词婉约，书法娟秀，著有《绣余漫草诗稿》。

黄宗坚

黄宗坚10岁丧母，15岁又丧父，因此长期靠务农谋生，从而积累了丰富的农业生产经验。他认为，农业是恒业，务农必须要有恒心。他还认为，水利与农业盛衰息息相关，兴修水利匹夫有责。清同治十二年(1873)组织疏浚竹港河时，黄宗坚慷慨地捐钱一千四百吊，表达自己的心愿。

步入中年，黄宗坚常年日晒雨淋，饱经风霜，使他成为一个与众不同的“农夫”。人们看到黄宗坚“精神强固，腰脚尤健，黎明即起，巡行陇亩，手戒珠，口佛号，声琅琅，震远近，虽寒暑，不辍曩”，“布衣草履，与田父野老课晴雨，话桑麻，兴之所至，行数十里不倦”。(秦锡田《乡先哲冰如黄君传》)

上海开埠后，失去纺织之利，因此棉花产量减少，质量下降，市郊农民生计日窘。黄宗坚深以为痛，有胆有识地主张以徐光启的《农政全书》为指导，遵循科学原理，探寻改良途径，尤其对植棉过程中的辨土、选种、勤锄、摘头四个环节，做了深入研究。他强调种棉“土宜第一”，主张根据棉田地势的高低，土质的肥瘠、坚松以及前茬麦、豆、菜收获的迟早等不同情况，因地制宜做出相应安排。棉株要长势旺盛，选种则务精务纯，若是精选每百斤籽棉可出絮45斤的良种，杜绝混入出絮34斤的劣种，一亩岁收就可增钱一千文。棉田勤锄，不仅要除杂草，更重在松土，以适棉性。雨后棉田浮泥冲净浸水，土质益坚硬，尤宜急锄、深锄。棉株摘头，最为切要，棉株直干易长，横枝难生，宜于三伏晴天时摘去棉头，以防止其徒长。一经阴雨，枝叶丛生，黄花随之怒放，结铃则多。棉茎矮短，离地近而得力足，棉铃饱绽，可增产三分之一。在实践中，他还深感种庄稼施肥锄田过犹不及，必须顺天时，察物性而以人力调剂之。应特别注重风雨变化、寒暑递更的推测，以防灾害。他还提倡在棉田内夹种油菜。

黄宗坚的实验取得成效后,与顾言(字丹泉,荷巷桥人)等好友合作,广泛动员乡民仿效,切实抓住辨土、选种、勤锄、摘头四大环节,推广植棉新技术,使本地所产棉花的产量和质量都有所提高,乡亲们随之收入大增。黄宗坚发现"上海有田六千八百五十二顷,棉田居其七。若每年每亩多收千钱,则岁赢四十七万九千六百余千矣"。于是,他有心将这项"种田经"理一理,推广出去,造福天下。

光绪二十四年(1898),黄宗坚根据自己30多年的生产实践,撰成《种棉实验浅说》一文,发表于上海《农学报》。光绪二十六年(1900),上海总农会将此文增订成书,得以广为流传,成为农科经典之作。

光绪三十年(1904),黄宗坚与侄儿黄申锡(字谱蘅)等倡办竹溪小学。

光绪三十三年(1907)春,上海尚无实业学堂,上海县知县将社会捐资交给顾言,托其负责谋划。为地方培养农艺人才,顾言抽调部分资金,在闵行镇西外滩着手创办中等农业学堂。宣统元年(1909),二十七间农校教学用房建成,立即延聘教师,广泛招收学生。顾言对老友黄宗坚极为器重,特聘他出任闵行农校经理(即教务长)。

黄宗坚时年55岁,他不负使命,亲自策划建造校舍,为购置图书、理化仪器、教具等四处奔走;为培育乡邦科学种田人才,日夜操劳。

1912年春节,因闵行镇上爆发"警民冲突",农校被毁只得停办。1914年,闵行乡自治公所组织社会各界积极捐款,在农校原址重新建造校舍,重新开学,改名为"上海县立乙种农业学校",俗称"闵行农校"。黄宗坚继续主持农校教学工作,业绩显著。

黄宗坚年过八旬后,双耳开始重听,无奈在家静养。1937年11月,侵华日军占领闵行镇,黄宗坚难以清静,为避战乱随儿子躲到上海城区生活。

1943年,黄宗坚在康定路872弄涵仁里逝世,享年89岁。

黄艺锡

黄艺锡

黄艺锡(1878—1953),字润书,黄宗坚次子。1898年为上海县学增生。1900年为庚子科廪生。后入京师大学堂(北京大学前身)师范速成科深造。1903年12月,被管学大臣张百熙选派赴日本留学。次年初抵达日本,先入弘文学院师范科补习日语和基础学科。1908年,30岁时由东京第一高等学校升入东京帝国大学农科大学农艺专业科。

1911年,黄艺锡毕业归国,参加学部全国留学生会试,获得农科举人学衔。历任农商部佥事、化验土壤统计科科长,农林司第一科科长、农事试验场主任、文官甄别委员会委员。1917年9月,担任北京政府农商部农林司司长、糖业改良委员会会长,林务研究所所长,棉业处处长技监厅帮办、技师甄别委员主任、实业代表会议会员实业行政会议会员。1923年2月去职。1924年3月,再任农商部农林司司长。

当时,黄艺锡好友万勖忠(字勉之)时任农商部主事兼中央农事试验场园艺科主任,两人所居相隔不远,都喜养花莳草,朝夕闲暇之际,经常研讨、切磋园艺。1924年冬,万勖忠著《花卉园艺学》,黄艺锡为之作序。

1932年1月,黄艺锡以自己莳花养菊的经验,撰写我国最早的种菊专著《菊鉴》,收有释名、分布、种类、栽培法、种菊月令、各月行事表、旧种及新种一览表等。

1933年,黄艺锡离京返乡。不久,经好友陶昌善(曾任农林部农务司司长)介绍赴日本任领事馆商务官秘书。1935年,返回上海,担任民国《上海县志》审阅员,为《闵行诗存》和《云间杂识》撰《跋》。1936 年春,他在闵行镇北街外重建宅院,人称“黄庐”。抗战爆发后,陪伴父亲在上海城区避难,后在法租界拉都路(今襄阳南路)购屋定居。

1951 年,黄艺锡客居青岛好友处。1953 年返沪,因肺病在家逝世。

黄蕴深

黄蕴深

竹冈黄氏十九世孙黄蕴深(1873—1953),名宗麟,字蕴深,号懒云,以字行。父亲黄兆熙,号菘园,国学生。性高介绝俗,喜花木,宅有“满芳园”“桐荫轩”。母亲徐氏。

清光绪十九年(1893),黄蕴深科试上海县庠生。因父亲死于庸医,故潜心研究中医,竟有所成,虽未正式挂牌行医,但远近闻名,乡里病者有请必到,而且从不收酬金。

光绪二十三年(1897),24 岁的黄蕴深跟随顾言、李祖锡等长辈担任“闵行局董”,为地方事务奔忙。

光绪二十九年(1903),黄蕴深留学日本,先入弘文学院速成师范科进修。1906 年 8 月入东京法政学大学速成科第五期,次年 5 月毕业。

1910 年,黄蕴深在日本法政学校毕业后回国。10 月 3 日学部组织游学毕业生考试,黄蕴深成绩列中等,钦赐法政科举人。担任过松江地方审判厅推事,后调外务部授职主事、佥事,人称“七品小京官”。

1912 年,黄蕴深出任中国驻朝鲜仁川领事,后升任驻汉城副总领事、代理总领事。其间,在《经济杂志》刊发《英国之国家信用》等文章。

1916 年,黄蕴深调回北京,担任外交部主事,兼中央防疫处主任、俄文专

修馆馆长。曾获三等嘉禾章和外交一等章。

第一次世界大战结束时,参战各国于 1919 年 6 月 28 日在巴黎签订《凡尔赛和约》。黄蕴深为中国代表团文牍科长,在参与捍卫国家主权的外交斗争中增长了才干。

1913 年 4 月,黄蕴深加入南社,社员编号为 374。1916 年《南社丛刻》第十八集刊发他的《游朝鲜闵妃墓》《赴友人席招韩使侑酒》等七首诗作。

1927 年,黄蕴深出任江苏省民政厅第二科科长,同事称其"应兴应革,奉行惟勤"。

1929 年 7 月,46 岁的黄蕴深奉命出任吴县县长,8 月 5 日到任。1930 年 4 月,苏州市与吴县合并。5 月 16 日,黄蕴深率吴县政府接收苏州市政府各机关。然而偌大的吴县,当时却没有一个共用的室内大会场,黄蕴深感有失中国人的体面,便倡议在苏州玄妙观后面建造中山纪念堂。1931 年元旦,黄蕴深主持举行金门(又称"新阊门")落成典礼,为提倡尊重女性的风气,鼓励夫人吴品仙率先动手启开金门。

黄蕴深主政吴县的两年内,尽心尽责,开创新风,赢得各界好评。1931 年 7 月,黄蕴深以"乞归休养"为由提出辞职,8 月 2 日正式交卸。

1931 年 12 月 1 日,黄蕴深调到考试院铨叙部任秘书。1933 年 7 月 22 日调离,返沪后出任上海县地方款产经理处主任、江苏省教育经费管理处科长、民国《上海县志》审阅员等职。

黄蕴深半生在外奔波,却始终对上海县及闵行镇怀有深厚的乡土情结,长期注意收集地方文献。1923 年,编纂《上海竹冈黄氏宗谱》三卷,次年正式出版石印本。

1935 年秋,黄蕴深经过七八年的收集,整理出大量闵行镇及周边地区元、明、清到民国时期文人创作的古近体诗,辑成《闵行诗存》两册准备出版。因忙于到南京赴职,他只得将其交给黄艺锡、黄申锡协助校对和补充。最终精选出 790 首,并为 86 名诗作者逐一撰写小传,辑成四卷由瑞华印务局铅印线装本发行。

《闵行诗存》书影

1946 年 3 月 30 日，上海县临时参议会在闵行镇成立，黄蕴深被推举为参议长，主持上海县的战后恢复重建。6 月间，钮永建以“宣慰特使”身份视察上海县闵行镇，在闵行中心小学与黄蕴深等地方绅商座谈时，叮嘱大家“咬紧牙关，任劳任怨”。黄蕴深果真任劳任怨，为重建闵行老镇而努力。

1947 年 2 月 8 日，为筹集建设资金，因抗战爆发而停业的浦海商业银行正式复业，总行设在老镇留桥弄口，黄蕴深亲自出任银行经理。

新中国成立后，黄蕴深迁居苏州养老。1953 年病逝，享年 80 岁。

黄申锡

黄申锡

竹冈黄氏二十世孙黄申锡（1882—约 1965 年），字谱蘅。祖父黄焜，字允升，号韫生，居素安堂，喜金石书画，收藏甚富，可惜年仅 22 岁早逝。父亲黄宗翰，字墨林，性喜好舍。精数理，工绘事。

清光绪三十年（1904），22 岁的黄申锡相助叔父黄宗坚创办竹溪小学，并长期在校当教师。

宣统二年（1910）秋冬之交，闵行老镇成立乡议、董两会。黄申锡才华出众，此时以附贡生的名分，被推荐为湖南候补知府，可惜直到清王朝覆灭也没有获得上任的机会，而闵行人均认可他的名望，推举他作为乡公所的实际工作者。

1912 年 6 月，闵行乡自治公所改组，设议事会，30 岁的黄申锡出任副议长。8 月，上海县议事会成立，闵行乡推举黄申锡为县议员。黄申锡还担任上海县参事会参事员。

1913 年 1 月，黄申锡当选为江苏省议员。

1914 年，黄申锡在黄浦江西外滩长源木行东侧兴建花园住宅，主楼面南，五开间两层楼房，建筑风格中西合璧，极为时髦。庭院内遍植花木，占地约 2 千平方米，取名“蘅村”。

1917 年，黄申锡与沈葆义、李祖佑等捐资在闵行镇横沥河东购地造屋，创建广慈苦儿院，收养社会孤贫孩童。

左起：黄申锡、黄宗麟、黄艺锡

1920 年，江苏省议会反对虞洽卿在上海办的证券物品交易所。黄申锡在省议会上率先发言，认为证券物品交易所是“国中极大赌场”，“以定期买卖为名，营买空卖空之事业，开办甫经数月，上海之商民因而自杀者有之，因而破产者有之”。指责其未经农商部正式批准，竟公然开业于公开市场，是为违法，提议省议会咨请农商部将证券物品交易所撤销，停止其全部营业。11 月初，江苏省议会正式决议咨请省长公署责令证券物品交易所自行取消，并通电农商部要求停发其营业执照。于是，证券物品交易所在《申报》《大公报》上对黄申锡进行攻击。黄申锡不甘示弱，公开反击。双方唇枪舌剑，震动上海滩，黄申锡随之声名大振。虞洽卿亲自赶到北京，找熟人打通关节。黄申锡闻讯致电农商部，要求彻查示复，以释群疑。

1921 年春，黄申锡协助李英石联络上海、南汇、奉贤、松江四县绅商，发起筹建沪闵南柘长途汽车股份有限公司。5 月，出任筹备处副主任，邀集沿途各乡图董组建“征地委员会”。在他的主持下，购地涉及上千户人家，迁移坟墓八百余座，有力地推进了沪闵公路修筑工程。

1939 年，为避战乱，黄申锡暂居上海城区。

1951 年，黄申锡随嫁给京昆艺术大师俞振飞的女儿黄蔓耘（1901—1956）去香港定居。1965 年前后，在香港逝世。

才女钮惆言

钮惆言(1898—1972),字长瑜,马桥俞塘人,钮永祥长女,钮永建侄女。江苏省第一代女中学毕业生,民国初赴日本大学进修,专攻社会教育,获学士学位。她酷爱中国书画艺术,为开创女子美术教育事业做出了不懈的努力。

创办上海女子审美学校

1920年前后,上海滩上相继创立了一批女子美术学校,可惜大多好景不长,其中上海女子审美学校办学时间较长。该校由钮惆言与李清澜等于1927年8月创立,初期特聘时任上海法科大学教务长的沈钧儒兼任校长,副校长李澄,并由民国元老吴稚晖、钮永建、王一亭等担任校董,颇具号召力。校址初在南市方浜路,后迁麦根路(今康定东路)48号。

钮惆言十分喜爱江南民间艺术,对传统刺绣之类情有独钟,眼看上海的顾绣技艺逐渐失传,因此创办的女子审美学校设图画科之外,别具一格地设了一个刺绣科。江南向来喜欢刺绣,但当时苦于无处学艺,当女子审美学校发布招生信息后,就吸引了大量上海城里的青年女子,前来求艺者日渐增多,直至1937年淞沪会战前夕,学校才停止招生。

振兴松江顾绣艺术

1928 年,钮恂言被松江城内的松筠女子职业学校邀聘去当校长。该校创办于清光绪三十一年(1905),原是一所用地产租息维持的公立初等学校,后改成了手工传习所。1914 年 7 月,改为松筠女子职业学校。1928 年,校董事会决议:遵照新学制,改为完全小学,并提倡女子固有之美术,添设刺绣专修科。钮恂言认为,松江是顾绣技艺传承的根据地,要振兴这项最富盛名的上海本土文化特色的民间艺术,这里的天地显然比女子审美学校更广阔。

于是,钮恂言亲自担任松筠女校图画课教师,指导学生学习水墨、水彩和素描,为刺绣打好美术基础。在她的主持下,学校安排出两大间刺绣专用教室,常设刺绣绷架 50 副,学生每周 36 节课时中,图画课六节,刺绣课多达 16 节,使她们有大量时间来掌握顾绣技艺。同时,她设法从南通女红传习所邀名师宋金苓前来任教,还将女子审美学校的刺绣主任盛襄调来担任松筠女校刺绣科的班主任。她的努力,为振兴顾绣艺术培养出了一批人才,其中戴明教成为当今顾绣在松江的代表性传承人。

1936 年 11 月 7 日至 9 日,俞塘民众教育馆举办第六届菊花大会,钮恂言为家乡引来了一个特殊的书画展览会,展出了松筠女校师生的 50 多件绘画和刺绣作品,还征得上海著名画家张聿光、汪亚尘的 20 多件作品,使高雅艺术走进乡村。一天就有 3 万多人参观,场面极为热烈。

人称"海上闺秀"

1934 年 4 月起,钮恂言成为中国第一个女子书画团体"中国女子书画会"会员,人称"海上闺秀"之一。

1937 年 1 月,钮恂言在南京举行了个人作品展览会。

同年 11 月,侵华日军占据上海地区,松筠女校和女子审美学校都被迫停办,俞塘民众教育馆也毁于战火。

1938 年，上海举办“孤岛艺术家鬻画募寒衣”活动，钮恂言积极参与，推出山水画明信片一组五枚。所绘手卷《千峰映碧图》由书画家陈荆鸿题卷首，卷尾由涂景元和吴肇钟题跋。

协助复兴俞塘民众教育馆

抗战胜利，钮恂言已年近 50 岁，想重办女子审美学校，却困难重重。1948 年 2 月，钮永建亲自协调、规划恢复民众教育馆建设，指定由张翼出任馆长，并将钮恂言调回俞塘村，命其重操当年赴日留学的社会教育专业，担任俞塘社会教育推行委员会常务委员，指导俞塘民众教育馆的管理工作。钮恂言就此放弃自己钟爱的女子美术教育事业，埋头为家乡的民众教育事业做出贡献。

钮恂言晚年坚持作画。1972 年 8 月去世，享年 74 岁，归葬在小昆山。2007 年，名列《中国美术家人名辞典》。

徽商后裔耿光觐

耿光觐，字郇雨，清代晚期马桥镇人。耿氏先世为徽州籍，祖辈因经商来到马桥东街定居入籍。少年时，师从俞塘钮翰（字有良，同治六年举人）、钮永誉（字咏仙），华亭陈镕经（光绪十二年岁贡）、童召南等，苦读经史诗章古文词，学习制义，成为华亭县学补博士弟子员。但是他无心仕途，放弃科考，而甘于在家守店，跟着父辈经商。

耿光觐成婚后，接手了祖传家产，经营店铺，立志有所作为。他状貌魁梧，声若洪钟，行为端正，不违礼义，生性慷慨，平生好周人之急，在经营自家店业之余，还热心地方公益，勇于任事，因此在马桥镇上声望日增。

清光绪三年（1877），耿光觐与王锡珍、钮永昭等负责疏浚俞塘等河道，实地督劝不懈，广获好评。

清末民初，江苏省实施地方自治，本地各乡镇建立自治公所。耿光觐协助颛桥、北桥、马桥、闵行巡防局人员严禁烟赌，发现犯者即封屋充公，哪怕是亲戚好友也不稍假借，乡人服其无私。镇上有聚赌售烟者辄避私室又犯事。他得知信息后，偕十岁幼女作为掩护，前去侦查得实，终将犯者送去官办，借以示警。由于他严查敢治，镇上一度随处可见的烟赌恶习被清除

绝迹。

耿光觐贾而好儒，热爱乡土，一向关注地方掌故历史，娓娓不倦。他又好饮酒，酒酣后与父言慈，与子言孝。他还孝顺母亲，直至晚年坚持不衰。

光绪二十六年（1900），钮永建推动恩师顾言在吴会书院基础上倡办的强恕学堂。当强恕学堂正式开学时，耿光觐闻讯赶去祝贺。他看到新式学堂充满新意，只是场地过于狭窄，就情不自禁拉住学堂首任校长蒋清镜，一再呼吁，本地平民子弟众多，应当为他们多办几处学堂。蒋清镜深有同感，当场激励耿光觐出力相助。耿光觐欣然答应。

光绪三十年（1904），耿光觐与蒋清镜、张益谦等一起创办了马桥小学校（后归强恕学校）和强华女学校（后改名“萃秀”）。他坚持敦聘良师，还按户劝导，因此学童甚众。光绪三十一年（1905），耿光觐、张益谦等募修马桥镇城隍庙戏台（进庙门西二层建筑）。

强恕学堂首任校长蒋清镜

蒋清镜（？—1921），字冰卿，钮永建少年同学。光绪十五年（1889）上海县学庠生。自幼不爱戏弄，为人中规中矩，恭谨温顺如长者。师从钮翰学习经史，与钮璥（字奏云）、严家鼎常有交往，以道义文章相切磋，学业猛进。后又师从钮永保、童召南治制艺文，皆得其心法。其个性不轻于去就，应聘授徒，宾主总相得甚欢。曾在华阳桥顾氏私塾执教十余年。其古文苍老简洁，传递出唐太宗《大唐三藏圣教序》的笔意。在乡间，他被公推为“祭酒”（年长尊者）。每当放假旋里，执经问难者纷纷上门请教，蒋清镜都会逐个详细解释，声称“我乐此不为疲也”。他家中清贫而廉于取，亦不肯有求于人，后来少时同学如钮永建、朱孔文、金庆章等均担任要职，而他坚持在家乡执教。他与耿光觐、张益谦等创办强华女学校、马桥小学校，并尽义务为之教授。晚年东游日本考察教育，以资取法。其后三子尽丧，遭遇坎坷。

辛亥革命勇士焦忠祖

焦忠祖

焦忠祖(1886—1929),字德一,马桥镇西街人。少年时代,就读于吴会书院。

1903年9月,钮永建为避清廷追捕,潜回家乡俞塘,以创办"紫冈学舍"的名义,招收本地有志青年学生,训练新式兵操,灌输革命思想。焦忠祖年仅17岁,闻讯前去受训,从此跟随钮永建投身革命洪流。

1911年"上海光复"之役打响前夕,焦忠祖匆匆赶到钮永建身边,参加学生军先锋队,随"民军代表"李英石攻打上海江南制造局。后随钮永建转战松江城,具体负责松军干部学校的日常管理。1912年1月1日,孙中山赴南京就任中华民国临时大总统。45名松江军敢死队员组成总统卫队,焦忠祖为成员之一。

1913年7月,袁世凯窃国专权,当选临时大总统,讨伐袁世凯的"二次革命"爆发。焦忠祖随钮永建参加上海讨袁军先锋队,再次攻打江南制造局。

"二次革命"失败后,焦忠祖投奔浙军第3师(后为国民革命军26军)周凤岐部,任上校团长。1927年3月,北伐军抵达金山,周凤岐委派其担任金山县县长。在金山任职时,焦忠祖创建初级中学,在朱泾第一公园建黄公续纪念亭,开河筑路,督察卫生运动,防御盗匪,禁烟捉赌,不避权势,盗匪不敢入其境,民得以安枕。还规划金山南北大道,南接平湖,北达松江,但方有成议而奉命调任阜宁。

1928年,焦忠祖调任江苏省阜宁县县长,为官清廉。后来在任上不幸因

病去世。闻听焦忠祖去世，金山县民众“靡不感戴”，在朱泾大桥右侧立“焦公纪念碑”（碑毁于“文化大革命”期间）。

焦忠祖故居在西街，南靠俞塘河，为三上三下两层楼街面房，南面有东西厢房和屋内水桥座，建于1925年，原址在今西街小区8号楼。

马桥老街张氏家族

马桥老街张氏家族先祖张成，字后泉，世居龙华镇，明末迁至十八保五图、七图沙脊镇西首，以耕读传家。后再迁马桥镇河南宅（今工农村十二组）。

张成十一世裔孙张庆慈，原名元卓，字汝钦，号树卿，清道光十四年（1834）四月二十三日生。祖父张泰，字达周，号恪庵，监生。父亲张珍，字赓尧，号荆三，监生，慷慨乐施，年臻80。母亲陈氏（华亭太学生经纬公孙女、太学生陈玮长女）。兄长张元芬，增广生员，通六书。

张庆慈8岁能诗，人称神童。咸丰十年（1860），组织民团护乡。事后，以军功保训导加五品衔。曾担任同治《上海县志》参访员。

同治十三年（1874），张庆慈40岁时考中举人。听闻顾言要创建本地吴会书院，即率先出资予以支持。后因患病，难以再出场操劳。

张庆慈娶陈氏，继室胡氏，生三子二女，长子张之纲，字本盘，号韵笙，业儒；次子张本苞，号复昇，业儒；三子张本和。

长子张之纲，清末庠生，设馆授徒，事母至孝。宣统二年（1910），各地筹备自治时，与王廷奎、周宗瑜等主张马桥独为一乡。次年，乡董事会成立被选为乡董，旋任上海县议事会县议员。与商会办理保卫团，彻夜梭巡，宵小匿迹。后习法政执行律师业务，遇事不苟，办理事件辄曰讼则终凶，盍事排解。1922年9月，清丈筹备会推举审查员审查清丈章程，10月选出审查员12人，公推张之纲为会长，悉心讨论修正清丈章程，制成说明书及出入经费概算，书录送筹备会，人咸服其精细。

马桥老街奚氏家族

奚佐汤,字真杰,马桥镇人。少通经史大义,拜童树棠之门,学益大进,入县学庠生。清正不纲,知帖括末足致用,与顾言、钮永建、黄蕴深、金庆章诸人,募资创办强恕学堂,又以乡村蒙童失学者多,又集资创设正蒙小学。民国初年,以捐资兴学,办理四乡农会有功,获三等嘉禾章。生平秉性忠直,勤俭自持。族中贫乏无告者,时加周恤。并建宗祠,置义庄田百余亩为基金,其敦本睦族。民国七年(1918),捐修马桥东街大石桥。终年64岁。

其女奚彩书嫁钮长耀。其子奚宪章。其孙奚永之,任奉贤县县长。同辈还有奚树之、奚益之、奚中之。

王锡珍

王锡珍,原名平,字子裁。清末秀才。乐善敦义,里人称之"王老佛"。家世业农,晚犹矍铄,执农具、习田事以自乐,且以示子孙。同治年间,与张庆慈、钮世章等浚俞塘、沙冈、竹冈等河。参与创建吴会书院。清光绪三年(1877),主持疏浚俞塘,请款修建沿塘桥梁13座。公善堂屋宇倾圮,约同志购地改建。享年72岁。

周宗瑜

周宗瑜(?—1914),字甲生,马桥镇人。习医,师从松江名医金秉之,妙手回春。宣统年间,主张马桥自为一乡。乡自治成立后,任乡议长。每届会期,先将议案细细研究,以祈于法律人情,毋相乖背。遇事不可者,必力持之,不为众议所挠。1914年去世。

沈澄清

沈澄清(？—1923)，字志青，号培生，马桥一图、二图(青登)人。家世业农，独喜读书，肄业于强恕学堂，旋入邑庠，肄业于师范学校，研究教育。清末民初，与张之纲、周宗瑜、王廷奎等筹办本乡自治，被选为乡议事会议长，规划本乡教育事宜不遗余力。旋劝学所聘为单级小学宣讲员，周历各市乡竭诚指导。未几，就湖南常德师范学校教员，先后任职十余年。1923 年病卒。著述多涉教育。

冯国华从俞塘冲上战场

2020年9月2日，为隆重纪念中国人民抗日战争暨世界反法西斯战争胜利75周年，经党中央、国务院批准，退役军人事务部公布《第三批著名抗日英烈、英雄群体名录》，江苏省立俞塘民众教育馆实验区主任冯国华名列其中。

冯国华

冯国华（1901—1938），字迈樱，宝山县城厢镇人。1924年，江苏省立第二师范毕业，在上海和安小学任教。1926年，任宝山县教育局教委督学兼学校教育课主任。1927年，被指控为共产党人，险遭迫害。1931年10月，筹建江苏省立镇江中心民众学校，任校长。1932年，任宝山县教育局局长。同年11月，参加陶行知在大场地区创办山海工学团授旗礼。因推广陶行知教育主张，遭当局处罚。1933年7月，私立上海正风文学院毕业。1935年，调到江苏省立俞塘民众教育馆工作，任实验区主任。

来到俞塘

当时，俞塘民众教育馆划出俞塘和周边金家湾、董家塘、赵家塘(今均属联工村)、北翁(今属星星村)、西村(今属望海村)五个村宅及瓶山道院地区(今属北桥)为"俞塘乡村新生活实验区"。冯国华在实验区大力开展"乡村新生活"实验活动，成效卓著，并在《社教通讯》《教育与民众》刊物发表数篇成人教育理论文章，人称"陶行知迷"。

1935 年 6 月，冯国华在《社教通讯》第一卷第五期发表《从我的身体说到民族隐忧与民族复兴》一文。他说："我的身体是不坏的，十年来未与药罐做朋友，虽不是龙马精神、金刚不坏身，但有时身体一时不爽，不到一二日即可复原。前年保险的时候，经医生详细的诊断，体重、身长、血压、肺力、小便等，我保三十年，预备活了六十岁也够了，谁知医生说照你这样体格保到七十岁也无妨，我对他说恐怕要老朽罢！乃相视一笑。"在文章中，对中国青年的体质表示了极大的担忧，他说："所以要打起精神来做事，撑起铁肩来担道义，要富强国家，要复兴民族，非得求全体国民个个有健康结实的身体不可。"文章中，还记载了久经沙场的钮永建对他的一番谈话："吾人做事，要有决心，要有拼命的精神，要有劳动的身手。拼命的结果是'血'，劳动的结果是'汗'。凡人能做、能拼、能有决死精神者必成功。现在世界战术进步，拼命的精神亦进步。战争是最拼命的了，但陆军之拼命精神，不如海军，海军则不如空军。故决战之胜败，在于空军。吾国欲与世界各国相颉颃，非着重空军，发扬拼死精神不可。吾国欲参与国际竞争，自当培养拼命精神不可。欲培训拼命精神，当然先要锻炼体魄，强壮身体。希望大家养成健全的体魄，能刻苦耐劳，为社会国家服务。所以俞塘民众教育目标的第一个字，就是'强'字。"

1936 年 11 月 7 日至 9 日，俞塘民众教育馆组织举办第六届菊花大会。活动现场最引人注目的是一副对联"听枫叶萧萧莫忘国难，看菊花挺挺愧煞汉奸"。这是冯国华所撰写的诗句。在各种讲习班和训练班上，冯国华都义愤填膺地指出：逆民究竟是少数，无疑要铲除他；顺民太多了，应该教育和争取他们做义民；义民是抗日救亡分子，大家都要做义民！

自10月起，松江专区“壮丁训练教练员学习班”在俞塘民众教育馆举办，冯国华受聘为教育长，各中心民校校长、教员参加，11月初结束。第二期11月8日开始，各乡镇民校校长、教员参加，11月20日结束。第三期11月25日开始。各中心民校每期组织训练了120名壮丁。

11月24日，冯国华首次穿上西装呢大衣，出发开始为期十天的巡察。他到奉贤南桥、闵行老镇等地巡察，切实了解各处“壮丁集训”实际情况，宣传抗日救亡，并撰写了《视察松沪壮训漫记》。

1937年3月，冯国华组织上千名青年壮丁骨干，在俞塘民众教育馆进行“义勇壮丁队训练大会操”，立志迎战日寇。不久，颇具影响力的商务印书馆大型综合性杂志《东方杂志》刊登了俞塘进行壮丁训练的四幅照片。

冲上战场

1937年8月，上海爆发“八一三事变”，打响淞沪战役。冯国华率领俞塘民众教育馆受训的壮丁们，迎着战火，慷慨激昂地走上了抗日前线，为战地输送弹药、运送伤员、挖掘战壕。

在俞塘，冯国华迅速组织举办“战地服务训练班”，消息一传开，近郊各县的失业教师和失学青年500多人，纷纷赶到俞塘受训。在此基础上，冯国华组织起一支支自卫游击队。

9月25日，冯国华撰《论积极除奸与长期抗战》一文寄给宝山好友，列数汉奸行为，呼吁长期抗战。

1937年11月上旬，上海县沦陷前，冯国华率队撤离俞塘。他隐居在上海大世界附近的一个小旅馆里，不时出没在上海、松江、青浦、金山各县，指挥着他组织的游击队。

据各地史料记载，当年参与者公认冯国华是沪郊抗日游击队的组织者。

1938年4月，冯国华创办了《战声》三日刊（十六开大小，每期四页），读

者对象为流入市区的难民及四郊工农群众。

不久，经黄炎培介绍，冯国华与正在浦东筹建游击队的中共党员连柏生取得联系，每半个月会面一次，共同商议，互相配合。

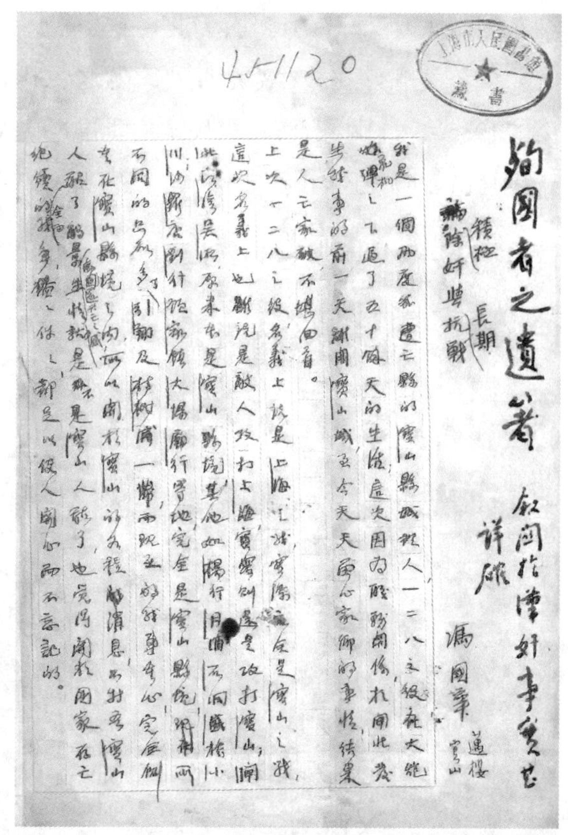

冯国华文稿

9 月底，正流散在松江地区打游击的国民党陆军 54 旅第一团团长张某（辽宁人），相约冯国华前去，商议“双十”节大举袭击日军的计划。10 月 6 日凌晨十二点，冯国华与张团长率队夜宿泗泾乡石宅时，遭四五百个日寇包围。面对日寇机枪猛射，他率二十余名驻村游击队员应战突围，终因众寡悬殊，弹尽援绝，壮烈牺牲。第二天清晨，乡人收殓烈士遗体，发现其除枪伤外，左额亦被刺刀劈去。

冯国华牺牲后，黄炎培亲自为其召开追悼会。1938 年 10 月 20 日《导报》报道“沪郊游击队组织者冯国华在泗泾殉国，四郊游击队领袖半出其门下，亲友莫不哀恸电请中央褒恤”。上海《申报》报道“教育家冯国华抗战殉国，定期举行追悼呈请当局褒恤”。11 月，《译报周刊》刊发署名“雷迅”的文章《悼冯迈樱先生》。上海国难教育社主办的《战时教育》第三卷第七期发表“白桃”的文章《追悼为抗战教育而殉国的冯国华先生》。

同年 12 月，回乡建立抗日游击队的顾振在编印的《三义抗战声》诗集中，有一首《吊冯国华师》，诗云：“泗泾水畔集群英，一日江东起义旌。顷刻风波平地起，八千子弟哭先生。”冯国华生前留下“听枫叶萧萧莫忘国难，看菊花挺挺愧煞汉奸”的诗句，为此《三义抗战声》中有一首《菊》与其唱和，诗云：“陶公篱畔好花枝，凛冽西风欲阨之。肝胆全无甘附敌，愧他黄菊挺幽姿。”1985 年 11 月，上海市人民政府批准冯国华为革命烈士。烈士遗体安葬于天马山麓（后迁宝山烈士陵园）。

導報

中華民國二十七年十月二十二日

滬郊游擊隊組織者
馮國華在泗涇殉國
四郊游擊隊領袖半出其門下
親友莫不哀慟電請中央褒卹

上南路天花庵橋
被游擊隊焚燬
日軍連日大舉搜索
居民已成驚弓之鳥

公共租界
巡捕檢閱
定月底舉行

《导报》书影

严同宇的青春之歌

有幸走进商务印书馆

马桥老镇东街的“严家厅”，当年是大户人家，书香门第，人称望族。

民国初期，严氏家族后人严重光曾在西安陆军小学教授英文，返乡后在强恕中学担任英文、国文教师，先后生养了四个儿子，一心望子成龙。

严同宇

1917 年 10 月 20 日，严重光娶继室石氏，生下第三个儿子，取名严同宇（1917—1942，曾用名孙年心）。

1925 年，严同宇进马桥强恕小学读书。严氏家教甚严，严同宇自幼显得有些木讷，教其读书识字，时常不肯高声朗读。然而，严重光发现儿子与众不同，平日未曾听到其朗读声，而考查时却能脱口背诵。原来，严同宇虽然寡言少语，读书办事却一丝不苟，不沾恶习，不图虚名，且有毅力。

1933年8月,严同宇考入私立三林初级商科职业学校。1934年7月的学习成绩报告单上的评语是“赋性忠实,勤于学习”。三年学期满,他以全班第二名的成绩毕业。

1936年,年仅19岁,严同宇就独闯上海滩,考入商务印书馆,担任制版部职员。他生活节俭,所得收入大多用于赡养母亲。他知道,母亲体弱,弟弟尚幼,不能仅靠父亲一人养家,自己应当分担家庭重担。每当母亲催其结婚成家时,他总是摇头不答,而一再强调幼弟严澄宇精明强干,在家奉养父母“胜我多矣”。父亲明白他志在远方,只盼其早日成才。

严同宇每逢节假日总会沿着北松公路返回马桥与家人团聚。他乘坐沪闵长途汽车到北桥站下车,当时北松公路已有长途汽车,但他不再乘车而喜欢步行4千米回家,不仅为了省钱,也为了真切地体验家乡的变化。北松公路途经俞塘村,这里的江苏省立俞塘民众教育馆正办得风生水起,赢得世人瞩目,严同宇每次回家途中都能强烈地感受到家乡发生的新变化。

漫步北松公路,巡视家乡地,严同宇不由豪情勃发,心中充满着希望。

投身抗日救亡运动

商务印书馆是产业工人聚集地,早已成为中共上海党组织的重要基地,出版了大量传播马克思主义的书籍,工人运动力量巨大。严同宇为人忠厚,办事认真,乐于与工友们亲密相处,深受各方器重,又崇尚正义,勇于担当,得到中共地下组织的培养。

1937年8月淞沪抗战爆发后,严同宇在党组织指引下,团结商务印书馆周士英、郑贤荣、顾国祥等进步青年走向社会,开展游行、演讲、募捐、义演、义卖等活动,筹款劳军,慰问伤兵,到难民收容所进行抗日宣传。

家乡不时传来惊人的消息,令严同宇热血沸腾。8月25日,侵华日军飞机竟然飞临北松公路上空,时而盘旋投弹,时而俯冲扫射,闹腾了一个昼夜。9月10日上午,又有五架日机疯狂地飞到北松公路上空示威,炸弹在

俞塘村炸响了。10月8日下午4时，日军飞机在北松公路先后投弹七八枚。马桥民众被迫逃离家园，严同宇多么想立即赶回家乡，把父母接到自己的身边。

然而，战火越燃越烈，严同宇有家难回。11月5日拂晓，侵华日军从金山卫登陆。不久，日军侵占松江城，沿北松公路疯狂地杀向上海滩。11月9日，日军占领马桥地区，北松公路全线封锁。

等到战火暂息，严同宇再次踏上北松公路之时，上海地区已经沦陷。他沿北松公路一路走来，看到俞塘民众教育馆已成为一片焦土，马桥镇上已有汉奸打出了“维持会”的旗号……

行走在北松公路上，严同宇怒火满腔，更坚定了与侵略者决战到底的信念。他匆匆辞别父母，踏着北松公路上抗战英烈们的鲜血，冲上抗日救亡第一线。

上海的时局日趋恶化，抗日救亡运动难以公开推进，严同宇就利用工余时间义务兼任馆中工人业余夜校教员，坚持以“流通图书馆”“互助储蓄会”等形式，团结职工和学员，继续从事抗日救亡活动。同时，为支援新四军，募集棉衣，组织捐款。

1937年12月底中共江苏省委刘长胜直接领导了中共商务印书馆支部的重建，大胆启用刚入党的张心宜（又名“张佩曾”）担任党支部书记。张心宜即特别关注严同宇的成长。

1938年初，商务印书馆设在宝山路和辽阳路的制版厂和平版印刷厂被日军强占，严同宇迁到九江路工厂工作。强烈的民族仇恨，激励他冒着风险，暗中继续印刷抗日宣传资料。

1939年12月，经张心宜介绍，严同宇加入中国共产党，并担任党支部委员。

1941年，严同宇告诉家人，胞弟严澄宇失学在家，应寻找出路，自己可以托人帮忙让他进上海某纸厂当学徒。

严澄宇闻讯正合心意，便匆匆赶到上海城里。其实，严同宇另有安排，他知道胞弟时年17岁，心灵手巧，有志奋发，就动员他奔赴苏北南通，投奔新四军学习制造军火。严澄宇壮志满怀，欣然答应。临行时，严同宇用自己的积蓄购置了一套化学器皿，两套五六号铅字和一百多册书刊，托严澄宇随身带到南通，分送给《江淮报》社和新四军六师十一旅军工科。

坚贞不屈献青春

1942 年 6 月，上海租界被日寇占领，汪伪特务机关极为猖獗，马路上整天警笛声不断。商务印书馆地下党员们三天两头变换地方，与敌人捉迷藏，继续斗争。

6 月中旬，因印联负责人吴承庸和商务印书馆职工宓其昌叛变投敌，中共商务印书馆支部突遭破坏，严同宇等十多名地下党员相继被捕，拘禁在上海极司菲尔路 76 号（今万航渡路 435 号）汪伪“特工总部”看守所。严同宇坚贞不屈，备受虐待。

两个月后，严同宇被解送到南市车站路地方看守所，此时已被折磨得双脚不能站立。父亲赶去送衣服入监，并传话称“哪怕倾家荡产，也会设法营救”。他深知家中仅有供父母活命的薄产，即给父亲传回字条，安慰家人：“此事无碍，大约即可出来，不必设法，即设法亦无益。”父亲爱子心切，四处托人设法营救。不料，10 月 11 日（农历九月初二）得知儿子已在狱中身亡，时年仅 25 岁。家人只得在看守所隔壁的殡仪馆草草成殓，再归葬于闵行普安公墓。

1951 年孟春，严重光含悲撰写《三子同宇与幼子澄宇死难略记》，并与其他烈士家属一起向人民法院控告吴承庸、宓其昌的罪行，为死难者申请昭雪。上海市人民法院判决吴承庸徒刑 15 年，宓其昌徒刑 5 年。严同宇被人民政府追认为革命烈士。

2021 年冬至日，严同宇归葬在闵行区烈士陵园。2022 年春，在马桥公园矗立起严同宇塑像。人们永远不会忘却严同宇回乡的身影，北松公路永远是“马桥之子”的精神家园。

严同宇塑像

第二章 风云纪事

俞塘民众教育馆遗址今貌

1952 年 3 月俞塘河疏浚工程现场

俞塘河水越三冈

有钱难买俞塘北

横贯闵行区南部和松江区中部的俞塘，西起松江通波塘，由杨卖柴桥向东流，越洞泾，至茜蒲泾、女儿泾连接处的汇桥入闵行区境，穿越南北向的沙冈、紫冈、竹冈，由西向东流经马桥、北桥、塘湾、吴泾地区入黄浦江。在松江地区，自松江东门口至华阳桥段称“南俞塘”，自洞泾至汇桥及向东段称“北俞塘”。

俞塘河水穿越三冈地带，河道开阔，自古“往来之舟皆可扬帆”，是沿途地区水运交通、农田排灌和调节水量的主要河道。南宋淳熙年间，自署“和光老人”的许尚，撰有《华亭百咏》，其中《俞塘》诗云：

延袤三乡外，东流与海通。
河神屡加惠，帆借往来风。

时人描绘这里自古以来“洪波浩渺，鱼龙曼衍，帆影轮声，前后相接。沿浦丛篁古木，间以疏柳，夏日蝉鸣其间，尤具逸响。饶稻米丝蚕水族之利，民间富裕，谦让有礼，皞皞如也”。

俞塘河沿岸土地高阜肥沃，宜种菽麦，千百年来一直是典型的粮棉生产基地，因此自古物阜民熙，富户竞相争购，以致地价升值。元代时，北桥有处士俞箕（字元绍）声称“虽有珠千斛，不卖俞塘北”，本地有谚称“有钱难买俞塘北”。这“俞塘北”指的是俞塘河水穿越的横沥港（又称“横泾”）和沙冈、竹冈一带。

据史书记载，明正德四年（1509）冬季，天气极其寒冷，竹柏多枯死，橙橘绝种，黄浦冰厚二三尺，经月不解。正德五年（1510）夏季，麦子多歧穗；农历五月间，遭淫雨；六月，发大水，决田圩。因此，松江府地区低洼乡村均发生饥荒，黄浦江东南出现龙卷风，风过处损坏庄稼房屋，死七人；十一月，又发大水。正德十五年（1520），继上年大水又发水灾，农田大多绝收。而唯有横沥港和沙冈、竹冈一带，因地势高亢这几年灾情不重，依然有所收成。于是，附近灾民大多迁居到此，附近市镇随之发展。

龙脊之地三冈水

横沥港和沙冈、竹冈一带自古无水患，被人们称作“福地”。这里为何独占优势？从人文地理的角度可以找到答案。

在吴淞江以南，自古有三条“古冈身”，即沙冈、竹冈、紫冈，分别为距今六千年、五千年、三千年的海岸线遗迹，犹如“龙脊”崛起于大地。在古冈身地带，距今五千多年前已有人类的足迹，三千九百年至三千二百年前形成了考古学中“马桥文化”。因此，这里可称是上海人文地理的“龙脊之地”。

这里地处古冈身，凸显高亢地形，一般海拔 4.4 米，高处达 5.2 米，向东是海滩渐成陆地，人称“东乡”，它的西侧是一片盘状洼地，人称“西乡”。西乡只能种水稻，而东乡可种稻、种麦、种棉花，明清时代手工棉纺织业发达。同时，因地势高，避免了不少天灾。

诗人笔下俞塘河

近代上海开埠以后，俞塘河一带失去竞争优势，沿岸的集镇未能恢复元气，发展相当缓慢。

清光绪年间，时人顾翰（字孟平）在《松江竹枝词》中感叹：“北俞塘上草芊

芊,风景萧萧异昔年。休说当时难买处,予今择地不论钱。”上海开埠后商品经济的发展,严重冲击着农村,壮男劳力外出打工或经商,四季田间劳动的重担都落在妇女们身上。所以,丁宜福(字慈水)在《申江棹歌》中大声呼吁:“少妇当家极可怜,女儿泾上盼归船。劝郎莫再经商去,多买俞塘南北田。”

自20世纪20年代起,这里迈开了现代城市化建设的步伐。

秦伯未撰写了《北桥竹枝词》:

三月俞塘春水生,春风吹起浪花轻。
乡居不识鸳鸯鸟,日日滩头打鸭行。

俞塘古桥

清光绪年间,乡人先后修建了13座沿塘桥梁。光绪十六年(1890),募

俞塘河永安桥(1979年)

修太平桥。光绪二十八年(1902),重建清河桥。

永安桥,三孔平板石桥,横跨俞塘河,南北朝向。新永安桥建于2001年,改为水泥桥,四个桥墩,三个桥洞,桥上设亭廊,以便遮阳避雨。

新永安桥(2001年)

吴会里兴衰

元至正年后，朝廷在黄浦中游段设立上海县邹城巡检司署（为管辖人烟稀少地方的非常设组织，其功能性以军事为主）。这里与当时的乌泥泾镇、青龙镇齐名，均为要地而设巡检司。

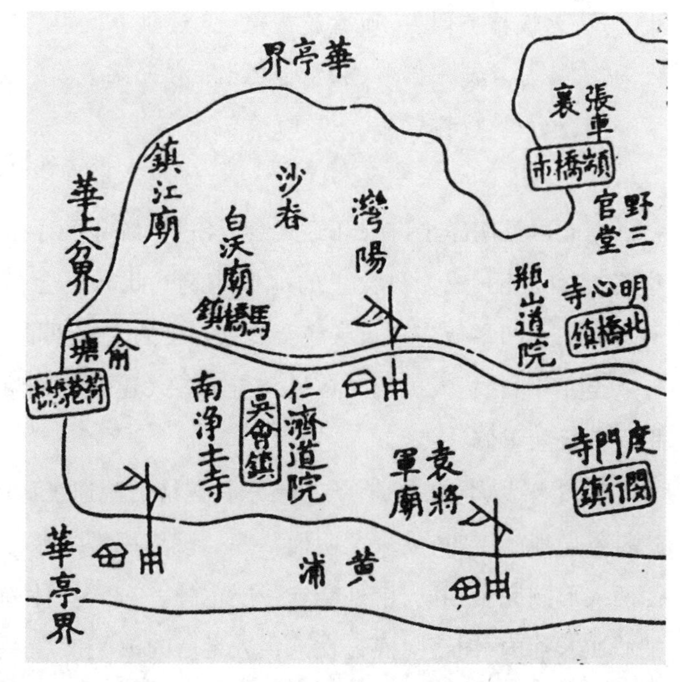

吴会里地区示意地图

这里是吴姓人家聚居地，俗称“吴家汇”，时称“吴汇里”。设立巡检司署之后，这里不再是吴姓人家独大，而且在云间（松江旧称）的影响力日益增强，于是有人取《滕王阁序》中“指吴会于云间”句，将吴汇里改称“吴会里”，核心地段俗称“吴会街”。

吴会街上

当时,吴会街东西向已形成集市,佛寺道院成为地标,市中有石牌楼。南宋淳祐年间,王晋公(王祐,字景叔)的远孙王云卿(俗呼王万山)在吴会街西首创建九品观堂,又名王家寺,俗称南王寺,有塔庙。元大德年间,改名南净土讲寺,后归并寿南寺、广福寺和崇福庵。

明正统年间南京吏部尚书钱溥所撰《南净土讲寺记碑》记载:

淞之吴汇镇,有南净土讲寺,盖宋淳祐间创也,元末兵毁。国朝洪武间宿德相继,寺兴而教著,宣德间复毁。正统初,古田基公来,行业峻茂,无愧诸前闻人,而营建殿堂,像设供养之具,焕然华美,有逾于古制作,盖与其徒正因等,协心于兹,十有五寒暑矣。乃命因诣僧录乞积中实公为记,以镌诸石。

据此可见南净土讲寺几经兴衰,经过正统年间十五年的修缮,殿堂焕然华美,宏伟壮丽,成为吴会里的地标建筑。此时吴会街上行业繁茂,每逢农历六月二十四举行南净土寺庙会。这一带的人文风情随之得以迅速发展。

至元年间,里人王氏又在吴会街东首兴建仁济道院。至正元年(1341),里人韩日新重修。

1962 年 9 月 19 日,在吴会街东首仁济道院遗址后园(今吴会村六组)修建打谷场地施工时,发现了明代墓葬。该墓用糯米浆三合土版筑墓,墓内东西两穴形制完全相同,棺外套有一层木椁。东穴尸体尚未腐烂,有纸折扇两把放在衣袖内,铜镜一面钉在墓主人足后的棺"和"上,一张纸本度牒覆盖在死者胸前。道士度牒(身份证明)呈正方形,长 1. 14 米、宽 1. 17 米,系用棉筋纸木刻印刷,外框饰以缠枝莲纹图案,是明正德二年(1507)礼部祠祭清吏司发给张永馨道士的。度牒上文字前引明律:"僧道不给度牒私自簪剃者杖八十,……寺观住持及受业师私度者与同罪并还俗……"后面墨书填写"张永馨，二十七岁，系直隶松江府上海县十六保籍，弘治五年四月，内凭兄舍送本保仁济道院出家”等字样，牒上签署画押者有礼部尚书、左右侍郎、祠祭清吏司署郎中、员外郎、主事、都吏、令吏等九人。说明张永馨出家后，经过 15 年的修炼，

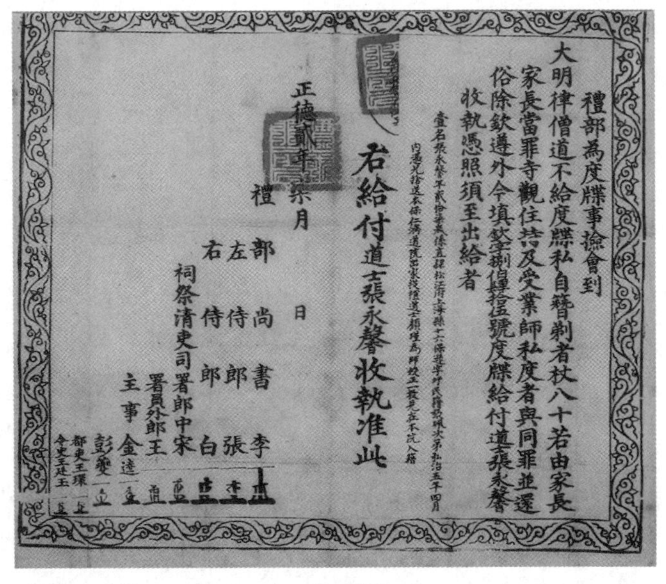

禮部為度牒事該會到
大明律僧道不給度牒私自簪剃者杖八十若由家長
家長當罪寺觀住持及受業師私度者與同罪並還
俗除欽遵外今填[illegible]字[illegible]號度牒給付道士張永馨
收執憑照須至出給者
壹名張永馨年貳拾柒歲係直隸松江府上海縣十六保[illegible]民籍[illegible]弘治五年四月
內憑兄捨送本保仁濟道院出家投禮道士顧理為師授正一教見在本院入[illegible]
右給付道士張永馨收執准此
正德貳年柒月　日
禮部尚書李
左侍郎張
右侍郎白
祠祭清吏司署郎中宋
署員外郎王
主事金達
彭燮
都吏王環
令吏王廷玉

纸本度牒

才拿到官方发给的正式出家凭证。度牒中的“授正一教”，说明张永馨所在的仁济道院信奉和传授的是道教中的正一道。

描金漆盒

墓葬西穴的随葬物有剔红花卉漆盒、描金漆盒、木梳、木簪、木刷、纱冠、服装和木制买地券等十件。“买地券”上书朱砂楷体，字迹大都已模糊不清，尚可辨认出墓主人为顾守清，为仁济道院院主。出土的描金长方漆盒，盖面绘描金人物一男一女相对盘膝坐，男像作读书状，女像是在细心聆听。盒内分两层，上层放木梳两件，下层置木刷、木簪、纱冠各一件。

通过这些出土文物，今人可以初步了解当时仁济道院的大致属性和吴会里人的生活水准。

惨遭倭患

谁料想到了明嘉靖三十二年(1553),吴会里突然遭遇倭患。

自嘉靖三十年(1551)起,我国沿海遭受“倭寇”的大肆骚扰,上海地区也深受其苦。嘉靖三十二年四月十五日至六月二十七日,倭寇五次入侵上海县境,大肆抢掠。为此,上海县城军民突击筑起城墙,自卫反击。倭寇围城四十多天没能攻破,恼羞成怒,沿黄浦江而下,疯狂作恶报复。

倭寇几次闯进吴会里,疯狂劫掠,无恶不作。最终,整个吴会街以及仁济道院等周边佛寺道院惨遭劫掠焚毁。当地人只得四处逃难,繁荣的市面顿时消失。

吴会里东首著名的乌泥泾镇(又名“宾贤里”)同时遭劫尽毁。黄浦江中游成为重灾区。

嘉靖三十三年(1554),倭寇再次冲入吴淞江,在黄浦江沿岸大肆劫掠。浦东周浦镇、三林塘镇遭劫。三月十一日,倭寇麻叶部800余人自闵行镇直抵松江城西仓,泊于小横潦泾,一路洗劫了东自松江县车墩至金山县吕港,西自青浦县章练塘至杨扇一带的村落。

六月二十日,倭寇千余人,从浙江嘉兴分乘57条船,经过沙冈、闵行镇等地,一路大肆焚掠,闵行度门寺被毁。

九月间,由于上海县城已筑起城墙,倭寇攻城不克,回头又在城郊地区作恶。

倭寇又闯入吴会里,见十室九空,无物可掠,便大肆纵火泄愤,使这里几乎成为一片焦土。

后人相传,当倭寇星夜突袭吴会里时,本地有一石匠遥见远处有灯笼火把闪动,便急忙挨家挨户地敲门示警。百姓闻讯,全部扶老携幼逃入稻田隐避。倭寇赶到后,不见人影,只抓到石匠一人,便拷问他:“人到哪里去了?”石匠机智地说:“黄昏时接到消息,已全部逃入县城,估计官兵即将赶来。”倭寇闻听此言,吓得抱头鼠窜。石匠解救了合村人的生命,皇帝为此御书“义

救”一方，并建坊纪念。

嘉靖三十四年(1555)三月，明总督大臣张经(字廷彝，号半洲)令游击将军邹继芳、总兵俞大猷、参将汤克宽分驻闵行、金山卫和乍浦地区，联防御倭。

这场倭患终于结束了。但是，整个吴会街及周边佛寺道院惨遭劫掠焚毁，吴会里元气大伤，就此一蹶不振。戴氏、董氏、龚氏家族后人，纷纷逃到松江府城去了，留在本地的大多沦落为平民。

至1949年时，仅有一家理发店。后道院改作小学，寺庙改作饲养场，吴会老街终成村民聚落，改称吴会村六组、七组。

20世纪80年代吴会街东街图像

圣母取悦西南乡村

西风下乡

地处上海县西南乡的马桥、北桥、颛桥地区，虽然属乡村，但得益于黄浦江水道，社会信息并不闭塞。本地乡村风俗惯于接受松江府城的影响，因此天主教从松江城里较早地传播到这里。

据现有资料，西南乡最早的天主教传播地是东瞿（今紫兴村）圣母为天主之母堂，始建于清代早期，但规模不大，影响有限。其他大多始建于清代晚期，即上海开埠前后。道光十年（1830），杨家（今工农村）建圣母圣诞堂。道光二十二年（1842），北桥中新桥（今黄二村）建耶稣升天堂。咸丰二年（1852），本地西河桥（今联建村）建立天主教宗德堂，北桥姚家里朱家（今属颛桥镇中心村）建立天主教若瑟堂。这些农家自建的“小教堂”规模小，分布散，社会影响不大。

不迟于道光年间，有一支徐光启孙儿徐尔默（字含之，号容庵，圣名多默，徐骥第四子）的子孙从“徐家湾农庄别业”迁居到颛桥六磊塘北、横泾港东，自建村宅，人称“徐家墙里”（今光辉村十四组）。徐氏在自家客堂设“圣母献堂”，但只供族人礼拜使用。

镇上圣堂

当时，本地盛行佛教和道教。北桥明心教寺规模巨大，香火极盛，长期影响周边四乡。马桥镇东街有万寿庵，原名“万通庵”，始建于宋代，清康熙二十八年(1689)八月间重修，嘉庆年间改称“万寿禅院”，大厅供观世音菩萨，庵内一株古银杏枝繁叶茂，历代香火不绝。

然而，松江城内的外国传教士趁朝廷“解禁”的机会，积极向乡村传教，将天主教“圣母玛利亚”的影响扩展到马桥地区。咸丰七年(1857)，与万寿庵几乎相邻的马桥东街口(今东街25号)突然大兴土木，开始建造天主教圣堂。六年前，本地陈家塘(今星星村)最早有了由农家住屋自建的“小教堂”，眼看教友人数增多，大家便捐田、集款，要在镇上建造一座有规模的正规教堂。

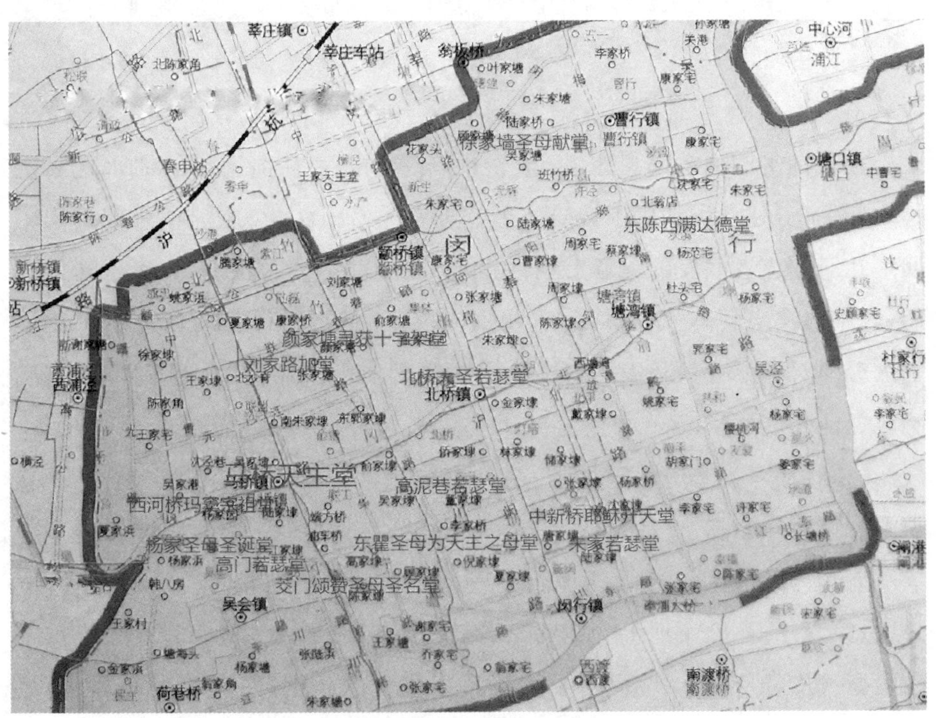

清末上海县西南乡天主教堂分布图

同治十三年(1874)4 月 9 日,松江城内被毁一百多年的邱家湾教堂重新兴建落成,取名“耶稣圣心堂”,举行开堂大礼弥撒,并建立天主教松江邱家湾总铎区,拥有外国传教士二十多人。

光绪元年(1875),马桥镇东街口的教堂全面竣工,正式定名为“圣母无染原罪堂”(俗称“无原罪始胎圣母堂”),正堂面积有 559 平方米,附房面积为 470 平方米。8 月 15 日,举行开堂大礼弥撒时,外国传教士和各方信徒赶来聚会,成为松江府的又一大新闻。从此,这里每年 8 月 15 日都要隆重举行圣母升天瞻礼,四乡信徒云集,轰动马桥全镇。后来,教堂的弥撒仪式逐渐胜过万寿庵的香火,圣母玛利亚的形象开始影响乡人的灵魂。

于是,徐家墙里徐光启后裔捐出自家的“圣母献堂”,让乡人共用,人称“徐家墙天主堂”,扩建后有辅助用房七间。

光绪八年(1882),马桥茭门(今三友村)建颂赞圣母圣名堂。颛桥颜家(今群力村)建寻获十字架堂。

新学入村

教堂神父们抽空串村走巷,散发福音书刊。家住俞塘村的钮永建自幼喜欢读书,身处乡村却乐于接受外界的新鲜事物。一次,胞兄钮永保外出带回了几册传道者散发的福音书刊,因不感兴趣,随意丢在一边。钮永建发现后,好奇地拿来阅读,不由感到这些书刊所论之道诚真切实,便一篇篇细读下去。他对耶稣舍身救人的事迹极为钦佩,但对其中的宗教语言兴趣不足。胞兄见他好读西洋读物,便从格致书院买来了《泰西新史揽要》《万国通鉴》以及《格物质学》《算学》等书籍。钮永建拿到这些读物,越读越喜爱,从而获得了大量新知识。

清光绪二十年(1894)11 月,刚成为新科举人的钮永建读到上海《万国公报》第六十九、七十册上刊载的“广东香山来稿”《上李鸿章书》,只觉得眼前发亮,极为振奋。此文提出了发展资本主义的政纲,即:“人尽其才,地尽其利,物尽其用,货畅其流。”作者认为:“此四事者,富强之大经,治国之大本

也。”钮永建深深地被作者的胆识所折服，经几番打听，方知此文作者是广东人孙文（孙中山），就此对其钦佩之至，视为人生楷模。

花开无果

光绪三十一年（1905），马桥天主堂扩建了七间平房及小屋。同时，附近乡村中又冒出一些自建的“小教堂”，天主教徒日益增多。

光绪三十三年（1907），曹行双溪村建东陈西满达德堂。

民国元年（1912），西河桥玛窦宗祖堂（今联建村，元江路6600号内）扩建有钟楼的主堂和附房建筑，围以花式铁栅栏，设200斤重铜钟一只，规模不亚于马桥天主堂。

同年，颛桥刘家（今联农村）建路加堂。

就此，马桥地区设立天主教松江教区支会，归松江邱家湾总铎区（1874年成立）。马桥天主堂称为公堂，下辖有马桥及北桥、颛桥、塘湾地区的西河桥玛窦宗祖堂、茭门颂赞圣母圣名堂、杨家圣母圣诞堂、高门若瑟堂、中新桥耶稣升天堂、东瞿圣母为天主之母堂、高泥巷若瑟堂、颛桥徐家墙圣母献堂、颜家塘寻获十字架堂、刘家路加堂、曹行东陈西满达德堂、北桥大圣若瑟堂等十一个会口，由本堂神父统一管理各堂教务活动。

马桥天主堂内景

1918年，马桥天主堂建造三上三下二层楼房，作为神父楼，有本堂神父常驻。

1925年，颛桥黄家（今新生村一组）重建光荣十字架堂。

1927年，马桥重建高门若瑟堂（今工农村）。

1931年，马桥天主堂内设男生学校，取名“达义小学”。次年又设女生学校，名为“达德小学”。

清末民初，天主教在马桥、北桥、颛桥地区传播迅猛，当地先后兴建了众多大小教堂，数量之多在上海城郊名列前茅。然而，这些教堂并没有对当地社会经济的发展产生重大影响，对外界也没有产生强烈的社会效应。

马桥天主堂

2012年，西河桥天主堂钟楼全面修缮。主堂外墙和屋架基本保持原样，尖拱形木门窗全部复原。主堂东侧增加庭院回廊。2016年9月5日，被列为闵行区文物保护点。

俞塘钮氏改良宗族组织

在俞塘，钮氏家族建有钮氏祠堂（又名俞善庙、俞堰庙）。在永字辈之前，已经形成东房（钮永建支）、西房（钮永祥支）以及钮永曜支、钮永杰支、钮永爵支等“五房”格局。但是，延续至民国之后，由于各房兴衰相异，有的已经外迁，宗族组织难以恢复祖传状态，以致族务及族产长期无人统一管理。

1922 年春，钮永建与俞塘族众集思广益，决定形成一系列相关公约和细则，规范族人行为。钮永建还研究、校订《黄钮同宗谱》，并撰写《钮氏源流新考》。

1930 年 3 月 9 日，钮永建主持修订的俞塘钮氏族训及宗族公约由吴兴钮氏俞塘支宗族大会通过。

1933 年 1 月，吴兴钮氏俞塘支编审委员会编印《俞塘钮氏宗族组织》一书，并请立法院院长胡汉民作序，行政院院长谭延闿为之题署。钮永建在《族训》引言中称：

> 吴兴钮氏俞塘支，根据民族主义，谋为族人提高人格、充裕生计、健康身体、增进能力、改良家族。俾得生存及发展于此人类大竞争之世界，保持及发展我汉、晋以来千余年优秀之族望。公定族训，期以本支之努力，进而与吾钮氏全族，及中国全民族之大结合，以发挥我大中华之民族精神。凡我族人，务须切实奉行，自求多福。

钮永建是国民党元老，对孙中山的三民主义学说极为重视且深有研究，认为孙中山在《建国方略》中所主张的改造中国的计划，首在民族主义。钮永建倡导试办的俞塘钮氏宗族组织，是实践孙中山的主张。

钮永建认为："求民族之生存，而有政治的组织，是为国家。有国家政治所不及者，则以宗族组织办之。宗族者民族之分支也，又家庭之扩大也。有男女，即有夫妇，有夫妇，即有父子，夫妇父子而家庭之形体成。积家庭而成民族，故民族之治，始于家庭。"而如今，"对于国家、地方、家庭、个人既多有规划，而宗族方面独未之详，此不可不加以用心也"。可见，钮永建的宗族观念，对于俞塘钮氏宗族组织的构想和建设，自有一整套独到而新颖的主张，富有鲜明的时代特征。

俞塘钮氏宗族组织的改良，并不注重恢复原有宗祠，不搞形式主义，而是贴近时代现实。同时，因钮永建及全家自1912年起信奉基督教，俞塘钮氏宗族组织的族训明显含有基督教思想元素，可称是融合中西文化的产物。

《俞塘钮氏宗族组织》列出的二十八条族训，足见钮永建用心之良苦。其中，"提高人格"有四条：一为族人须以忠孝、仁爱、信义、和平为道德标准，格致、诚正、修齐、治平为智能标准，以振起民族精神。二为须刻苦奋勉，力行克己功夫，禁戒一切不良行为和嗜好。三为自觉陶冶思想，适应时代潮流，破除迷信习惯，去邪念，弃偏见，绝傲慢，保持公平之心。四为群治的力行，尽力为人群服务，与人群合作，成为文质兼备。

"充裕生计"有四条：一为族人要适应现代生活程度，适应江苏之地位，尤其像上海这样竞争激烈的大城市，先要养成创造精神，并提倡从事生计的职业。二为职业应以有益于社会国家为原则，尤以熟悉乡村平民生活、农事作业，为生计之根本。三为日常生活事务，不得奢华或铺张，切实量力从俭。四为养成勤俭质朴储蓄之习惯。

"健康身体"有四条：一为每日适应体力劳动，注意施行流汗与沐浴，积极参加体育锻炼，起居饮食讲究卫生。二为妇女须切实讲究妇幼保健、妊娠哺乳期卫生。三为重视改善环境，促进整治市容、乡容、村貌。

"增进能力"有三条：一为族人应认识科学知识是人的能力之源泉，必须有人为竞胜之觉悟。对子女须因材施教，尽力培植。二为正确认识、处理体力劳动和智力劳动的两者关系。三为族人尽可能多输送有志青年上学，在高等学校或专门学校毕业。

“改良家族”有十三条：包括子女婚嫁择配、父母赡养、亲友交往、公墓营葬等。尤为注重破除家中一切迷信的事例，如改良祭扫祖墓等方式，废除焚纸烧香等风俗，而使子孙能思念祖先之恩功，期能以团结互助精神收实践之效果。

这二十八条族训富有针对性和操作性，既是钮氏前辈为人处世经验的总结，又是为适应时代发展所提出的要求，对俞塘钮氏家族及后人产生了深远的影响。

钮永建首创私立民众教育馆

事出有因

钮永建

20世纪20年代末，鉴于中华民族危机日益加深，有识之士认为欲改造中国社会，必须从改善民众生存与生产条件，提高民众素质与能力做起。怀着救世济民的真诚愿望，陶行知主张“生活教育”、黄炎培提倡“职业教育”、晏阳初强调“平民教育”、梁漱溟践行“乡村建设”，而时任江苏省政府主席的钮永建源于孙中山的建国与训政学说，推行“民众教育”，并确定其宗旨是：“以民众教育培起国民力量，树立自治基础，增进农业生产，改善经济组织，促进乡村建设，充实人民生活。”他提出国家的力量在于人民，而民众的力量包括武力、经济力与智能力，针对农民的“愚”“穷”“弱”“私”，民众训练“当从强、富、组织三方面努力”。具体而言，“强”就是进行国民军训，以“救过去的衰弱”；“富”就是

进行经济建设,以“救过去的贫弱”;“组织”就是推行保甲制度,以“救过去的散漫”。

辛亥革命先驱者钮永建(1870—1965,字惕生,又字孝直,号天心),20岁考中秀才,24岁考中举人。1896年入湖北武备学堂。1899年赴日本留学,广交革命志士。1905年末加入中国同盟会。1911年10月参加辛亥上海光复。1912年任南京临时政府参谋次长。1917年随孙中山南下广州,任大元帅府参谋次长。北伐战争开始后为驻沪特派员,策动上海武装起义。1927年4月任南京国民政府秘书长,10月任江苏省政府主席。

1927年12月,钮永建在苏州阊门创办江苏民众教育学院。

1928年5月间,在钮永建的支持下,俞庆棠在苏州留园路创立的中央大学区民众教育学校,迁到无锡荣巷,改名“江苏省立民众教育学院”。同年10月,在无锡筹建江苏省立劳农学院。

俞庆棠(1897—1949),字凤岐,出身教育世家,1919年赴美哥伦比亚大学教育学院深造,时任第四中山大学(后改为中央大学)教授兼扩充教育处处长。她同情广大劳动人民,主张将民众教育当作改造社会、复兴民族的手段。

钮永建对她的主张十分赏识,长期互相支持,志同道合。

繁忙的公务和从政的压力使得钮永建身心疲惫,积劳成疾,疑似得了“偏中风”。他突然感觉到自己“行年已六十”,不由产生了早日引退“回家送老”的念头。于是,一整套告老回乡创办“民众教育馆”的宏大计划在其心中油然而生。

情系故乡

钮永建出生于上海县马桥乡俞塘1号钮家老宅。俞塘村,依东西走向的黄金水道俞塘河而得名。曾为乡间小镇,别称“俞滨”,周边有陈家宅、陆家宅、翁家宅、周家宅、王家村、沈家宅、黄家宅、小宅基、梅家里等自然村宅。这里又是北俞塘三冈(沙冈、紫冈、竹冈)中心地段。俞塘河,历来是通往松江郡城的交通干线。它是通向东南连接黄浦江的水道,地理条件优越。自古往来之舟,皆可扬帆,沿岸土地高阜肥沃,宜种菽麦。

上海县是元代棉纺织革新家黄道婆的故乡,种植棉花和家庭手工棉纺织业一直是本地农民主要的生财之道。清末民初,外国航运业侵夺长江及内河航运权,内乱外患阻断棉布外运,而大幅度降价的“洋纱洋布”在上海市场倾销。“洋布”布质虽次,但价格低廉日趋行销。推销“洋布呢绒”的“洋布店”逐渐开到了乡镇,而土制棉布因质粗色暗,在市场上迅速遭到冷落。本地土布纺织业竟一落千丈,对沪郊的自然经济形态形成猛烈冲击,致使农村家庭手工棉纺织业遭到破坏,并逐渐与农业分离,直接造成大量以植棉、织布为生计的农民、手工业劳动者破产。本地产棉量日益减少,棉质日益退化,农民或弃地而去,或勉强支撑。

同时,上海城市的不断扩张,造成沪郊大批农民失去赖以生存的土地。上海的有些资本家、机关团体,看到沪闵公路、上松公路交通便利,沿途地价便宜,纷纷前来购地置产,致使数万亩农田一时被改建为园圃、工厂、祠堂、公墓等。而当时的“种田难”又加剧成卖地的狂潮,沪闵公路一带的田主莫不待价而沽,失地失业农民日益增加,流落四方。

沪郊农村经济的破产趋势,加剧了农民的“愚”“穷”“弱”“私”,城乡差距越加扩大,危害日益严重。而农村经济的破产,又自然引起上海经济恐慌,都市商业因此衰落,濒临崩溃。

自从1928年7月1日,南京国民政府组建上海特别市政府后,实行市县分治,上海县仍属江苏省,但县境减缩仅存马桥、北桥、颛桥、曹行、塘湾、陈行、三林等七个乡和闵行镇。上海县治就此搬离了上海中心城区,迁到了北桥。1929年,江苏省对各县等级以地方收入多寡为标准,将上海县列为三等县。

上海县作为自己的家乡,自然是钮永建心中关注的重点地区。然而,他发现农村的贫困落后日趋严重,农村经济已普遍破产,连原本比较富饶的沪郊,此时也是危机四伏,隐忧未已。

庆寿筹资

1929 年 3 月，钮永建专程巡视上海县。

一路上，钮永建邀集亲朋好友，告知将于农历二月初八在俞塘操办他的“六十大寿”。人们不解，钮老一向低调，这次为何如此张扬？

面对沪郊农村的局面，钮永建决心在“无锡实验区”之外，以故乡俞塘为基地，亲自建立一个更符合实际需要的民众教育馆。为了率先践行自己的主张，实现自己的理想，他不畏风险，竟然以私人捐资创办私立性质的机构进行乡村建设实验。

1929 年 3 月 18 日（农历二月初八），钮永建如期在俞塘操办“六十大寿”。寿宴开始后，人们才得知他的真实用意。

在寿宴上，钮永建当众宣布：捐出宅基地 4 千平方米、房屋二间，带头在俞塘集资造屋，要亲手创办一所民众教育馆。他是借寿宴之际，动员乡亲们共同努力，培养一代新人，改善家乡面貌，改变破产命运，为江苏全省树立起推进民众教育和乡村建设的范例。

人们闻讯顿时肃然起敬，群情振奋。

马桥镇上，已于 1928 年 8 月建立了马桥民众教育馆，由强恕小学校长张櫄（字经野）兼任馆长。现在钮永建要在俞塘再建个民教馆。

在钮永建心中，创立俞塘民众教育馆的蓝图已经越来越清晰。

11 月初，钮永建要筹办“双亲百年冥寿”的消息传出后，各界纷纷要来庆贺。钮永建决定借机为俞塘民众教育馆筹资。

11 月 8 日，钮永建特意在上海《申报》刊登一则《钮永建启事》，全文如下：

敬启者本年十一月十六日为先父味三公、先母王太夫人树立百岁纪念碑，并创办民众教育馆于上海县第六区俞塘乡之墓次，亲朋赠送礼物概不敢受。如蒙不弃，敢代民众教育馆敬请诸公捐助建筑经费，共为民众谋幸福。将来馆舍落成,当恭志诸公芳名,泐石纪念,以垂不朽。

此启。

钮永建还叮嘱家属,家中不设寿堂。凡有亲友为祝寿来送礼,则规定凡月薪收入在八十元以下者,每人一律只收礼金银洋一元,其余璧还。并将全部奠敬,均转入民众教育馆账户充作经费。而凡自愿资助民众教育馆的,多多益善,并留下芳名。

1929 年 11 月 16 日中午,钮永建在家中宴请宾客,下午举行奠基仪式。参加者有中央党部执行委员叶楚伧、国民政府秘书朱文中、国民政府财政部次长张寿镛、首都卫戍司令部代表陈家鼐、江苏省政府代表俞则文、秘书于洪起、丘誉、科长余炳忠、教育厅研究代表章桐、上海县党部代表蔡炎、吴景青、县长陆龙翔等各界名流,共一百余人,包括两名日本宾客,中村益夫和长沃宏政。

午后二时,召开俞塘民众教育馆筹备会议,钮永建亲自主持,钮永冰做记录,钮长廉任司仪。会场设在钮氏老宅的爱日堂中,陈设简朴,中间放置着民众教育馆奠基基石,旁边摆放四盆菊花、两盆小松。墓地四周各栽一丛菊花。百岁碑安放在其右边。

来宾及当地民众观礼者已集数百人。奏乐开会,首先由钮永建报告设立民众教育馆的计划,并对来宾表示感谢。来宾接着致辞。中央委员叶楚伧发表演说,劝说大家节省费用以输公益,群策群力,为民众教育馆建屋四百幢。张寿镛发言认为乡村建设也是一场革命,是想要整顿不背离时代的发展。

四时余,钮永建引导众宾客徒步来到馆址,奠基基石上端裹以红绸,众手培土安置基石,摄影纪念。日本来宾摄制了大量的活动影像。

寿庆结束后集所收礼金六千余元,钮永建自捐宅地 4 千平方米、房屋二间,购田三十三亩,造屋十二间,均作为俞塘民众教育馆创办经费。

12 月 16 日(农历十一月十六日),夫人黄梅仙在俞塘兴建的紫冈牧爱堂落成。钮永建夫妇做了礼拜,同时为父母双亲立"钮氏味三公王夫人百岁纪

念碑”。

1930 年 1 月 2 日，举行俞塘民众教育馆筹备委员会成立大会，聘定王承尧、陆会生、张经野、孙吉初、钮长庆、钮长廉、黄梅仙、翟文波等十人为筹备委员，由钮长耀草拟计划书。

不恋官场

1929 年 9 月 29 日，应黄炎培之邀，钮永建参观太仓徐公桥村民秋季大会，并发表讲话，题为《改进地方自治与民众生计教育》。

10 月 5 日，钮永建在江苏省立民众教育馆及劳农学院发表演讲，题为《中国全民教育的必要与民众教育学院学生的责任》。

10 月，钮永建在讨论时提出《民众教育之注意点》。

钮永建和他的家人在俞塘

12 月，钮永建以“脑疾复发，体力难胜”为由，向国民政府行政院请假 20 天回上海“静心调治”。此时，蒋介石亲自兼任行政院院长，12 月 28 日钮永建获准返沪休养。期满后，钮永建又要求续假 15 天。

1930 年 1 月 23 日，行政院发出训令，同意钮永建继续休假。眼看期满，他又要求再续假 15 天。2 月 11 日，行政院又发出训令，同意钮永建再续假。2 月 13 日，钮永建返回南京销假，同时正式要求卸去江苏省政府委员兼主席职。

国民政府希望钮永建继续留在南京，即任命其为立法院军事委员会委员长。3月20日，又任命其代理行政院内政部长，要求6月3日就职。而钮永建以正患病治疗为由，再三恳辞。

3月27日，钮永建终于获准辞去省政府主席之职，即回到上海“休养”。其实，他一天也没有静养，一心牵挂的是筹建俞塘民众教育馆。

在钮永建的主持下，经过紧张的筹办工作，私立俞塘民众教育馆终于在5月份正式宣布开放，一幕大戏敲响了开场锣鼓。

然而，因钮永建迟迟未报就职日期，行政院再三来电催促，他则以养病为由一拖再拖。6月5日，行政院公开下达指令，要求钮永建呈报代理行政院内政部长的就职日期。

钮永建难以再拖延了，只得赴南京去应对一下。6月3日下午3时，他到达内政部视事，解释自己患病治疗经过，并称“当此前方将士正与逆敌肉搏，诚国家危急存亡之秋，整理后方，尤为吾辈职责”，“惟精神尚未复原，一时难膺艰巨，仍拟在京稍加休养，部中事务仍请次长暂时偏劳”。

但是，行政院仍一再催促，钮永建无法引退，只能步步应付。

6月间，钮永建力促江苏省立民众教育学院和江苏省立劳农学院两院合并，定名江苏省立教育学院。这是我国第一所培养从事民众教育专业人才的高等学校。延聘美国康奈尔大学毕业的高阳为院长。

6月9日，钮永建正式出任代理内政部长，在政府大礼堂宣誓。

9月，钮永建又奉命接任行政院内政部长兼立法院军事委员会委员长。

11月，内政部警官高等学校学生自治会组队赶到内政部请愿，要求从北平南迁到南京，闹成一场风潮。钮永建以内政部长身份接待了学生代表，言明时局，要求他们耐心等待。而兼任行政院长的蒋介石责备钮永建处置不当，强令学生代表立即回校。

钮永建胸怀乡村改造的宏大规划，根本无心在南京当官，这场警校风潮使他更加不愿在蒋介石眼皮底下过日子。11月24日，他趁势请辞内政部长之职。12月4日，终于获准辞去官职。

创办园艺学校

1928年,钮永建在马桥镇上筹建“私立强恕职业中学”,引导年轻人注重园艺农事,以职业技能拓展就业。1930年9月1日正式开学,入秋后改称“强恕园艺学校”。钮永建亲自担任校务委员会负责人,特聘国立西北农林专科学校校长郭须静(字厚庵)为名誉校长,由马桥强恕学校校长怀伯明兼任校长,李传缙任校务主任,上海县立农场技术员潘道昌(1901—1970,字吾行,奉贤孙桥人)受聘为总务主任兼教员。

然而,在乡村人们对“园艺”尚感陌生,钮永建的苦心并未产生轰动效应。12月13日,钮永建在《民国日报》刊发消息,宣告年末前后,面向社会举办为期10天的“园艺讲演会”,特邀留法园艺专家沈道南、周士礼、郭静,留美园艺专家陆费贽和俞塘民众教育馆长高阳等10人前来讲课,听讲者限60名,免费提供膳宿。1931年1月3日,“园艺讲演会”举行闭幕典礼。园艺专家们的讲演,令人开窍,园艺学校随之红火起来。

1931年初,为便于学生田间实习,“强恕园艺学校”迁至上松公路竹冈桥畔,校舍设于钮氏“宝德堂”旧址,另为实习班新建茅屋,共计约30间,从此与俞塘民众教育馆的建设形成更紧密的联系。

学校教学宗旨为“培植一班手脑兼用的人才”,“有实地经营园艺作物自营生活之能力、有实际领导农民改进园艺生产巩固农村经济之能力、有刻苦耐劳之习惯为众牺牲之精神”。1932年起,招收初中班(学制三年,两年学习,一年实习)和实习班(学制两年),课程分为文化课程和经济生产课程。文化课程包括国文、算学、日文、党义、图画、农村调查、农业概况等,经济生产课程包括蔬菜、栽培、果树、畜牧、花卉、庭园、庭园制图、病虫害、农用理化(包括生物、土壤、肥料、气象、农具等)、农村管理等,初中班还有偏重于实践的专业选修科目,专修科目有花卉园艺、果树园艺、蔬菜园艺、造庭园艺,辅助科目有动物饲养、水产、造林、农产制造、合作、农村社会、农场管理、民众教育、园艺推广、农村建设。园艺学校师生在俞善庙西厢房内安装了设备,提炼薄荷油。

强恕园艺学校农场占地百余亩,划分为七个区,即校基(花卉)区、河东(蔬菜、工艺作物)区、校西(育苗)区、河南(果苗)区、俞西(桃树)区、紫冈(即钮家花园“紫冈小圃”)区、桃园区,学生分成七个组。学校实行军事化管理,不雇杂务工,师生同生活共甘苦,饮食同桌,作息同时,实习同区。在这里,没有摩登的公子哥儿,个个都是甘受艰苦的青年,同教师一起住茅屋,吃粗粮。在灯下读书,在阳光下荷锄流汗。

中共“十三大”中顾委委员项南,曾是俞塘私立强恕园艺学校首届毕业生。1933 年春,钮永建因认无锡市马山雁门为祖源地,特出资到雁门钮氏宗祠创办夫椒小学。开学典礼时,钮永建、吴稚晖等特赶去庆贺。同时,选拔了钮焕春、钮志才、钮叙良、钮穆清、钮炳良、钮文远等八名钮氏族人子女送进强恕园艺学校免费学习。

大手笔

当时,由于钮永建和被誉为“民众教育保姆”的女教育家俞庆棠的努力,江苏全省已建立起 300 多所民众教育馆、82 所农民教育馆。然而,还没有一所是私立的。

钮永建在俞塘创办的私立民众教育馆,虽非正规的教学机构,但他主张要由懂教育的行家来实施管理。他特聘江苏省立教育学院院长、享有盛誉的乡村教育家高阳(1892—1943,字践四)为馆长。高阳一口答应兼职,可他不可能坐守在俞塘,就选派无锡教育学院毕业生陆盖、韦瑞墀前来经办具体事务。

于是,钮永建只得动用身边正从事教育工作的夫人黄梅仙、侄儿钮长耀和侄女钮惇言。

黄梅仙(1883—1970),江西九江人。松江女子师范学校毕业,曾在中西女塾执教。1913 年 3 月,与钮永建结婚。1919 年 7 月,与博文女校校长李果等发起成立上海女界联合会,任会长。1926 年,与钮惇言在上海南市方浜路

创办上海女子审美学校。1927 年 8 月,又与胞妹黄轶如(字馥贞)创办私立协进女子中学。

黄梅仙

钮长耀(1903—1993),乳名文光,笔名醒吾,钮永祥长子。幼年启蒙于强恕学校,旋升读省立第三中学、上海法学院及留学日本大学社教系毕业。归国后,任市立敬业中学校长,时为国民党上海县第一届执行委员会常务委员。

钮永建一声令下,黄梅仙二话没说,立即将“审美女中”交给了钮惆言,匆匆赶到俞塘。钮长耀时年仅 25 岁,毅然回乡出任民众教育馆副馆长,主持日常工作。

钮长耀

钮永建确实是大手笔,要为俞塘民众教育馆组建一个最强大的董事会。他人脉广,名望高,果然一呼百应。霎时,名家云集,俞塘村沸腾了。

钮永建特聘吴稚晖和全国著名教育家、社会学家陶行知、晏阳初、梁漱溟、黄炎培等为俞塘教育事业指导委员会成员,由俞庆棠担任俞塘民众教育馆董事会董事长,江问渔(名恒源,字问渔)、李云亭等 11 人为董事。同时,还设有理事会、监事会,由钮永建亲自主持理事会。

俞塘民众教育馆成为全中国私人捐资创办民众教育馆之开端,而且规模宏大,内容丰富。此事顿时轰动全国,人们热切关注钮永建将做出何等改良乡村建设的壮举。

当年 7 月,钮永建在江苏省立教育学院社会教育暑期学校发表演讲,题为《民众教育机关应发起组织乡村经济委员会说明书》。

8月,钮永建在江苏省立民众教育馆(由无锡民众教育学院和劳农学院合并)首次大会上发表演说,阐述社会教育的意义。以后一段时间内,每周必到校巡视,时常做演讲,间亦小住院中,与学员共同生活。

同时,钮永建亲自主持制定《俞塘民众教育馆计划大纲》,回答了几个社会热点问题。

为什么要创办民众教育馆?《计划大纲》做出了这样的阐述:"清季末叶之'简易识字学塾'与近年之平民学校,均以为人之能识字,则普及教育之目的已达。即今日社会中人,亦每以为教育即识字,使民众皆能识字,则可谓普及民众教育。此种见解,窃以为不当。""夫社会者乃整个单元之物,其各方面有连环性。社会之进步,甚似海水潮涨,为整个之推进。欲其局部或畸形之发展,不特事倍功半,抑且杯水车薪,此种事业之例证,无论在社会任何方面,皆可开眼便见。"

那么,真正的民众教育是怎样的呢?《计划大纲》指出:"今吾人洞鉴前人之非,宜如何谋入正轨而不蹈其故辙,则当深究社会之底蕴,作对症发药之方。"强调其特点是:"'全民教育'与日本教育家山崎延吉氏之所谓'全村教育'不同,不为办在小范围之农村而言,扩而大之,以一社会一民族而言。俞塘民众教育馆,为实施全民教育而设。所以预期达到之目的,不但使教育与政治联合,使产业兴发,民生裕如,更须予民众以艺术之教育,道德上之修养,高尚之理想。"同时,"就个人方面言,成健全之良民。在社会方面言,成社会之能员。然后社会进步,民族自光荣,人群进化,世界大同。此即所谓全民教育之普及"。

钮永建确定俞塘民众教育馆的工作目标,一是从农民的实际生活出发,谋增进农村生活;二是从完成地方自治上着眼,谋改良农村组织;三是根据三民主义,完成训政,促进世界大同。根据这一思想,民众教育馆着重开展:民众生计教育、健康教育、艺术教育、家事教育、文字教育和公民教育,以达到增进农村生活,改良农村组织。进一步普及全民教育,实现产业兴发,地方自治,生活圆满,社会进步,民族富昌,世界大同。

因此,办馆之初民教馆分设五个股:教育股(职掌民众学校、巡回文库、民众茶园及俱乐部等),生计股(职掌合作社、农业改进、副业提倡等),健康股(职掌民众医院、体育场、清洁运动等),家事股(职掌乡村幼稚园、母道学校、模范家庭等),事务股(职掌文书、保管、庶务、会计等)。依上述目标和分工,先以俞塘村为实施全民教育实验区域,同时兼顾马桥、北桥及其他附近地方,谋将来扩大。

如此规划,在当时是很超前的。如此规模,在全国又是罕见的。

通过近一年的实践,随着业务的扩大,俞塘民众教育馆的工作目标和实施原则越来越明确。

正如后来发表的《江苏省立俞塘民众教育馆教育纲要》所阐述的:"鉴于时局之颠危,环境之需要,故以'富的教育'、'强的教育'、适于现代文化的'公民教育'为施教之骨干。而'富的教育',莫要于民生主义的教育,'强的教育',莫要于民族主义的教育,适于现代文化的'公民教育',莫要于民权主义的教育,故订定为三民主义之教育纲要,为推广和实验之张本。"对于具体施教内容的实施,钮永建主张坚持如下原则:一是施教时以教、学、做一贯为原则。二是以建设、繁荣农村为首要,以民生为本位。三是设立生产训练机关,使民众有专门学习的机会和场所。四是根据互助及合作之原则,使民众有具体之组织和严明纪律。五是培养并利用本地人才、本地财力,办本地事业。

同乐同忧

生活在自幼喜爱的家乡,钮永建疲惫的身心更加放松了。

俞塘河口的紫冈桥畔,繁花掩映着的钮永建私邸,此时成了俞塘教育事业指导委员会的所在地。

钮永建认为"要在最速期内,迎头赶上世界上先进国家的基本水平,关键是以繁荣农村为主点,整理市集为辅点;以发挥人类体力脑力、开发地上地下一切物料之质力为起点;以养成伟大固有之国力、地方力为终点"。他决意要在家乡开创乡村新生活。

此时,钮永建创办的强恕小学已有 30 多年的历史,发展到拥有 6 个班级、256 名学生、11 名教员的规模。但是,马桥地区地广人多,学校太少,贫苦农家子弟入学更难。为此,俞塘民众教育馆在俞塘、马桥、青登、西村、俞南等五处设点,创办了“没有门槛”的民众夜校。

在民众夜校里,以当地歌谣为教材识字学文化,于是村民们哼唱起一首首歌谣:“晚稻秀,早稻黄,家家戽水割稻忙。”“稻上场,谷像黄金黄,牛出牛来牛吃草,田主吃米我吃糠。”“张三公,李三公,一年四季做长工。芭蕉扇,扇凉风,忙了一世两手空。”“太阳下山红又红,我劝主长要收工,家家人家吃晚饭,我们还在田当中。”识字学文化,正改变着农民的思想观念。而丰富的文化生活,营造出一种乡村新生活的人文环境。

民众教育馆在俞塘办了“民众茶园”。白天供老年人喝茶聊天,晚上则是中青年的娱乐天地。

1930 年夏天,俞塘民众教育馆自备柯达摄影机和放映机,放映无声电影《苹果小姐》,轰动四乡。还派瞿伯然至强声公司受训,回馆自拍反映民众学习文化和科技方面的影片放映,观者如潮。

在 11 月份秋高气爽的时节里,俞塘民众教育馆首次举办庙会式的大型游园活动,展示民众教育成果,钮永建为之取名“菊花大会”。从此每届秋季均举办,成为地方民俗节日。

1931 年 1 月 1 日,钮永建在俞塘参加“首届民众同乐大会”,各种民俗文化大展身手,热闹了三天,四乡民众喜笑颜开。

钮永建酷爱武术,常年健身,虽个子不高,却身板硬朗,英姿勃勃。在他的倡导下,俞塘村成立了武术团,经常献艺传技。民众教育馆还特聘武术教师,组织青年坚持训练拳操,强身健体。本地流行独具特色的手狮灯舞,当时俗称“跳狮”。钮永建年轻时曾创意排演出云牌狮子舞。此时,动作豪迈、场面壮观的手狮舞成为民众同乐时的保留节目。

1 月 10 日,钮永建赴南京出席立法院会议。13 日,他卸去所兼禁烟委员会副委员长之职。不久,钮永建夫妇即回俞塘。

这天,刚回到俞塘村,钮永建就吩咐邀请缙绅父老到钮府来做客。

大家纷纷赶来，钮府客堂间里顿时挤满了乡亲。只见八仙桌上放着广漆长盘，盘中有只黄褐色的瓜果，椭圆形状，在场的人们谁也没有见过，异口同声称奇。

钮永建告诉大家：这是张治中将军从千里之外的新疆带回来的，产在哈密，所以叫哈密瓜。说是名贵之物，今日请大家共享。

大家兴奋地都想尝尝鲜，可又不好意思上前占了钮老的口福。

钮永建笑笑，说：一只瓜，那么多人，如何吃法呢？从前有位高僧，有日捧出八只生梨，要给弟子们共享，就将生梨打碎，煮了一锅梨水汤，每僧一杯。今朝，我伲效仿前贤，分瓜共享。说罢，钮永建点了点在场的人头数，亲自操刀，将瓜如数分切，每人一小块。

人们正小口品尝着，吃得有滋有味，钮永建又吩咐说："各位，不要把瓜籽也吃了，千万留下瓜籽，给我留下瓜籽。"他端着碗，将一粒粒哈密瓜籽收了起来，派人送到强恕园艺学校栽培。

3 月 5 日，钮永建出席俞塘民众教育馆第三次董事会议。

3 月 8 日，俞塘"妇女家事研究会"举行成立大会，由黄梅仙任会长。大会发表声明称"夫家事之重要，小者有关两性和个人之幸福，大者关系国家民族之兴替。是以惟快乐之家庭，才有快乐之人生，亦惟有训教之家庭中，才有健全有为之国民"，"乡村家事，实有深切研究，普及推广之必要，同人本此旨趣，先行组织本会，共愿负起乡村家事改进之责，他日成功如何，虽不敢预期，然耕耘之功，要亦不敢不勉，愿我热心同志，共起努力，共谋家事之改进，共负责建设现代化新农村之责任，凡我姑姐妹们快兴起。"

这一年春季，黄梅仙组织举办了一次婴儿健康比赛，宣传妇幼保健卫生。对健壮婴儿评定给奖，结果评出优胜奖 10 名、普通奖 130 名。不久，又举办了产婆训练班，有效地提高了农民的妇幼卫生意识。

推进农业科普

谁料，1931 年入春之后，俞塘地区突然遭遇严重的病虫害，农作物产量普遍受损达30%以上,灾情持续蔓延。

钮永建眼看乡亲们焦虑万分却束手无策,即由俞塘的现状联想到整个上海县,整个江苏省,乃至全国的农民会遭受的巨大损失。大敌当前,必须奋起反击。他发急了,似当年战场杀敌般地下发“将军令”,吩咐民教馆主任瞿嘉猷立即向江苏省政府农矿厅求救,主张尽快拿出对策,帮忙农民渡过灾害。

1931年4月,农矿厅择定上海县第六区为农业模范推广区,委派主任张渭滨来到俞塘宣传指导,派出昆虫局棉虫研究所李凤荪等农科人员到俞塘做专题科研。11日晚,钮永建在私宅特设宴招待。12日至14日,举行农事讲演会,李凤荪、管义达、杨友华、冯赞元、张渭滨等专家分别讲课。

5月的一天,农矿厅厅长何玉书(1892—1969,福建光泽人)也亲临俞塘村,参加科研会议。当天正巧风雨交加,因上松公路新铺砖石未竟,汽车不能通行,何玉书一行在北桥沪闵路口下车后,便冒雨步行赶到俞塘,与农科人员议定消除病虫害的对策。

7月12日至8月1日,俞塘举办暑假“害虫讲习会”,组织80名自小学五年级至中学生及其他有志者前来听取科普讲座。讲习会历时三周,每日上午理论学习三小时,下午在田间实习。

钮永建见之,深为感动,8月13日为《俞塘》季刊撰写序言时专门叙述了这件事,并指出:“农业三大要务,为选种、施肥、去病害虫害。而虫害多为病害之因,故去虫害为农政尤要之务。”因此,他将农科人员在俞塘实践中形成的十多篇防治病虫害的文章集中刊发于《俞塘》季刊,供各地参考。就此,农业科研工作成为俞塘民众教育的一项重点工作。

1932年1月,强恕园艺学校正式成立园艺害虫研究所。

乡村“造园”

为了改进上海乡村文化,钮永建重点抓的是“造园”。他指出“所主张的造园,不仅一家宅之庭园,亦不仅一地方之公园,乃欲使全地方并全县、全

省、全国，造成一天然大公园”，“乡村本富于美观的山林、水竹、草地、农田等天然风景，都市倘能得其一端，已为胜地，在乡村则此种风景，到处皆是，加以空气清新，阳光充足，以耕以牧，以渔以猎，登山临水，盘马放舟，无一非天然妙趣。至若春郊散步，花鸟宜人，夏日避暑，水木明密，秋山红叶之艳，多原积雪之明，偶一领略，均可卫生，星期息游，即是体育。倘我人在此新兴国，利用其江海湖河之胜，五岳两戒之奇，仿瑞士及日本之布置整理，则美景几不可胜举。他如北境之万里平原，西疆之千重峻岭，闽粤长春之地，满蒙积雪之天，无一不冠绝尘寰，超绝世界，固非欧美各国所可及。”他告诉乡亲们，“在此上海大都市之近旁，利用天然之胜景，温和之气候，使各区各乡所有地方天然物、人造物，无不整理得宜，成为全部天然好景，则中外名流、都市民众，必且趋之恐后，以为天堂乐园。此则无异为上海特别市数百万人民预备一临时大别墅，而为其不费钱，不费劳力和精神之享用地。”

钮永建特意撰写了《改进村容野貌之研究》（首发于《俞塘》1931 年第 1 期创刊号），认为“欲使全地方造成一天然大公园，其要诀全在改进村容野貌。因村野为地方之最大部分，且其天然好景实无不为村野之专有”。并具体指出：关于清洁、整齐、卫生、美观四事，亦应分别缓急先后，次第进行。村容之改善，比野貌尤为急要。居住地不整理，负有天然好景，也会令人遗憾。若人人注意村容，则村落借野景优美，使人更加欢悦。各家、各村或邻村公共的各种储存和物件的整理妥善，为改进村容之第一步，再进一步乃为房屋内外及地区之整理。如果人人能注意办到，则无须兴特别之建筑，谋新奇之布置，村容已无不优美。然欲办到此种境界，其力不在外物，而在自身，即必须有相当之志气与勤劳是也。若无在此志气和勤劳，则纵使有财力，有时间，有适用之工具，终不能举丝毫之成绩。故吾人所患，不在财力、时间、工具之不足，而在自身之心理上及肢体上之志气、勤劳不能振奋。果使心理上及肢体上能加以奋勉，则其他均非难题也。

于是，在钮永建的主持下，俞塘民众教育馆组织村民一起行动，从清洁、整齐、卫生、美观入手，对村宅环境建设花了真功夫，终于使这里的学校、农场、村宅、小镇融为一体，这里的住宅、绿化、农田、河道，可谓赏心悦目。他号召家乡父老“立定志愿，以上海全县之进步，成苏浙两省之模范，促进上海特别市之整理，并振起全国向上之心理，其效果之所至，须成为全国国容改良之发祥地”。

俞塘崭新的村容野貌成了乡村改造的样板，前来参观者齐声叫好。

俞塘合作社

1935 年俞塘合作社

钮永建目睹了中国农村的落后和贫穷，为普遍的农村破产现状焦虑万分。他把改造家乡之事落脚于乡村建设，以创办的俞塘民众教育馆为基地，从进行信用合作着手，发展到运销合作、生产合作（时称“三大合作”）。

1930 年 8 月下旬，钮永建、黄梅仙邀集 19 位发起人着手筹备，宣传合作社。刚开始，农民心存畏惧，生怕上当。黄梅仙特意给几个农民每人垫付了一半的入社费，对他们说：“你们试试看看，姑且付其余两块钱，过六个月之后，如果觉得本社于你们有益，再把其余两块钱还我，我也不要你们利息，那四块钱的红利，全给你们，如果觉得本社于你们没有益处，那么非但不要你们还我代付的两块钱，就是连你们所付的两块钱我也还给你们。”这几个农民听了她的话，将信将疑地试着入了会。过了半年之后，他们有了信心，每人又缴来两块钱，确定正式加入合作社。

9 月 11 日，“乡村经济改进会”在钮氏爱日堂举行成立大会，吴稚晖应邀到会。钮永建做报告指出：改进会以一乡之全体公民为会员，承民教馆之指导,掌本乡公用资金之充裕、私人经济之增殖、尤注意扶助大多数最困苦之民众使得经济上之平均发展,务求最精密最适当之办法,以解决乡村改进事业、公私方面必要之负担。此类组织在现在尚属创举,希望各会员努力会务、共谋本身及公共之幸福。接着,吴稚晖发表即兴演讲,他说:今日由热闹之都市中来,目睹贵乡田野幽秀,顿觉胸襟为之一宽。惟此大自然之风景中,尚少见人工之修饰,致天然之富源,足以增加风景,增加经济者,未克尽完其用。人生之衣食住行缺金钱而不行,但如何始可解决经济之困难者,则惟有偷之一法,此偷并非偷之于人,乃偷之于天,偷之于玉皇大帝。吾人宜与天相竞争而利用天,则富足矣。吴稚晖操上海口音,言词诙谐,听众大乐。接着,省农矿厅特派指导员冯赞元发言介绍"俞塘消费购置运消合作社"筹备经过和营运办法。当天晚上,由强恕职业中学校长怀伯明率领学生30余人表演了小歌剧《好儿子》等节目,各乡民众参加者达千百余人。

1930年9月20日,在俞塘村筹建新兴经济实体,取名"俞塘农产运销兼营购买利用信用保证合作社",简称"俞塘合作社"。10月又建立"俞塘教育用品合作社"(次年停业)。钮永建指派黄梅仙任监事会主席,王承尧(字益仁)为理事会主席、钮长耀的父亲钮永祥任理事兼总经理,理事还有钮长廉(字志夷)、钮长庆(字葆芝)和孙健君。

钮永祥,字锡三,乐善好施,广结人缘。曾任十八保十三图图董。1911年起,任马桥乡议事会议员。

由省农矿厅派冯赞元任专责指导的"俞塘合作社"1930年12月21日开始交易社务。

1931年1月3日,俞塘合作社举行开幕典礼,钮永建及省农矿厅长何玉书、上海县教育局局长施舍、民众教育馆馆长金作宾、农民教育馆馆长张翼等300余人出席活动。首批入社农民70余人,每股国币四元。业务分设运销、利用、购买、信用四个部。利用部经营榨油、碾米等加工业务;购买部经营南北杂货,油、酒、烟、纸张等日用品;信用部业务以社员存储和贷与生产资金为主,兼理社内各部资金调剂及会计,代理省立俞塘民众教育馆钱款收付事项。与松江农民银行、上海商业储蓄银行、上海农民银行签订借款合同,可随时借用信用部为当地农民提供零星小额贷款,利息低于私人借贷或银行贷款。

俞塘民众教育馆属下的合作专馆,与俞塘合作社信用部联合办公,其业务为合作社组织和人员培养。

钮永建要求大力推广俞塘合作社的成功经验,组织编印了《合作事业专刊》小册子,进行广泛宣传。不久,俞塘附近乡镇农民也相继建立合作社,本地农产运销日益活跃,使面临破产的农村经济借助合作的力量重新盘活。

《合作社》书影

1933 年 5 月 9 日,上海县农民教育馆发起组织新上海农村信用兼营合作社,有信贷、储蓄和运销农产、织布、养鸡等业务。1935 年,上海县有马桥镇、北桥镇、三林镇、颛桥乡、三裕乡、紫冈乡、题桥乡、俞塘乡、曹行乡合作社及俞塘粮棉运销合作社等 10 个社。而俞塘合作社的规模最大,至 1935 年 6 月底,附近九成以上农民加入俞塘合作社,社员 281 人,其中团体社员 3 户 93 人、股金 1 368 元,工作人员 15 人。

钮长耀根据俞塘的实践,编写了《合作社》一书(1937 年 6 月由上海商务印书馆出版发行),阐述"合作社的意义""如何组织合作社",具体介绍"社务进行""业务经营""合作训练"等方法,在全国产生了广泛的影响。连英国信用合作专家、运销合作专家都赶到俞塘来参观。

妇女自助学社

推进乡村妇女教育颇为困难,但黄梅仙坚持进行各种尝试,她不赞成乡

人都跑到都市里去，常见许多青年到都市便沾染不良习气，决不能使浅短的乡妇到都市万恶的环境中投入迷途。

1931年夏季，黄梅仙在钮氏老宅“爱日堂”里创办“妇女半日学校”（分上午班和下午班），教授受训练者生产自立的能力，使之拥有教育娱乐的机会，做到自谋生计、互助合作、勤俭耐苦、破除迷信、了解为人之道、享受正当娱乐。

1932年起，扩充为全日制的“俞塘妇女自助学社”，黄梅仙兼任社长，聘程蔼娟（1903—1939，又名程衍）任主任，钟品彝任教员，周道富任技师主任。参加者每天下午集合读书识字，并学习缝纫、刺绣、黄草编织、机制线袜等技艺。天真未泯的村姑个个眉飞色舞，天天带书包、针线到这里来学习。

黄梅仙特意为妇女自助学社撰写了一首朗朗上口的《妇女自助学社社歌》：

大哉自助，女学以昌；
书事劳作，早晚课堂。
费用自给，庶务自当；
实行勤俭，心巧体康。
大哉自助，有志必偿；
自助助人，家富国强。
同戒依赖，人格乃彰；
大哉自助，女学以昌。

乡村菊花展

1931年11月，秋高气爽，菊花盛开，俞塘民众教育馆隆重举行“乡村菊花展览会”。展会分三期，11月1日至6日为第一期，7日至9日为第二期，10日至15日为第三期。在牧爱堂、钮氏族务所纪念堂、强恕园艺学校陈设菊花展区，共有三万余枝。第二展览期中，举行耕牛比赛会、农产展览会、耆老会和各项教育活动。

1932 年 11 月 4 至 6 日，俞塘民众教育馆又举办“俞塘乡菊花展览会”。面向全社会，全面展示全民训练之设施风貌，村容野容之整理成效，以及园艺之推广成果，设有十个场景：一、强恕职业中学新校基；二、蔬果园；三、推广区；四、教育馆；五、俞塘小学；六、牧爱堂；七、钮氏纪念堂；八、园艺学校；九、妇女半日学校；十、上海县农场。沿上松公路布置菊花，长约 2 千米，数千品种，色样之新，诚为各处所罕见，并愿廉价出售，以供同好。

1933 年 6 月 10 日，俞塘民众教育馆参加在刚落成的上海县政府大厦举行的“上海县第二次农展会”。展会口号为：改良农事技术，推进农事生产，增加农事智识，打起农事研究，加造国货材料，抵制舶来货物，发展农村经济，改善农民生活，努力农村复兴，图谋人群进化。

俞塘民众教育馆的业务和影响日益扩大，推动上海县境内相继建立颛桥农民教育馆、三林民众教育实验馆，塘湾民众教育馆、闵行民众教育馆、鲁汇民众教育馆、陈行民众教育馆等。

妇女自助学社

此时的俞塘，成了上海西南诸乡的文化源泉、交流中心。

黄梅仙的紫冈小圃

1929 年，时年 46 岁的黄梅仙不再留恋都市生活，随丈夫钮永建来到俞塘村居住,一边帮助丈夫筹建民众教育馆,一边寻觅自己喜欢的事项,以求静心养性。

1937 年俞塘园艺学校校长
钮永建夫人黄梅仙

当时,上海县立农场的场长委任不久就携款潜逃了,地方人士发现黄梅仙对农事园艺有兴趣,就推举她出任场长。黄梅仙上任之后,极想研究园艺,而农场的农作物试验均由农业厅规定。于是,她在竹港河畔钮氏私家花园里开辟了一片园艺试验田,有田十亩。1903 年 9 月,钮永建在此以“紫冈学舍”的名义,秘密招收本地有志青年学生,训练新式兵操,灌输革命思想,培养革命军事人才。因此,黄梅仙将这里取名为“紫冈小圃”,而乡人至今称这里为“钮家花园”(位于北松公路 1250 号,今为美高教育培训学校)。

“紫冈小圃”内的一草一木,皆由黄梅仙躬亲经营。她只雇用两名专职人员,自己亲自参与养护。圃内分为几个区域,种植了不少果树,空隙地种植观赏花木,墙隅屋脚种植蔬菜。还搭建了葡萄、丝瓜、葫芦等棚架作休息亭。在房屋边种植子午莲等藤蔓植物,作遮阳之用。

经过七八年的辛勤经营,圃中花草果蔬种类繁多:木本果树有梅、李、杏、梨、柿、柑橘、柚、柠檬、核桃、石榴、枇杷、山楂、苹果等,草本果品有草莓、刺梅等,观赏树木有桂树、绣球、白兰、玉兰、茉莉、珠兰、杜鹃、郁金、蜡梅、龙柏、雪松、罗汉松、杉木等,花草有牡丹、芍药、蕙兰、菊花、月季、玫瑰、玲兰、大理菊、晚香玉、海棠、迎春、玉簪、非洲菊、僧鞋菊、夹竹桃、丁香、百合花等,竹类有燕竹、哺鸡竹、天竹、慈孝竹、紫竹等,瓜菜有西瓜、甜瓜及四时蔬菜,以洋山芋、番茄、青菜、芥菜为主。四季果蔬不间断,尤以水蜜桃和草莓之美名远扬,销路甚佳。

黄梅仙自幼爱吃龙华水蜜桃,赶赴龙华收集品种,带回园中精心栽培。

为防除害虫,她再三请教曾赴法国留学的强恕园艺学校校长郭厚庵。郭厚庵赠她各种工具,并详加指导,终于培育出色香味俱佳的新桃种。1933 年 8 月 6 日,钮永建自南京返回上海,一到俞塘,喜见圃内鲜桃已熟,便特派专人将鲜桃及信送到好友吴稚晖上海住处,让其品尝,分享“俞塘园艺尚有成绩”之喜。

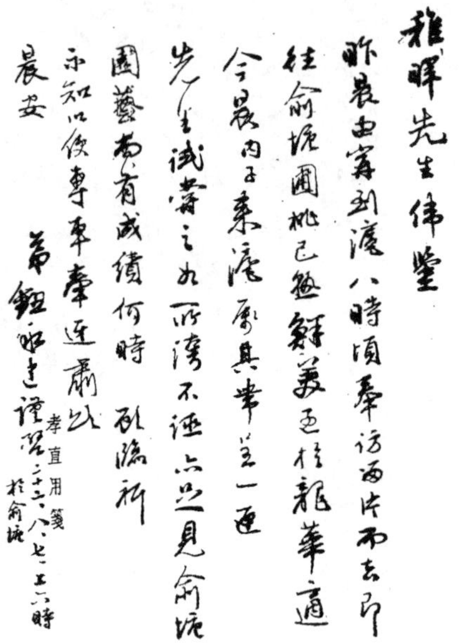

钮永建手迹

紫冈小圃的景象,使黄梅仙更加意识到经营家庭园艺的特殊意义。1936 年《园艺》杂志第二卷刊发了她撰写的一篇《我对于家庭园艺之兴趣及经营管理家庭园艺(紫冈小圃)之经过》。她认为:“中国人对于园艺向来不重视,殊不知水果所含养分最充足,对于人体营养最重要,花草树木释放的氧气及表现的色素,对于人体精神更有极大的补益。国人想要求得身体强健,性灵的活泼,对于果品的嗜食,花草观赏树木的接近,实有重要的关系。只是因为平时不知研究,又不知改良品种,于是舶来品畅销全国,每年漏出千万金钱。其实我国土地肥美,随处适于种植,且工作高尚优美,足以陶冶性情;收益丰厚,堪为生产副业。每当花放果熟之时,尤足为共同娱乐的良机。他们引起国人的关注,共同研究改良提倡,成为民族复兴及国民经济建设上一个重要事业。”

为了推广家庭园艺,1932 年秋天,黄梅仙在强恕园艺学校举办“妇女家庭园艺研究班”,聘请留学回国专攻园艺的专家作指导,帮助有共识的妇女打造新式家庭生活。

钮永建夫妇经常邀请朋友到紫冈小圃聚会,一起品赏新鲜瓜果。俞塘民众教育馆时常在此举办同人交谊会,交流果蔬培植乐趣。紫冈小圃的美

誉在上海滩传开了，前来游览者络绎不绝，黄梅仙总是快乐地亲自迎送客人。此时此刻，她心满意足。

从 1934 年起，黄梅仙兼任强恕园艺学校校长。后来，强恕园艺学校及紫冈小圃兼为江苏省立俞塘民众教育馆下属的园艺专馆。

江苏省立俞塘民众教育馆始末

升格省立

1933年2月，南京国民政府邀集各地民众教育专家讨论“推行民众教育方案”，会议推选钮永建、梁漱溟、孟宪承、高践四、陈礼江等五人负责起草《民众教育在教育系统上的地位》草案。8月，完成《社会本位的教育系统草案》。

顾祝同担任江苏省政府主席，将全省民众教育划为七个施教区。私立俞塘民众教育馆两年多来的实践，在江苏省引起巨大反响。政府教育机构也非常重视，希望升格为公立。

1933年夏，经钮永建同意，俞塘民众教育馆董事会呈请江苏省教育厅收归为公立。7月，申请被批准，改名为“江苏省立俞塘民众教育馆”，直属江苏省教育厅领导，任命钮长耀为馆长。教育工作纲要做了相应的补充，基本施教区为马桥、北桥地区；推广施教区为上海县全境；辅导施教区为松江、金山、上海、青浦、奉贤、南汇、川沙、宝山、嘉定和太仓等十一个县。

俞塘民众教育馆所需经费，私立时期主要由创办人和各董事以及社会各界捐助，省教育厅每年补助一万二千元；升格为省立后，改由省政府负担，年拨银圆二万五千元，加临时费一千元。

设立“俞塘教育事业委员会”，负责管理公私立的七个机关，含省立俞塘民教馆、上海县农业推广所、俞塘合作社、强恕园艺学校、县立俞塘小学、妇女自助学社、妇女家事研究会，各推代表数人组织委员会，推举黄梅仙为委员长。

1934年1月9日起，“上海县第三届国货运动展览会”在俞塘民众教育馆展出。

1月22日，丹麦国际民众学院院长马烈克博士在俞塘民教馆大礼堂举行公开演讲，邀请邻近各县社教服务人员听讲。

3月间，俞塘民众教育馆用俞庆棠在合作社创建之初捐助的巨款，兴建了“庆棠厅”。设分馆、专馆，有馆舍200余间(含借用)、实验及示范农田200余亩，有花房、温室、普及教育汽车一辆，电影摄影机、放映机各一台，并有幻灯机、无线电收音机等教育设备及戏剧、音乐、图画、讲演方面用具，图书杂志2 600册，反映抗日及识字运动图片50幅。

俞塘民教馆本部的规模又有大发展，分为生计、教导、研究辅导、总务四部。成立园艺、农艺、合作三个专馆。

俞塘民教馆教员合影

此时,俞塘民众教育馆调入一批专业工作人员,业务人员增加到38人。主要职员有陆盖、冯国华、陆志忠、李传瑨、李宗孟、孙健君、张新夫、王佐舟、俞诏麒、刘平、许汉宾、闵钟骥、冯赞元、邹宗孟、瞿伯然、潘吾行等。

教导部主任陆盖,字宗器,江苏海门人。1929年江苏省立教育学院毕业。后兼瓶山分馆馆长。

总务部干事李宗孟(1912—1960),字莲芳,号孟庸,笔名征雁,奉贤竹冈李氏后人。1934年,上海敬业中学高中毕业,校长钮长耀吸收他到俞塘民众教育馆工作,并安排他进上海正风文学院在职进修。担任《社教通讯》杂志主笔,《海燕》报主编。

教导部干事、荷溪分馆馆长许汉宾,又名汉冰,江苏宜兴人。

马桥民众教育馆馆长张櫆,字经野,马桥人。生于1884年。云间师范学校毕业后,1922年至1929年上学期任私立强恕小学校长。1928年8月任马桥民众教育馆馆长,1930年为上海县教育会干事。1931年任上海县立公共图书馆馆长。1932年8月再任马桥农民教育馆馆长。

农艺馆主任陆志忠,江苏海门人。兼训练班导师。

园艺馆主任李传瑨,安徽人。兼训练班导师。

生计部兼合作馆主任冯赞元,江苏如皋人。

总务部干事孙健君,上海县人。

辅导部干事俞诏麒,笔名适仙,江苏盐城人。

教导部干事刘平,笔名剑平,女,江苏武进人。专管妇女教育。

生计部干事闵钟骥,江苏如皋人。兼合作社指导员。《合作事业专业》《合作知识》编辑。

为丰富农村文化生活,民众教育馆在俞塘村与马桥、荷巷桥、紫藤棚三地开设了四家民众茶园,作为宣传教育场所;在马桥镇组织马桥剧社,排演劝人为善的通俗戏剧。同时,馆聘武术教师,组织青年训练拳操,成立武术团。1934年起,这里每年举办俞塘民众业余运动会,逢4月为体育运动会,6月为卫生运动会。

不久,在俞塘东、西十余里外,民众教育馆分别增设了北桥乡的瓶山分

馆和马桥乡的荷巷桥分馆。瓶山分馆馆长由陆盖兼任,在瓶山道院遗址重建馆舍;荷溪分馆馆长由许汉宾兼任,金庆章嗣子金友荣为助理。馆舍借用荷巷桥金氏义庄房屋开设民众茶园及阅报室,还设立代笔处、诊疗所。在南岸修建民众体育场和"仁川公园"。

1934年元旦,"荷溪女校"在荷巷桥西北的王家塘借用民房开办,黄梅仙倡导设立《怎样行传统礼仪"鞠躬"》一课。女校老师示范、教习按辈分、男女、官场以及婚丧喜事和农事重要节庆等不同场合的鞠躬礼仪,收效甚佳。

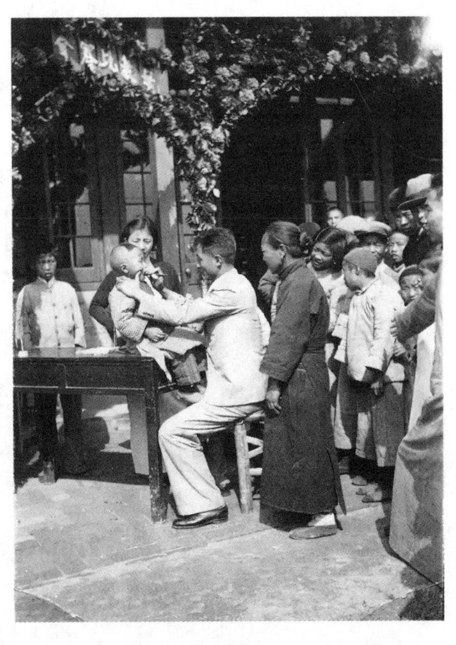
医学博士苏德隆为乡民看病

医学博士苏德隆(1906—1985,字光熙,南京市人)自备摩托车一部,每周轮流到马桥俞塘民众教育馆、赵家塘乡村实验学校义务服务,演讲急救和疾病处理常识,开展生活教育运动,并为村民治病。在金家塘"母教比赛会"上为儿童做体格检查。他的服务是无报酬的,午餐也是自带的,只接受村民们一杯白开水。

考察与思考

1934年2月,钮永建在南京国民政府做报告,题为《国民本位之民众教育》。并在第2期《国货月报》刊发《提倡国货就是救国家救自己》。

3月,钮永建等请求国民政府,将上海县列为自治实验县。

钮永建喜欢游历,常与老友一起到各地去考察。

到了暑期,钮永建计划对各地社会教育运动做一次深入考察。当时国内开展社教运动的重点地区有五处,各有特点,除俞塘民教馆(以改良棉种,提倡艺园，注重产销合作，训练家庭职业，整理村容野貌为主要事业）外，还有开封的中国社会教育社年会（以乡村建设为复兴民族之中心问题）、洛阳的中原社会教育馆（专力于民众学校，以严格训练养成民众纪律为目的）、北乡吕家庙实验区（以试办征学制，试办普通教育机关，兼办民众教育的新组织为出发点）、徐州民众教育馆（就民众必要生活随事指导）。

7月，俞庆棠等在洛阳创办民众教育实验区，钮永建赶去参加了第一次董事会会议。

8月17日，钮永建赴开封，参加中国社会教育社第三届年会活动。

9月17日，钮永建在国府纪念周发表演讲《参加社教运动的感想》，介绍了五地开展社教运动的特点，“各地虽然办法不同，主要均以生计教育为中心，乡村建设为重点”。同时，他发现各地用力多而成功少者，关键在于“不能使民众之必来受教”。因此，他指出推行民众教育是有必要条件的，应当从法律上做出规定。

9月，钮永建为《江苏教育》月刊“民众教育专号”撰写了长文《民众教育推行上必要之条件》，明确提出民众教育“应先定致用之目标，而后就目标所应有之条件以施教育”；“应以做为学与教的重心”；“在施教中间应有注意于管理之必要”；“必须于教育制度上根据全民训练之要旨，以统制的意义，行通盘的计划”。

10月9日，钮永建经北京赴山东省邹平县，参观梁漱溟创办的乡村研究院。

10月18日，钮永建经北京赴河北省定县，参观平民教育实施情形。认为定县平民教育发展迟缓的主要原因是不能得政治辅助。

10月28日，钮永建在南京民众教育馆出席中国社会教育社第十次理事会会议，夫人黄梅仙列席。

钮永建的侄儿钮长铸（1905—1929，字镕才），上海法科大学政治系毕业后，任上海市立敬业中学校长。1929年9月，因患急性肠炎腹泻去世，年仅25岁，社会各界深感惋惜。1935年春，张群、吴开先、沈钧儒联名发起筹款在俞塘民众教育馆兴建“镕才堂”，以资纪念。

“镕才堂”刚建好，3 月 1 日钮永建亲迎 71 岁的吴稚晖到俞塘参观。

沪郊联动

自 1928 年起，沪郊各县纷纷成立县立民众教育馆，大多数由原通俗教育馆改组改名而成，一般有工作人员七至十人，工作任务为进行生计、语文、公民、健康、家事和休闲等六项教育。上海县颛桥、马桥、塘湾、三林、陈行，嘉定县外冈、徐行、南翔，金山县张堰、泖港、干巷、廊下、韩坞、吕巷，奉贤县南桥、奉城、青村港、四团、履祥桥，川沙县龚镇、青墩、横沙，宝山县顾村、积福桥，松江县泗泾、天马山、枫泾、亭林、山阳，青浦县朱家角、重固、杜村、章练塘、金泽、唐行、坍石桥，南汇县惠南、六灶、周浦、鲁汇、新场、北蔡、大团等县属乡镇也成立了民众教育馆或农民教育馆。政府以征收的“迷信锡箔捐”补贴农民教育馆，但各县每年只有两千元，因此大多只限于开展些公益性阵地活动。

1931 年 4 月，上海县成立民众教育委员会。当时，活动丰富而社会影响最大的是由张翼（1899—1975，字凤三）在颛桥主办的上海县农民教育馆，坚持以生计教育为主，设图书馆及开办各种展览，在农村开展识字教育之外，还定期研究农业生产和农村副业，举办耕牛比赛，发动的土布生产运动大会享誉上海滩。

省立俞塘民众教育馆针对沪郊实际情况，连续组织民众教育工作者进行专业培训，使各县民众教育馆工作开创了新局面。计划首先举办“上海县合作人员养成班”，学员名额暂定 36 名（上海县每区 3 名，辅导区其他各县每县 2 名），修业期为一个月。

1934 年 6 月 18 至 19 日，省立俞塘民众教育馆在“庆棠厅”召开“第六区社教研究会”，参加者有上海、松江、嘉定、奉贤、青浦、南汇、太仓、宝山、金山、川沙等 10 县 59 所社教机关人员。钮永建、俞庆棠到会发表演讲，钮永建说：社教名词各国都有，惟我国社教与各国不同，近乎成人教育，是训政时期唤醒民众的工作。今日大会参加者为十县，此十县濒临太平洋，接近上海租界，且是江浙两省的财富之区，其地位之重要，实较他省为甚。当此国家民族危机紧迫之时，我十县人士更应努力奋斗，谋国家富力与强力之发展，尤其对于医学之提倡、术生之实施及鼓动青年受军事学识等工作，更为生计教育之重要工作。我们应以时势之需要，而加以研究、计划实施、以复兴民族。

此次大会收到提案计 100 余件。同时，俞塘举办了生计教育展览会，内容包括园艺展览、春熟农产品展览、合作事业展览、妇女出品展览。并在举马桥强恕小学行十县生计教育成果联合展览会，每县陈列一室。

1935 年 2 月，为扩大影响，交流信息，钮永建即指导俞塘民众教育馆创办《社教通讯》杂志。3 月 15 日，《社教通讯》第一卷第二期出版，刊发钮永建演讲稿《民众教育推行上必要之条件》。

《社教通讯》杂志为月刊，向江苏全省发行，每期 40 多页，在其封面称自己的特色为"凭着实践发掘社教新的法则新的理论而服务的刊物"，先后刊出了诸多有关民众教育的学术研究论文、典型个案、调查报告和实时动态，因此在全国颇具影响。

当时，农村普遍性的破产，引发了上海的经济恐慌，社会亟待对策。1935 年 3 月 24 日，由钮永建、黄炎培、江问渔、姚惠泉、陶行知等发起，在俞塘召开沪郊农村工作协会成立大会，共谋上海市郊的乡村建设大计。会议提出：沪郊各县环抱上海市，应当对准上海市场组织农业生产，使农民有利可图，从而稳定农村。

钮永建在会上做了重要演讲，他指出："我们做事情，要从浅近做起，而眼光要远大。沪郊地位比其他地方重要，五洲万国人物都到上海来，万国的势力都在上海盘踞，所以是万恶的薮渊。我们在这里办这种事情，要看清是五洲万国为邻，各种事业应与之为比，应做出好榜样来。我们不去比，人家来比的。因此，我们不能不觉悟。"

4 月初，钮永建赴武昌参加"教育专家讨论会议"，多次发表讲话，题为《军国民教育》和《民众教育之方法》，他追忆当年在湖北武备学堂时生活，号召大力推进民众教育。

创建实验区

在钮永建的主持下，俞塘民众教育馆决定划出俞塘和周边金家湾、董家塘、赵家塘（今均属联工村）、北翁（今属星星村）、西村（今属望海村）五个村

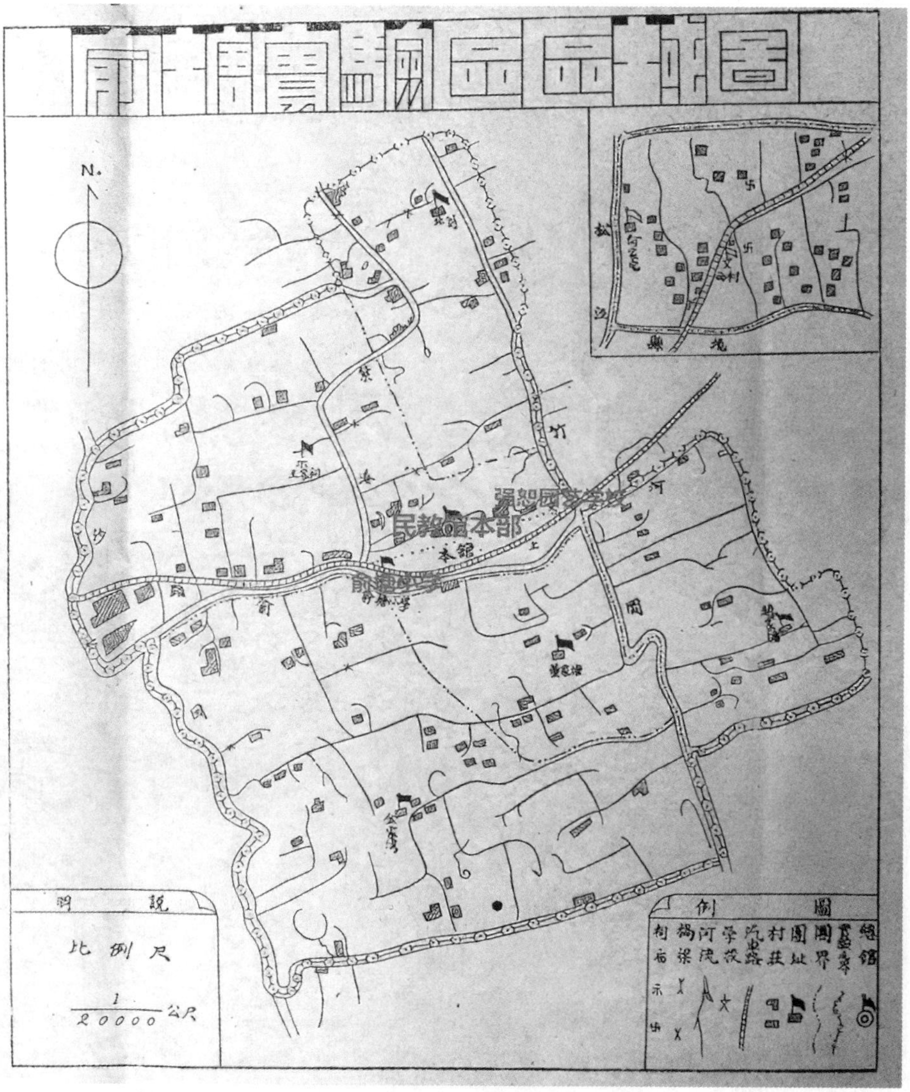

实验区地图

宅及瓶山道院地区(今属北桥)为俞塘乡村新生活实验区(后扩至1 000万平方米)。为此,急需各路英才前来俞塘显身手。

1935年3月24日,沪郊农村工作协会成立大会在俞塘召开。时年21岁的张劲夫(1914—2015,原名张世德,1982年起任国务院国务委员兼国家经济委员会主任)随陶行知到俞塘参加活动。张劲夫是陶行知的得力助手,1930年,就读于陶行知创办的南京晓庄学校。1932年冬,到宝山大场山海工学团当教师,后任团长(即校长)。1934年秋,参加中共秘密外围组织"中国左翼教育工作者联盟"(简称"教联",又称新兴教育)。

于是,受陶行知派遣,张劲夫决定到俞塘民众教育馆工作,以"张新夫"为名任《社教通讯》杂志编辑。

陶行知又调冯国华到俞塘民众教育馆工作,任实验区主任。"张新夫"和王佐舟(河南信阳人)任实验区干事。冯国华(1901—1938),字迈樱,宝山县城厢镇人。出身农民家庭。1924年,毕业于江苏省立第二师范,旋即在上海和安小学任教。1926年,返回宝山,任县教育局教委督学兼学校教育课主

理论辅导部成员

任。1932 年,任宝山县教育局长。同年 11 月,参加陶行知在大场地区创办山海工学团授旗礼。次年夏季,赞助大场沈家楼成立棉花工学团。因推广陶行知教育主张,遭当局处罚。1933 年,私立上海正风文学院毕业。

张劲夫始终与“中国左翼教育工作者联盟”保持着密切联系,并将相关指示在俞塘贯彻落实。1935 年 11 月,张劲夫的弟弟张健在山海工学团加入中国共产党,并担任党团干事、党支部书记。同年 12 月,张劲夫也加入中国共产党。

1936 年 2 月,上海文化界救国会教育委员会主任委员陶行知发起成立“上海国难教育社”,陶行知为社长。执行委员会下设干事会,张劲夫担任总干事。同年春,张劲夫先后任上海国难教育社中共总党团委员、中共战地服务团特别支部委员。

冯国华任俞塘民众教育馆“民教服务人员训练班”主任,前来任教的有不少陶行知的追随者和沪上名士。其中有:陆静山,1904 年出生于江苏省无锡市,1926 年结识陶行知,晓庄师范创校时任指导员,从此长期追随陶行知,参加生活教育理论的探讨与实践工作。苏德隆(1906—1985,南京市人),1935 年国立上海医学院读本科毕业,获医学博士学位。

推广“小先生”

1935 年 3 月 24 日,钮永建邀请著名教育家陶行知在俞塘民众教育馆做了推行“小先生制”的专题报告。他告诉大家,世界上人传人,有大人传大人、大人传小孩、小孩传小孩和小孩传大人,前两种已被大家所熟悉,而后两种却被忽视了,所以应当提倡。希望大家把这四种力量兼取并用。

在试验的基础上,俞塘民众教育馆集中了 700 多名“小先生”,成立了“小先生同盟会”,隆重举行儿童普及教育授旗典礼。俞塘小学还制定了《小先生工作考查及奖惩办法》,规定每人招收扫盲学生两人以上。然而,儿童的能力毕竟太弱,自信心不强,民众教育馆便举办了一期有 40 多人参加的“俞塘小先生训练班”,针对性地进行集中训练、分团训练和个别训练。经过

张新夫拍摄的图片

一个多月的训练，学员的责任心、纪律性和组织能力得到提升。训练班结业时，钮永建亲临会场，并用一口本地土话做了生动有趣的演讲，鼓励孩子们争做好汉，当好“小先生”。

钮永建主张“小先生制”应有所创新，不仅组织青少年参与扫盲，而且要求他们以“即知即传人”的原则，随时随地将学到的本领和文化教给别人，使更多的农民参与乡村建设活动。

民众教育馆发动“小先生”们在各村建立生活教育团，由实验区干事王佐舟任生活教育团理事长。

1936 年 2 月 10 日，俞塘民众教育馆举行“生活教育团”理事联合宣誓仪式，共计成立六个团，分别成立理事会。誓文为：余等谨愿以忠诚的态度、勇敢的精神，担任生活教育团理事。不怕困难，不辞艰苦，力谋教育的普及、生活的改进，以期达到国家富强、民族复兴。

为训练儿童通信的能力，还组织了“儿童通讯社”。

5 月，实验区西村生活教育团的 46 名“小先生”，发起了改善村容野貌的“筑路运动”，按计划分头负责实施。他们唱着《大路歌》，奋战了三天，一举将西村到新村（长一里半）、西村到西湾（一里）、西村到罗家塘（半里）、西村到青登庙（二里）、望海河到俞塘河（二里）的原路加宽了 0.67 米。

9 月 18 日，钮永建在俞塘民众教育馆出席“小先生训练班”开学仪式，并发表讲话。

以“共学互教”“即知即传人”为行动口号的“小先生”们活跃在村宅间，给农村带来了活力和希望。不少农民高兴地称赞说：“今后应当把小孩当作大好佬。”

黄梅仙卖草莓

俞塘民众教育馆下属的农艺专馆在盛家桥，亦即县立农业推广所，由黄梅仙负责经营农事的实验和推广工作，对农事干部、技术人员进行培训。农友们发扬“即知即传人”的精神，一面过来学，一面回去教。园艺、农艺专馆引导家乡父老进行麦作地试验，改良油菜，选育蚕豆良种，引进种植薄荷、芦笋、番茄、草莓、美国蜜橘、柠檬、葡萄、核桃、杨梅、日本西瓜，嫁接桃苗，繁殖来杭鸡、北京鸭，试养波斯猪。这就拓展了农村经济结构，使农民有了更多的生财途径，同时给乡村带来了科学文明的理念，培养了大批服务于当地民生的人才，使农村经济得以持续发展。

人们看到，黄梅仙设法买来草莓籽，交给“紫冈小圃”园艺馆培植后，推广到大田种植。收获后，她亲自上街去卖草莓，还组织力量制成草莓露、草莓酱供应市场。

1936年7月7日，上海《申报》刊登《钮黄梅仙组织土产运销社》一文，报道称：“钮永建的夫人黄梅仙女士有鉴于上海市县划分界域后生产落后于消费，沪县所生产的土产品如鲜鸡、鲜鸭、鲜鱼等农村副产品，每天早晨从四五十里之外由乡民肩挑来沪供给消费，对于农民来说耗费时间、体力，极不经济，而对于鲜货价值、卫生等方面也有妨碍，所以组织土产运销社，置备汽车，用极低的价格来运输农产品，实现‘调剂农村金融，平衡生产消费’。”

俞塘地区的一切都在迅速地发生着巨大的变化，成了当地农民的“快乐之乡”。黄梅仙亲自写下一首《俞塘歌》，特请上海国立音乐专科学校女教授兼声乐系主任胡周淑安谱曲后，组织村民传唱。歌中唱道：

我爱俞塘，我爱俞塘快乐乡。沪杭公路，上松县道，近接东亚大市场。倡新生活，组合作社，建设首要民生昌。教育全民，实现主义，在我俞塘快乐乡。创造俞塘，荟聚人才集众长。辛苦经营，民十八起，事业初步开天荒。农场园校，女织男耕，乡容渐好民渐康。不问收获，但问耕耘,在我俞塘快乐乡……

俞庆棠在俞塘举办的一次集会上兴奋地说:“俞塘自惕生先生拿农村工作的力量来提倡,与过去已显然不同。有许多先生没有到过俞塘,或者新近到过,或者没到过这次才到的,想都可以看到与已往一般不同的成绩来。”

黄梅仙对这段经历感触很深,撰写了长篇专论《生产事业经历谈》,由好几家杂志发表、转载,被视作全国妇女界从事民生事业的范例,影响深远。

农业推广所草莓园

工作方向之争

1935 年秋季,俞塘民众教育馆首次举办“民众教育辅助人员训练班”,在沪郊十县招收学员,每期训练三四个月,先后办了四期。学员结业后,深入到各地乡村农户家中,广泛地对农民进行生计、语文、公民、健康、家事和休闲等六项教育,提高文明素质,取得了良好效果。

1935年10月25日,俞塘民众教育馆又创办《海燕报》,每月二期,由钮长耀任顾问,主编为李宗孟、张新夫,时称"沪郊十县唯一小报","民众业余的进修读品"。

10月30日,钮永建邀请俞塘民众教育馆同仁40多人在牧爱堂三余草堂聚餐、观剧,并放映自行拍摄的电影纪录片《俞塘》。

12月,《社教通讯》第一卷第十期出版,刊发钮永建在国民政府纪念周演讲词全文,题为《对民众教育之观念》,明确提出社会教育与民众教育概念的异同。

1936年1月10日,"沪郊十县社会教育社"在俞塘民众教育馆举行成立大会。

然而,俞塘民众教育馆编印的《社教通讯》第二卷第一期,原定继续为"周年纪念专号"。可是,1936年2月,正式出版的第一期却意外地进行了"自我批判"。编辑室发布声明称"因为蓦地里来了一个非常的波动",民众教育馆人员被省政府召去"集中受训"三个月,所以今后期刊将暂行"延期出版"。钮长耀撰文感叹:"数月前的酝酿,一刹那的决定,把我们工作方向骤然间改变了。"此事惊动八方,一片哗然。关于俞塘民众教育工作方向的争议,不可避免地公开化了。

俞塘民众教育馆自从"私立"改为"省立"之后,必然要受到当局的指挥。而指导思想的差异,也就必然会产生种种冲撞。俞塘民众教育馆的骨干称之为"遇上了倒春寒"。

首先,当局转变了方针,要求民众教育从"文的""软性的"方面转移到"武的""硬性的"方面。于是,引发了一番"标准问题"大讨论。随后,不少政府部门试图借民众教育作为政绩,一时有所谓"政教合一""党教合一""军教合一""保教合一"等做法,焦点为当局要求将民众教育纳入政治轨道。显然,这些主张与钮永建的办馆初衷,与俞塘民众教育馆以往几年的实践经验对不上号。俞塘民众教育馆既要应对当局的要求,又想坚持自己既定的主张,《社教通讯》杂志自然成了这一场论战的前线。

钮永建憋不住发话了,在《社教通讯》"周年纪念专号"上刊发了题为

《对民众教育之观念》的演讲稿。他提出应明确社会教育与民众教育概念的异同。结合俞塘民众教育馆的实践,他将民众教育概括为富的教育、强的教育、公民的教育及其他预备或辅助的教育。若以三民主义言之,富的教育即民生主义之教育,强的教育即民族主义之教育,公民的教育即民权主义之教育。

钮长耀也发表文章指出:“如果这样混合体办理非常时期的民众训练,最显著给予吾人教训的,行政系统紊乱,教育力量消失和教育的不经济”,“办理教育事业,决非人人可办,更非个个机关可办,必须有教育素养者和教育机构,始能有负此使命的可能性”。

著名女教育家俞庆棠也在《社教通讯》上发表了《现阶段中国所需要的教育》一文,她指出:“在这样民族危殆,农村破产,国民经济日趋枯绝的局面之下,现阶段中国所需要的教育,到底应该是什么样的教育呢?这是全国教育界亟待解答的一个重要问题。”她观点鲜明地强调四个方面:其一是配合民族解放运动的国难教育,其二是促成合理的经济计划实施生产教育,其三是在平等原则下发展妇女教育,其四是充实基层教育工作人员的文化生活。

然而,当政者随着时局的发展,千方百计要将民众教育纳入政治轨道。他们更多考虑的是政府偏好和政党意愿。明显存在的制度缺陷和种种弊端,妨碍了民众教育馆最大绩效的发挥,最终必将导致整个民众教育运动走向失败。《社教通讯》的编辑们以直觉发现了问题的严重性,当时却有话难言,只得以“休刊”对抗。

半年之后,事态有所缓和,《社教通讯》于10月重新复刊了。

事后证明,这次俞塘民众教育馆“方向问题”之争的幕后推手,是日后沦落为大汉奸的周佛海(1897—1948)。他早年留学日本,曾是中共“一大”代表,后叛党成为蒋介石的亲信,时任江苏省政府委员兼教育厅长、国民党中央民众训练部部长。他阴险狡诈,反复无常,表面上将钮永建尊为“元老”,却处处设陷阱或放暗箭。1934年9月,他故作姿态,写信邀请钮永建为江苏《教育月刊》撰稿,实为引作箭靶。钮永建真诚地根据多年的心得,撰写了长文《民众教育推行上之必要条件》。而周佛海故弄玄虚,搬出“党教合一”

“政教合一”“军教合一”“保教合一”等，以及所谓“特种教育”唬人，欺侮钮永建这位“好好先生”。《社教通讯》能重新复刊，是以周佛海的题笺作刊头为条件的。

因此，争论还在延续。为了澄清这些错误观念，坚持钮永建的民众教育思想，进一步扩大其影响，《社教通讯》不时刊发观点鲜明的论文和调查报告，俞塘民众教育馆还将由钮长耀、陆盖编辑的《钮惕生先生民众教育言论集》交中华书局出版，内收《乡镇长与民众教育》《军国民教育》《民众教育之方法》等22篇文稿，并附录了《江苏省立俞塘民众教育馆三民主义教育纲领》等资料。此书发行后，在全国各地产生了广泛的影响。

然而，因抗战烽火逼近，钮永建的许多计划难以实施，但他还是在俞塘办起了永孚染织工学厂，为村民的生计寻找到新的途径。

关注杭州湾

1937年2月15至22日，国民党五届三中全会在南京举行，钮永建出席。会上，国民党抗日派和亲日派分别就停止内战，一致抗日问题展开了辩论。经过激烈的斗争，在对内政策上，基本确定了“停止内战，实行国共合作”的原则；在对外政策上，公开表示“如果让步超出了限度，只有出于抗战之一途”。

3月13日，钮永建与吴稚晖、叶楚伧等前往无锡大力嘴察查山田，筹备兴建民政大学，并商讨复旦大学迁校事宜。次日上午八时，又与吴稚晖前往社桥头省立教育学院演讲。

4月4日清明节前，钮永建赶回俞塘，参加俞塘民众教育馆组织的“第一届俞塘桃花节”，与乡亲们同乐了三天。

不久后，钮永建与刚从日本考察归来的钮长耀、钮恂言，在俞塘做出了新的发展规划。

6月7日，钮永建亲临金山县戚家墩强恕第二实验区，认为海滨是国防重地，更需要加快开发，筹划在这里建立海滨民众教育馆基地，并愿捐资建造以纪念明代抗倭名将戚继光命名的大礼堂。

这几年,钮永建一直关注着杭州湾地区的国防安全,主张加强当地的经济社会建设。早在1933年9月下旬,钮永建约集水产专家侯朝海、王文泰、陈椿寿和松江县教育局局长朱松建等,搭乘汽车循新建的沪杭公路,巡视了杭州湾口、金山嘴、柘林沿海一带,又登上佘山,俯瞰海岸及湖川形势,后改乘汽船,航巡松江、青浦、吴县之间的淀山湖、莲湖、泖湖等处,认为水产事业关系到国权和民生,应当先在这里筹建一两个渔民民众教育馆,灌输渔民智识,提倡渔业合作社,救济渔村,渐次着手渔业之改进,渔场之推广。10月1日,钮永建又在上海约集教育家高践四、俞庆棠和水产专家侯朝海、金志铨等,讨论筹建渔民民众教育馆的具体方案,并决定遣派俞塘民众教育馆教员凌鹏程(又名凌凌九,崇明县城人)等赴无锡教育学院考察,计划次年一月在金山嘴正式开办。

1934年,钮永建安排马桥强恕学校的师资力量,在金山卫戚家墩建立了强恕第二实验区。

1935年秋,原南京古物保存所所长卫聚贤等在戚家墩发现古文化遗存。钮永建闻知此事,即介绍他们到戚家墩强恕实验区,找强恕教员做导引。卫聚贤等赶到戚家墩海滨浴场,改道里海塘找到小学堂,结果新发现含有鼎足、鬲片的一处遗址,并再度获得一批几何硬纹陶片等。钮永建为他们的田野考古调查报告《金山卫访古记纲要》题签。这是上海地区第一次专业性田野考古发掘活动。

励志迎战

1936年夏,冯国华等在松江城接受了三个月的军事训练。

自10月起,俞塘民众教育馆奉命集中力量开展"壮丁受训",而且为期九个月。松江专区"壮丁训练教练员学习班"在俞塘民众教育馆举办,冯国华受聘为教育长,各中心民校校长、教员参加,11月初结束。

11月1日,钮永建在俞塘民众教育馆各机构联合纪念周集会上发表演

讲，题为《我们应有而必要尽的责任》。他在演讲中发出了震撼人心的呼吁：

> 中国现在种种受欺，与其说欺中国之弱，无宁说欺中国之大。此吾人所当觉悟者也。然则中国在此时究竟应如何是好？这是很简单的，就是中国人须要自己定一个宗旨才是。就是：中国人应该负起我们应有的责任，来发挥中国应有伟大的能力，维持世界今后永久的和平。
>
> 中国人若不定这个宗旨或没有这个志气，中国人就得做猫脚爪。赴汤蹈火，拿东西的是脚爪，吃东西的却是猫嘴巴，你想冤枉不冤枉？因此，可知我中国处到这样优越的地位，就应该从速努力，自求进步，断不可以再糊涂或迟疑。有人说过去的中国好比是一头睡着的狮子，但到现在总应该醒了。

俞塘乡人将1929年11月16日列为俞塘教育事业创始日，确定每年这一天为俞塘地方纪念日。1936年11月16日上午，俞塘人列队游行，在味三公墓举行谒墓典礼。下午在教育馆礼堂举行纪念仪式，并有余兴表演，入晚开映五彩电影。

菊花展游艺会

钮永建曾赠某君一联："仁者安仁，即是利人。与人同乐，胜于自乐。"俞塘民众教育馆根据这一思路，开馆后就连年举办"民众同乐大会"。后来，又不断举办以"就地展览"为主要内容的游园会活动。这是实施"因地制宜，因时定事"民众教育方式的一个创举。

1936年11月7日至9日，民众教育馆在俞塘组织举办了别开生面的第六届菊花大会，轰动沪上。

从瓶山到俞塘数里路的范围内，都是菊展布置的区域，共布置了2万余盆菊花，长达数里路。马路的两旁行道树木加以修整，农场的田地加以整理，地角或河边有花坛的地方也重新布置了许多菊花。强恕园艺学校的门口，本来是供民众公共游玩的俞滨公园，东边临俞塘河，并有“须静亭”。河的对面又有“潘使君亭”，在河边都有菊花点缀，蔷薇架也加以装饰。俞滨公园靠河之坡，有用法国苋绣成的“俞滨公园”四个字。中间月季花都换成菊花，显得美观。入门处札一座松枝牌楼。上面有黄芙蓉绣成的“菊花大会”四个字，两副对联：一为“傲霜拟松柏，侠骨并英雄”；一为“饱经雨露含佳色，独立风霜负委姿”。入门布置有菊花扎成的大炮一座。两旁均有用小菊扎成的动物形状，如龟、鱼、狮子、孔雀、鸡等。上空高悬一菊花飞机，中间又用黄芙蓉做“航空救国”四字，东西花坛，也仿造飞机形，用拟古式的花坛，整齐美观，西面本有桃树，桃园中间有三个牡丹花台，从桃园中辟成路线，各部都有联络，其间也布置了一部分菊花。全园的主要干线均为十字形，两路的中间均有重要布置，园路中间有 3 米多大小圆头形的海桐，上面砌着一个菊花的亭子。

俞塘会场前门扎成一座扁柏彩楼，上悬“俞塘菊花展游艺大会”匾额，两旁悬“泪洒新亭怕看红叶，节高彭泽独羡黄花”联语一副。俞塘大礼堂门首亦有彩牌楼一座，挂着一副惹人注目的对联：“听枫叶萧萧莫忘国难，看菊花挺挺愧煞汉奸。”路的东西向，一通往菊花品种陈列室，一通往花房等处，蔷薇架北面为园艺成绩展览室。菊花品种陈列室陈列约有 400 多种。

11 月 7 日上午六时，举行菊花展览开幕典礼。下午一时起为永安公司马戏班表演，武艺表演，晚上放映电影。

8 日，举行第二期“壮丁训练教练员学习班”开班典礼，各乡镇民校校长、教员参加集训，有民众 600 余人举行会操。随后，永孚染织工学厂举行开工典礼，使人们发现了拓展生计的新天地。下午，由上海民立女中和审美女中联合表演文艺节目以及国术表演。晚上七时半起，俞塘村上空燃放起了焰火。八时起，在大礼堂演新剧。十一时起，开映介绍俞塘新事业的影片。这一天，沪江大学、无锡教育学院和众多中学以及沪上不少金融机构，团体组队赶来参与活动，共有 3 万多观众光临，场面极为热烈，给一时沉闷的民众教育馆带来了勃勃生机。

9 日上午举行纪念周，下午开展各类游艺项目。

游艺活动以各类展览为主，展示民众教育馆各项办学、生产、经营的概况，以求扩大社会影响。妇女自助学社门口展出了学员们制作的各种呢布、男女童装、毛巾袜子等。

在镕才堂展出了以钮恂言为首的民众教育馆师生的50多件作品，在俞塘小学陈列了上海著名画家张聿光、汪亚尘的20多件作品，使高雅艺术走进乡村。

根据钮永建提出的“凡本馆所属生产单位的产品，均可面向大众”的意见，现场还出售民众教育馆农场生产加工的食品，有无花果糖、绿豆糕、草莓酱等。园艺学校出售的盆景菊花成了抢手货。

瓶山分馆的防空防毒展览也吸引了8 000多名观众。

俞塘桃花节

1936年11月25日上午，俞塘民众教育馆成立“俞塘卫生救护队”，钮永建到会做动员。推举黄梅仙任总队长，特邀名医苏德隆任副总队长，钮长耀任队长，冯国华、张一飞任副队长，有职员14人。

这一天，松江专区第三期“壮丁训练教练员学习班”开班，各地中心民校组织每期训练120名壮丁。

1937年3月15日，俞塘民众教育馆《社教通讯》月刊发表了北桥民校军事教员顾振（1913—1942，原名增福，字真火）的《壮丁义勇队队歌的试作》一文及歌谱。《北桥壮丁义勇队队歌》歌词如下：

伟哉伟哉，北桥壮丁，参加训练，个个起劲。遵守纪律，服从命令，团结一致，民族复兴。奋发有为，前途光明，伟哉伟哉，北桥壮丁！

勇哉勇哉，北桥壮丁，义勇双全，不惜牺牲。消除汉奸，打倒敌人，保家卫国，目标认清。束缚解除，民族平等，勇哉勇哉，北桥壮丁！

勉哉勉哉，北桥壮丁，努力前进，一刻不停。移风易俗，各负责任，礼义廉耻，身体力行。以身作则，推己及人，勉哉勉哉，北桥壮丁！

4月清明时节,俞塘民众教育馆又组织举办了三天春季游园会,名为"第一届俞塘桃花节",开展了十项活动。自4月4日起,在大礼堂内,有园艺学校的园艺展览会。在妇女自助学社的营业部里,有妇女手工艺展览会。在农业推广所,有家畜家禽展览会。在大操场举行儿童运动会和儿童健康比赛。

4日晚上,整个俞塘的夜空被灯光照得通红。俞塘大操场上举行龙灯大会彩,数百副锣鼓交响,舞龙灯,舞手狮,人山人海,"热闹赛过上海南京路"。

5日下午,举行母教演讲会,黄梅仙和徐亦蓁(牛惠生夫人,时任金陵女子文理学院董事会主席)等做了演讲。晚上,放映了电影《共赴国难》,片中的沪战史迹,又激起了人们的抗日救亡的热情。

在一个乡村举办如此规模的文化活动,其社会影响必然是惊人的。更让人们难以忘怀的是,钮长耀馆长在游园会开幕时满怀深情地做了这样一段讲话:"俞塘,在秋季有菊花会,现在春季又有园艺会,不仅对自然界有个对称,而且在教育价值上有特殊意义。春耕、夏耘、秋收、冬藏,生命的泉源维系在春天。春天是工作开始的季节。现在冬藏已尽、春耕未作之时,我们举行游园会,很希望借自然的力量,来增加工作效率,来滋长生命泉源!"

迎战救亡

1937年7月7日夜,"七七事变"爆发了,日军入侵华北,举国震惊。俞塘民众教育馆通过《社教通讯》刊发《华北的烽火燃烧了》一文,发出抗日救亡的强烈呼声,号召同胞们奋起行动,并指出在此中华民族决定生死存亡的时刻,"我们有所警惕,很难保证有的人不当汉奸"。

8月,上海爆发"八一三事变",打响淞沪战役。

8月21日,三架侵华日军飞机突入北桥镇上空,一阵轰炸,十多间房屋被毁。9月10日上午,五架日机又疯狂地飞到北桥地区示威,北桥小学被炸毁,炸弹也在俞塘炸响。

俞塘民众教育馆立即建立"马桥抗日爱国救亡联合会",黄梅仙出任会长。一个月内,筹集到民众缝制的棉背心五百件、布鞋五百双。黄梅仙亲自

带队，将捐物送达上海抗日救亡总部宋庆龄先生处。

不久，颇具影响的商务印书馆大型综合性杂志《东方杂志》（第 34 卷 13 期）刊登了俞塘进行壮丁训练的四幅照片：《“跪下”操》《掌术表演》《千余壮丁到场会操之情形》《休息》等。

壮丁会操

1937 年 11 月 4 日，侵华日军第 10 军在杭州湾金山嘴、金山卫一带登陆，直趋松江城。淞沪战场的中国军队已处于即将被包围的危险境地，蒋介石下令撤退。

俞塘民众教育馆众多师生迎着战火，慷慨激昂地走上了抗日前线。

钮长耀和钮长震、钮文运、钮孝威等俞塘钮氏子弟，民众教育馆李宗孟等奔赴重庆。

俞塘遭难

1937 年 11 月 11 日，战火骤然烧到俞塘村，民众教育馆被迫闭馆。

上海县沦陷后,俞塘民众教育馆及整个俞塘地区惨遭日军轰炸和劫掠。民众教育馆所属校舍楼房、教育器材、文体设备及合作社设施损毁殆尽。据1948年9月29日上报江苏省教育厅的《俞塘民众教育馆被掠夺文物索赔清册》显示,除200余间馆舍被化为灰烬外,还有3 000余册馆藏珍稀图书,供教学和实验用的显微镜、电影放映机、摄影机、电影胶片、大号钢琴、留声机、唱片、名人字画等,合计损失近500万元国币计。

1938年6月22日《文汇报》报道:“俞塘合作社址竟被日军改为营房,门窗、器具、货物不为日军拆毁即遭土匪抢劫。”合作社内未曾运销的1 293包棉花(社员未收货款,作活期存款),也被日军抢走。

7月18日《文汇报》还刊登《俞塘钮永建住宅被占据》的消息,称:“去冬该地沦陷后,日军将其门窗、粗重木料拆作烤火取暖之用,所有贵重器则强拉民夫为之搬运一空。所幸屋壳尚未拆毁,最近驻在马桥镇之日军,自知力量单薄,恐防华军偷袭无援,已将部队及马桥镇区治安会一并还驻钮宅,以资靠近北桥镇,可与日司令部相呼应,并搜索邻近居民所用器具,移充军用。月初,某地痞引是项日军至巨漕渡,将钮氏坟园屋及浮厝、树林等颠付诸祝融,并拘获匿居于坟园屋内之钮世英,押解至部,百端威讯其本地游击队之情形及所在地。”钮世英是钮永建的族叔,时年40岁,当月15日被日军“曳至城隍庙后面,就地斩决”。

12月3日又报道:日军宣抚班长森三近日强迫俞塘一带农民,拆卸钮永建先生故宅。爱日堂大厅正在动手拆除,其西省立俞塘合作社、沿塘一带新建房屋,不论草屋瓦房均于前日被纵火烧毁,现已成为一片焦土。顾姓大厦亦已拆卸无余,省立俞塘民教馆所有全部房屋拆剩三分之一,门窗全无,曾充马厩,至今粪秽堆满。俞善庙亦被拆去,佛像身首异处,狼藉于田野之间。景色优美之俞塘,今已满目凄凉。

俞塘村内,被毁的还有顾氏雕花楼、医学博士牛惠霖的别墅及永孚染织工学厂等。

由于俞塘民众教育馆长期坚持国民自强教育,尤其是自1936年10月起进行的“壮丁集训”,使当地民众具有强烈的抗日救亡意识和基本的武装自

卫能力。大批民众教育馆学员收集战场遗留的武器,或筹资购买枪支,组织起自卫游击队,在马桥及周边地区严惩汉奸,袭击侵华日军。1938年出版的上海《文汇报》做了大量相关报道。

返乡宣慰

抗战胜利,大地重光。

1945年10月15日,上海县政府迁到闵行镇北庙路古刹度门寺原址(时为闵行乡公所)办公,即将本县实情和重建计划报送给钮永建。

12月1日,重庆国民政府任命叶楚伧、钮永建为苏、浙、皖、京、沪宣慰使。于是,钮永建成了新闻热点人物,上海的大小报刊时有报道,《钮永建小史》《允文允武的钮永建》《钮永建之家庭》等有关钮永建人生传奇的花絮故事成了人们的谈资。

钮永建自然惦记着家乡父老,思考着重建家园的大事。12月5日,他在重庆新生路特1号致函国民政府行政院长兼外交部长宋子文,建议将上海县改为实验县,并附送《上海实验县计划纲领》,提出旨在发展地方经济,改善民众生计的工作要旨。

12月30日,钮永建以中央特派宣慰使的身份重返故乡。

1946年1月,钮永建又出发宣抚,先后赴浙江、上海、镇江、南京、皖北各地,沿途发表谈话。

4月7日,钮永建以“宣慰特使”的身份重返故乡,来到闵行老镇,号召乡亲父老抓紧时机,以复兴教育入手,重建家园。

下午二时,上海县县长徐今予召集各界知名人士黄宗麟(字蕴深)、施舍(字养勇)、丁仁科(字冠颜)、李维华(字衡斋)等和各区区长及民众团体代表500多人汇聚在政府礼堂内,举行欢迎大会,聆听钮永建的演讲《实现生产的教育》。

面对乡亲们,钮永建坦诚地畅叙了他此刻的心境:“抗战虽然胜利了,但战后建设真是千头万绪。我所经过的地方,看到敌伪破坏的惨烈,以及民生的痛苦,心中真引起了无限的悲悯。就拿我的家乡马桥俞塘来说,只是从俞塘到汇桥一带,已觉面目全非,我一手创办的俞塘民众教育馆,不但内部的一切被破坏无遗,连房屋都拆得不像样子了。我看到这种情形,倒并不痛心于物资的损失,我认为最痛心的,我们中国数十年来教育的失败,才以致造成今天这样的局面。”他认为当今中国的状况,除了遭受敌伪的破坏,还因为国人道德的沦亡。当下,“再不自力更生,再不提倡民主,再不恢复固有的道德,则前途不忍想象”。因此,他呼吁赶紧对民众实施生产教育,不但教人读书识字,而且要明白做人的道理,明白“礼义廉耻”,爱国家,爱民族,尤其要使受教育的人,个个都有一技之长,都有生产的能力,整个国家才能富强起来,才不愧为世界强国之一。他希望“先从上海县做起,来实施生产的教育,进而再来扩充到全省、全国”。

4 月 16 日,江苏省政府第二十五次例会通过,主张将上海县更名为“永建县”,一以纪念钮永建先生,二以免除与上海市混淆。

钮永建闻讯,急忙阻止此议案。

6 月,钮永建视察上海县闵行镇,在闵行中心小学与黄宗麟等地方绅商座谈时,叮嘱道:“有人提及要把上海县改为永建县,这是要中央承认,江苏省政府各厅、处都需认可,谈何容易。现在见到胜利后的闵行,情景比战前更不安宁,民不聊生,怎能恢复?我看大家先咬紧牙关,任劳任怨,然后上下一心,待此时间再作计议。”

7 月,就上松公路(今北松公路)北桥“支那勇士之墓”改建事宜,钮永建批示:“此实为抗战中惨烈光荣史迹之一,予以表彰,立碑纪念,并定期公祭,改为无名英雄之墓。”

重建家园

回到南京后,钮永建及时邀集热心公益人士,多次聚商俞塘民众教育馆复兴之计。他叮嘱家乡子弟,应加紧修复被日寇炸毁的民众教育馆设施。他对乡亲们说:“筹集经费是我的责任。我即使在帽子里拆出破絮来,也要

设法将民众教育馆维持下去。”因他的书法效颜体，熟而生变，苍劲有力，富有气质，在上海与吴稚晖、沈尹默鼎足而三，就多次鬻字为家乡筹款。

1946年出版的《新上海》周报刊登了钮永建撰写的《短灯檠歌》，诗云：

凉风吹雨茅堂秋，永夜蛩语声啾啾。
太学先生不能寐，坐对短檠发牢秋。
寒光一粒昏如漆，照我儒冠已白发，
背移墙角长叹吁，深宵光坠天无月。
谁家朱幙敞绮筵，长檠八尺华且妍。
清歌曼舞拥晖丽，绛蜡不惜黄金钱。
嗟尔短檠何太苦，萧然常作此环堵。
绳床瑟缩照独醒，荒寮数尽五更鼓。
翻身披衣忽大叫，长檠安敌短檠妙，
卅载故人贫贱心，惟有短檠长相照。

唐朝诗人韩愈有一首读书诗《短灯檠歌》，借咏灯檠讽刺那些富贵后忘本的人，诗中写了一个20岁辞家到太学就学的山东书生，开始时在短檠下刻苦攻读，将短檠视为宝贝，而一旦高考擢第后，就放纵自己，把短檠抛到一边，爱用长檠来了。“长檠高张短檠弃”写出了书生忘本蜕变、嫌贫爱富的心态。如今，钮永建面对世道变迁，也有很多感慨。

钮永建从不居功自傲。在俞塘对乡亲们谈及往事，总是谦逊地说：“我是常败将军，两次攻打南铁厂，都是吃了败仗回来；半生追随孙总理，庸庸碌碌，毫无建树，惭愧！惭愧！”他总是用乡间土话与乡亲交流，“叫啥末事”成了他的口头禅。他在家乡，宅屋前亲植菊花，敞开大门供人们欣赏。新春时节自有众多小学生赶到拜年，他也准备了花生、瓜子，分发给孩子们权当“压岁钱”。

据1947年在县立初级中学兼课任教的朱立奇回忆称，校长薛惠康邀请钮永建前去为师生做报告，那天钮永建一个人从俞塘乘公交车来到闵行镇，做报告时一直站立着，精神矍铄，声音洪亮。钮永建说：帝国主义多家对我们中国一直虎视眈眈，侵略不止，妄图鲸吞，十四年抗战，艰苦卓绝，中国人民做出了巨大的牺牲，胜利来之不易。他还嘱咐大家要努力求学，长大后报效祖国人民，自强不息。

1947 年 11 月，江苏省政府批准恢复俞塘民众教育馆。俞庆棠带动社会知名人士、钮长耀带动地方人士再次慷慨赞助。

12 月 1 日，钮永建为张翼创办的《明心报》创刊号题写报头，并题词：尊重联合国宪章，发挥大同主义。内修政治，以保育全民，外抗强权，以安定全世界，此吾同人之帜志也。

12 月 22 日，钮永建重返俞塘。在马桥耶稣堂发表谈话，亲自协调、规划恢复俞塘民众教育馆的建设。

钮永建劝说时任上海女子审美学校校长的侄女钮恂言返回俞塘，参与民教馆管理工作。钮恂言（1898—1972）民国初年赴日本大学进修，专攻社会教育，获学士学位（1937 年 2、3 月出版的《社教通讯》杂志刊登了她的学士论文《社会教育设施的研究》）。

是年，钮永建出资在钮氏祖居爱日堂旧址兴建一幢七开间二层楼房。

张翼上任

此时，钮长耀已在南京担任省政府社会处处长，钮永建特地指定由“江苏怪人”张翼出任俞塘民众教育馆馆长。一年前，张翼刚创办了地方报纸《明心报》，社会反响甚佳。此时他正想在颛桥镇趁势大显身手，故而事务繁忙，但是接到钮永建及俞塘乡亲的重托后，当即表示愿意担当推进民众教育的特殊使命。

1948 年 2 月 15 日下午，钮永建夫妇、钮长耀等亲自在俞塘民众教育馆镕才堂为张翼召开就任欢迎会。在会上，张翼起立致辞说：“本人受任俞塘馆长，荷蒙长老欢迎，殊不敢当，益深慨愧。社会教育在今日，更重于战前，俞塘为社教发祥地，本人犹忆战前事业，辉煌海宇。原以俞塘具有故业，谁

曰不宜，特以力薄能鲜，有赖于合作指导，庶于富强的组织的教育，循序展开，以为民治之根本。”

俞塘民众教育馆原有设施大多已毁于侵华日军之手，要在一片焦土上重新恢复当年风貌困难重重。张翼不负众望，勇担重任，当即在俞塘实验小学租屋七间，作为临时办公点，筹措营建新馆；聘请董承千、孙健君、邹宗孟、刘平、许汉宾、瞿伯然、潘吾行等入馆任事。

3月，民众教育馆购买来大批苗木，发动植树运动，改善环境。

6月，民众教育馆以“美援”物资筹建了俞塘乡村卫生服务站（又称“民众医院”），有医师和助产士各一人，承理内、外科门诊及接生，日平均看诊十多人。村民前来就医不收诊费，药品只收成本费。

8月10日，钮永建在俞塘发表谈话，强调做人做事要吃苦耐劳，节约为先。

8月24日，钮永建在俞塘设家宴，招待张翼、陈逸尘、陈兆题、钮恂言、洪锦昌、张书耕等社教工作人员，席间畅言社教，努力服务，总使无愧天地之所生。

8月27日，钮永建参加俞塘民众教育馆召开的纪念孔子诞辰暨教师节庆祝大会，并发表演说。

8月，强恕园艺学校恢复招生，仍聘潘道昌为校长。除园艺课外，增设藤竹工艺。

9月5日，俞塘合作社恢复运作，钮永建到场指导制订工作计划，民众教育馆派员筹建相应的各个部门。

9月11日，由黄梅仙任指导的俞塘妇女自助学社恢复开业，继续面向社会招生，开展职业技能教育。由沈道因（上海江湾神学院毕业生）任社长，除文化课外，设缝纫和刺绣课。

9月18日，适逢中秋节，又是“九一八事变”十七周年纪念日，俞塘民众教育馆召开大会，发动师生参加“勤俭建国运动”。钮永建到会讲话，并对张翼的组织“力行团”发表祝词：“卧薪尝胆古有垂训，畏天者有其国，吾人其勉乎哉。”

故土情深

1948年5月12至14日，钮永建在俞塘，召集乡亲叙谈做人做事之道，认为："国家危难，民众困难，我何能独好？茅屋三间，以避风雨，于愿已足。稍待国事宁静，我必告老归乡，与父老昆季研究农业生产。"还再三强调："俞塘事业复兴，应从小处做起，不要多费钱，只要大家努力。竹的凳子很好，木的脸盆也不差，土地必须渐渐利用，水利非常重要。中国以农立国，大部分是农业社会，农村得安，国运斯亨。"

5月18日，钮永建为强恕学校建校五十周年纪念献言，题为《复兴强恕学校管见》(刊6月3日《明心报》)，既热情地为复兴地方教育呼吁，更恳切地强调"国民学校与民众教育两者并进"，号召家乡父老推进民众教育，提高文化水平，"为国家建立基础，为家族建立基础，又为社会建立基础，更为其本身建立立身处世、立功立业，贯彻其位育天地万物，达到人类高尚本份之基础"。

总统府成立，钮永建奉聘为总统府资政，即办理政务官惩戒委员会结束工作。此后，他时常留居上海，专心发展俞塘民众教育馆。余闲时鬻书，由云林书画社代订润例并为收件，借资补助俞塘事业。

此时，俞塘民众教育馆新落成办公室七间、农舍二间、宿舍四间、大礼堂一所及厨房等附属设施。大礼堂取名为"永建堂"。为增添喜气，在大礼堂里为俞塘钮顺威和马桥邵顺芳举办了订婚礼。后来，还举办了一次全国美术展览会征集作品的预展。

醉心扫盲

在钮永建的倾力支持下，张翼借助当年创办上海县农民教育馆的实践经验，更大规模地组织起平民教育活动。他精心制定教学纲要，研究民众教育的途径和方法，大力培训师资人才，辅导邻近九个点的工作。

当时,中国时局仍然动荡,钮永建谦辞考试院副院长之职,而醉心于民众教育,特"请假三个月",坚持蹲点在俞塘,支持张翼推进扫除文盲工作。乡亲们看到,他年近 80 岁,依然是一身蓝土布长衫,足穿元色皮鞋,既无随从,也不坐车,天天奔走在故乡的小道上。

张翼反映江苏省级官员一再拖欠扫盲经费。钮永建闻讯,当即亲自协调地方官员,要求尽快解决问题。眼看省里拨款未能及时下发,他就要求上海县参议会议长王益仁(字宗林)先出资借垫,确保张翼能够如期开展工作。

可是,王益仁却推托不办,故意为难张翼。这一下,钮永建大发怒火,立即向他致函,亲自为张翼做担保。王益仁只得听从,这才确保了"扫盲干部特别训练班"的开办和识字班的推广。11 月 12 日,是孙中山先生诞辰纪念日,钮永建特地选在这一天,在俞塘民众教育馆召开扩大民众教育动员大会。钮永建在会上发表演讲,古今中外,引经据典,说明国家之利害,即人民之利害,希望齐力于文盲扫除。

1948 年 11 月,俞塘馆"社会教育推行委员会"成立,黄梅仙、钮惕言任常务委员。

在张翼主持下,马桥镇各保民众学校相继成立,分设了青年班(136 人)、少年班(66 人)、成人班(38 人)。11 月 27 日上午,第二保师生们汇集在俞塘民众教育馆礼堂内,举行开学典礼,钮永建夫妇亲临会场。下午,第一保妇女班学员也来举行开学典礼,钮永建夫妇又到场祝贺,直到散会后才赶往车站,搭"夜火车"赴南京出席重要会议。

俞塘民众教育馆内,新栽的大批菊花盛开,尽管新建的校舍大多只是茅屋竹篱,却四处充满着勃勃生机。

钮永建对张翼极为信任,张翼也信心满怀,这里必定能重新成为苏、浙、沪地区平民教育的一面旗帜。

为了继续在乡村更广泛地开办识字班,张翼着手努力培养"小先生"。他决定,开办"民众教育辅助人员(又称'扫除文盲干部')特别训练班",面向全县招生,12 月 25 日开学。

不久,按照要求,招收了学员 59 人(含女性 8 人),计划训练一个月。张翼还邀请钮永建、钮长耀（时任江苏省政府社会处处长）、奚永之（时任奉贤县县长）等亲自前来授课。第一期有46名学员考试及格后，即分赴马桥乡各保开设识字班。

张翼的不懈努力，很快产生了社会效应。不久，马桥地区同时建立起32个识字班教学点，每处分别设3个班，每个班每天授课50分钟，施教期为三个月。每个执教者每月津贴为白米四斗。所有识字班学员均不收任何费用，还给贫苦学员提供学习用品。仅这一轮工作，就有200多名农民走进识字班扫盲。

12月7日，钮永建出席马桥镇民众教育馆推行委员会首次大会，推进当地扫盲工作。

12月10日，俞塘民众教育馆指导的青登乡农业合作社也开业了。钮永建欣然为之题词：

合作事业，为平民经济事业之中心，亦即培植民主政权之基本，生产合作，尤基本之中心也。青登为上海县要区，同人有志于此，可谓得控制时局之要领矣！

邑公民钮永建敬祝　时年七十有九

12月15日上午，张翼应县立初级中学校长薛惠康之邀，前去为师范班学生做演讲，题为《自救、救国与教育》。

张翼干得出色，令钮永建满心欢喜。

年底时，几乎已经忘却钮永建的蒋介石，突然将一份“总统府资政”的正式聘书发到了俞塘村。钮永建不以为意，仍一步未曾离开故乡，只在俞塘民众教育馆内设了个“钮资政办公室”。他依然醉心于推进俞塘民众教育馆的进一步发展，因此给蒋介石发出电报：“呈请自元旦起给假一个月，俟训练班结束，当即趋京销假。”

乡村夜巡

1949年1月1日，钮永建出席俞塘民众教育馆元旦庆祝会。张翼号召自强不息。

为了筹集发展资金，钮永建在《明心报》元旦专刊上发了个广告，宣布由云林书画社代他面向南京、上海各界“鬻书”。后来又发起“春联运动”，以字换白米，为“小先生”们筹粮。

1月4日，钮永建、张翼等在俞塘民众教育馆出席特训班学员座谈会，做了报告。

“扫盲干部”下乡上课三周之后，钮永建和张翼为了摸清实情，于1月13日下午，一起先后走访了马桥乡乡民朱全龙、周运浦、郭竹兴、翁达才、翁根良、陈恩德、孙启华等家庭，深入了解扫盲工作的实际状态和乡村生活的真实情况。

1月25日，“民众教育辅助人员特别训练班”结业，学员们回乡走上扫盲讲台。

2月5日下午，张翼陪同钮永建步行到马桥西贤乡劝学，并到荷巷桥镇视察。一路上，钮永建盛赞本地前辈顾言(字丹泉，吴会书院创办人)、金庆章(字静初，近代外交家)的贤德，得知昨日金庆章刚移灵入祠，特地赶到金家宗祠去瞻仰，直至星夜才踏月返回俞塘村。

2月17日，张翼召开俞塘民众教育馆民教特训班学员第二次座谈会。19日，又召开第三次座谈会，具体安排识字班教学工作。钮永建都亲临指导。

2月24日，风雨交加，道路泥泞，张翼陪同钮永建赶到溪南、沙西、必科、三余、青登等处识字班视察。每到一处，钮永建即席讲话，勉励学生们勤奋向学。张翼则强调“识字与生产”关系，使大家知所进取。

2月26日晚上，天寒风紧，钮永建不顾年迈，在张翼的陪同下，自带粽子当饭粮，从俞塘出发，步行15千米，巡视察访了贺家宅、沈家村、紫藤、溪家达、汀漕、荷溪、吴会等地的识字班,实地督导扫盲工作。

年近 80 岁的“总统府资政”竟然冒着寒风,走访普通农民家庭,星夜下乡巡视工作,这消息一传开,乡民无不为之感动。《明心报》特意及时做了报道。

据马桥镇退休教师王国嗣回忆:

那个冬夜里,他正在沙脊夜校识字班授课,将近放学时,忽然进来两个人,想不到竟是钮永建与张翼。

学员们为之振奋不已,全体起立鼓掌欢迎。

钮永建摆手示意大家坐定后,亲切地说:“我在门外已听了好久。王老师的课讲得不差,深入浅出,很易接受。有人说种田人红脚爪(常年赤脚足趾变红),读书有啥用,倒不如去听书,这话错了!读了书就懂道理,能接受知识。现在科学很发达,外国人用机器种田,既省力又高产,我伲也要学过来,不但多收稻谷,还增加收入。所以大家要认真读书,不要做睁眼瞎子。”

张翼也讲了些勉励的话。讲完后,他们不要旁人送行,打着手电筒,消失在夜幕之中。

2 月 27 日下午,张翼召开俞塘民教特训班学员第四次座谈会。钮永建又赶来出席会议。

3 月 1 日上午,即将重现的颛桥农民教育馆召开第三次复馆筹备会议,张翼再度被推举为馆长,一致决定 3 月 12 日举行复馆庆典活动。形成决议后,大家以植树的形式庆贺复馆在即,附近农民闻讯纷纷赶来,自愿挑土治基,争相为他们所向往的“农民乐园”效力。

当天下午,上海县基层教育推进委员会成立,钮永建、张翼等被特聘为委员。本地区更大规模的劝学运动即将全面展开。

八十避寿

1949 年 1 月 21 日,蒋介石宣布下野,钮永建的学生李宗仁出任代总统。钮永建仍不感兴趣,计划辞去一切官职,彻底告老还乡。

2月21日，钮永建在《明心报》上刊发《钮永建启事》，恳辞“八十寿庆”。

2月26日，钮永建在《明心报》上又发《钮永建启事》，再告亲友恳辞“八十寿庆”。

3月7日，是钮永建“八十大寿”的日子。江苏省政府主席丁治磐专程赶到俞塘，登门祝寿。钮永建却无心接待，要赶到强恕中学参加校董扩大会议，研究学校面临的困境。他担心县参议会议长王益仁等官员的办事作风，特地将县长、议长、局长等都召来了，要求他们现场解决学校员工的工资问题。为做出表率，钮永建在会议之前发动捐款和义卖他的书法。

那些地方官员们在“总统府资政”面前岂敢迟疑，纷纷做出响应。结果，问题顺利解决，强恕中学获得大米130石，可抵六个月的教学经费。

乡亲们要为钮永建祝寿，而他坚持阻止。为尊重他的意旨，张翼便组织民教馆师生一起植树表达敬意，然后各吃了一碗寿面。

两天后，钮永建偕黄梅仙赴南京，正逢阴雨寒凉。3月10日，在南京寓所休息。11日，阅公文书，接待来访。以“身体不适”为由，未见李宗仁就“再请假三个月”。17日返回上海，次日赶到俞塘问起扫盲工作情况，他又显得精神十足，步履不减壮年。他要求，第二期“扫除文盲干部特别训练班”再招收240名学员。

匆匆辞行

1949年4月3日，时逢周日，钮永建与张翼及“抗战义女”凌其瑞等率俞塘民众教育馆的部分师生，在上松公路边修葺一新的“无名英雄之墓”前，植树献花，缅怀安葬于此的抗战勇士。

4月13日，钮永建出席俞塘民众教育馆馆务会议。当晚回上海寓所。

4月17日晚上，钮永建回到俞塘，参加耶稣复活节活动。

4月18日，钮永建出席民众教育馆座谈会，匆匆挥手告别。

4月20日，国共两党在北平的和谈破裂。4月21日，中共中央毛泽东主席和朱德总司令向中国人民解放军发出《向全国进军的命令》。4月23日，人民解放军占领南京。

4 月 30 日下午 3 时，钮永建及家眷共七人，与考试委员卢毓骏和张默君、参事陈天锡等，由上海飞赴台北。

5 月 27 日上海宣告解放。不久，俞塘民众教育馆奉命闭馆。

新中国成立后，当地民众教育工作转由国家的文化、教育机构负责。1951 年春，上海县文化馆在闵行镇成立。俞塘民众教育馆随之正式撤销，部分人员和器材移交县文化馆。

俞塘民众教育馆是钮永建的理想之花和心血之果，又是沪郊民众教育及乡村建设的历史典范。俞塘民众教育馆走过 20 年曲折的路程，取得显著的社会成效。其原因，一是钮永建对农业和农村问题有切身了解和深入研究，对农民有深厚感情；二是拥有一个意志坚定、作风踏实的团队；三是得益于沪郊相对有利的经济社会环境。

但是，钮永建及其同仁们的理想未能实现。其原因，一是限于时代和认知的障碍，只能用改良的办法，而没有从根本上改变不合理的土地制度入手；二是遭遇来自“上面”的掌控和干涉，地方官员阳奉阴违，士绅阶层虚与委蛇；三是日本侵华战争的爆发。

钮永建及其同仁们努力探索所获得的建设乡村新生活的经验，具有不可低估的历史价值，对于当下推进农村经济社会发展，建设社会主义新农村，也具有现实意义。

日军飞机轰炸

1937 年 8 月 13 日，淞沪会战爆发。

8 月 25 日，侵华日军飞机竟然飞临上松公路(今北松公路)上空，时而盘旋投弹，时而俯冲扫射，轰炸了一个昼夜。

9 月 10 日上午，五架日机又疯狂地飞到闵行、北桥、马桥地区示威，投下七八枚炸弹，北桥小学被炸毁，俞塘村也受轰炸波及。

10 月 8 日晨 6 时后，有三架日军飞机环绕沪闵公路，向逃生难民扫射。在北桥附近难民数十人伏居道旁仍被射死，未被射中者亦被燃烧弹烧死。下午 4 时，两架日军飞机在上松公路北桥、马桥间轰炸，先后投弹七八枚，两弹落马桥，四弹落北桥。

11 月 5 日上午 8 时许，两架日军飞机向西南方向盘飞，经过北桥时，低飞开机关枪扫射居民。然后沿上松公路旋飞旋射，马桥、汇桥、车墩等地乡村均有枪弹落下。

12 月，小股日军闯进沈家宅(今友好村五组)，枪杀村民沈月生，纵火烧毁沈关松家三间七路头瓦房。

自卫游击战

1937年11月8日,马桥地区沦陷。

1938年6月23日《文汇报》记载:前日浦东游击队领袖丁锡山特派传达员蔡某,乔装改扮,赴浦西投递公文。及至沙冈渡口,被便衣日兵突击盘查,在胸际搜得公文15件,即被拘解北桥日司令部。蔡某承认投递公文,自愿为向导领便衣伪警前去搜寻。待领至竹冈桥口,蔡某佯为解手,一跃纵身入河,泅水逃遁。

1938年7月29日《文汇报》记载:沦陷后,马桥乡即由屠某、张某组织"治安维持会"。改为"自治维持会"后,由义泰商号店员刘金棠继任会长,并拉严闳远、李振铃为助理员。刘金棠小名"阿刘善",能操几句日语,兼任"县维持会"顾问。因赏识竹器店马福生之女绣花,男女双方合意,于7月19日举办婚礼,并占用俞塘顾姓人家的新屋欢度蜜月。顾家人生怕日后无好结果,一路大哭。游击队分队长王正霖闻听此事,率领队员孙巧全、翁汤铭、张阿福、张闳川等20余人,前往俞塘村袭击。结果游击队与日军发生遭遇战,日军遭受重创,游击队员张阿福、张闳川不幸阵亡。枪炮声中,刘金棠等一哄而散。

1938年8月3日《文汇报》记载:马桥镇"维持会"鉴于本地疫疠蔓延,自农历七月初一起,延请道士启建水陆道场三昼夜。七月初四深夜,抗日游击队队长顾某率领300余人,断绝交通,划破铁刺网把守马桥镇各要口。枪声一起,冲入"维持会",捕获瞿焕松、瞿焕林、俞永福等,当场击毙瞿焕才。然后,游击队包围日军指导官森重北治寓所,但其早已越屋潜逃。游击队擒获森重的新妇方氏(棺材老板方和尚之女,刚与森重结婚),并在枕边搜得森重公事皮包,内贮数百元钞票和重要军用文件。游击队点火烧毁了"维持会"会长李也秋、副会长李政林的住房后,押解瞿、俞、方等而去。

1938年7月30日《文汇报》记载:在马桥镇开设鞋店的沈阿福父子曾加入游击队,两星期前被日军在家中抄获枪支而拘执。沈阿福中途跳水图逃,被日军开枪射杀河中。其妻亦被侮辱而死。其子沈铭铨为强恕小学毕业生,年甫20,当其被解至俞塘乡日军部之际,且行且歌,声闻四野,直至饮弹气绝。

1938年9月25日《文汇报》记载:近日沿沪闵路、上松路、塘北公路两旁,各乡各镇均有游击队掮枪拖刀,挺身而过。抗敌标语琳琅满目,贴满墙壁。

1938年10月20日《文汇报》记载:马桥镇燕子窭老板李政林,时年61岁,去年冬接任“维持会”会长以后,即与其子李颂唐(时年22岁)狼狈为奸,无恶不作。未及半年,积下现金七八千元,陆续存入协行生息。今年“八一三”日军深恐游击队来袭,引兵退出马桥。李政林顿觉不安,即随日军迁到闵行镇。当夜,游击队翁汤铭部进驻马桥镇,枪毙了李政林之妻。李政林父子托友人说情,向浦南“忠义救国军”第二支队队长丁锡山投诚,李颂唐还认丁锡山为义父,充任教练官。最近,丁锡山发觉李颂唐时常将军情密报敌方,李政林则舞弊百出以公饱私,大为震怒,于19日午刻将他们绑赴刑场斩决。消息传至马桥,人心大快。

1938年10月31日《文汇报》记载:华军在浦西者大部分属于江浙边区救国自卫军,分布于黄浦江两岸各镇,如浦西有闵行陈桂生(中队)、荷巷桥聂仲贤(区队)、管寿华(区队)、紫藤棚丁益三(中队)、中渡桥顾全根(大队)、吴会周咸兴(中队)、马桥董溥贤(区队)、沙脊翁汤铭(中队)、砂路何天才(中队)等。

1938年11月17日《文汇报》记载:本月12日上午10时许,突有汇桥武装日军30余人,由马桥西市梢蜂拥入镇,挨户搜劫法币。蒋艺林花行、西杨瑞兴南货号、延寿堂国药店、沈震茂农庄、严友于医室、伪十二图董胡国堂所设之石灰行等均损失甚巨。并假借盘查游击队名义,挡住去往镇上购物之乡人归路,实施剥衣、抢货、夺钱、殴击等不法行为,秩序混乱异常。斯时路人争避,商店闭市,街上行人绝迹。饱掠之后,出东市新木桥南行,路过吴会镇,又将全镇商店住户任意搜劫,无一幸免。再西至张家达,适遇村民杨嘉贤家中有礼佛念经事,随将佛堂中所供经牌香烛等物悉数捣毁后,呼啸而去。

1938 年 12 月 8 日《文汇报》记载：荷巷桥地处乡僻，人烟稠密，现届棉稻登场，乡村间正在收获。近有一般流氓，借日伪庇护开设赌场，贩卖毒品。6 日晚上，各赌场正在热闹之际，突被江浙游击队翁营长亲率士卒，前往抓捕，立将各赌台一网打尽，燕子窠完全扫荡，并拘获烟赌犯 240 余人，排立广场中，先听翁营长演述烟赌之害。随后，翁营长命令队员将搜获之两大提篮麻将牌（四十余副）、纸牌扑克和竹牌豆子等杂式赌器一木箱、生熟烟土四十余两、烟具二大藤篮，悉数堆置广场中引火烧毁，并叮嘱各犯嗣后不得再蹈前辙，旋即释放。迨任务完了，翁队相率隐去，一时人心大快。

据多种抗战亲历者口述资料记载：马桥俞塘的王宝道 1936 年前后为俞塘第五保保长，参加了上海县第三区壮丁训练班（军事教官顾振）和俞塘民众教育馆第一届民教服务人员训练班（教育长冯国华）。1937 年 11 月，先后随冯国华和顾振参加自卫游击队。1940 年 12 月，参加了策动召楼起义的战斗，并随顾振投奔“淞沪游击纵队第五支队”，被编入特务区队。1941 年 6 月，任游击队指导员，赴上海景鸿小学秘密联络站寻找顾振途中，被日军宪兵队逮捕，受尽日寇折磨。经组织营救方才脱险，回马桥养伤，顾振派妻子秦之佩常去探视。

率先走在社会主义大道上

上海县第一个初级农业生产合作社

为了引导个体农业走合作化道路,1951 年 12 月,中共中央下发《关于农业生产互助合作的决议(草案)》。刚刚完成农村土地改革的上海郊区根据自愿互利、典型示范和国家帮助的原则,迅速开展农业互助合作运动。

沈永恭领头建立合作社

土地改革过程中,不少农民为解决生产上的困难,在传统的“亲帮亲、邻帮邻”伴工互助基础上,组成临时劳动互助组。1951 年 2 月,马桥区青登乡沈永恭组建上海县内第一个常年互助组,本着自愿互利、等价交换的原则,实行劳力、畜力、农具三互助,解决单干时劳力强弱和农具相差较大的矛盾,当年水稻最低亩产量由上年 150 千克提高到 200 多千克。

在这基础上,1952 年 2 月,沈

永恭互助组创办了上海县第一个初级农业生产合作社——青登乡第一农业生产合作社。合作社由十户中农、一户贫农组成,其中几户同宗。发起者是四户经济富裕户,耕作勤快,所种农作物产量历年较高,在宗族中较有威望,有扩大再生产的愿望,便积极发起并成为组织合作社的核心人物。响应的是五户缺乏劳力户,其中有三户和四户发起者是同胞兄弟,认为参加互助合作社可以帮助解决劳动力、农具等困难,增加收入,改善生活。

初级农业生产合作社将生产要素优化组合,并以土地入股为特点,与农业生产互助组相比,虽然土地和其他主要生产资料仍属私有,但由于实行统一经营,并且积累公共财产,因此具有了半社会主义性质。

青登乡第一农业生产合作社社员合影

上海最早的农民新村

1958年6月,闵行卫星城电机工业区建设在马桥公社征地拆迁。马桥公社结合卫星城拆迁情况和人民公社改造旧式房屋的要求,着手将“农民新

俞塘新村

村”规划及自然村的改建工作与拆迁安置结合起来，商请上海市民用建筑设计院和同济大学建筑工程系进行规划设计。在“原拆原建，拆建并重”精神的指导下，马桥公社抽调350名劳动力组建成建筑工程队，在俞塘地区建造农民新村。

同年11月，始建新村安置房14幢，系砖木结构的二层楼房，平行排立在紫港河西。后又建六幢走廊在外的三层楼，每层楼面有10间直通间房，东尽头还有3间厢房。共计330间。

1959年5月1日起，316户动迁农民陆续迁入新村，涉及近 1 500 人。

《马桥人民公社农民新村》书影

因自己组织建筑施工队，并充分利用旧料，平房的造价仅合 26 元/平方米，楼房 36 元/平方米。分配结账时，根据“私有财产永远属私人所有”的原则，对社员的原有房屋按等论价，结价时当地生产队干部、社员本人、拆迁单位、泥木工各一人，公社干部各一人，会同结价，互相评议，做到让大家满意。

1960 年，上海教育出版社编写出版《马桥人民公社农民新村》，收入“学文化文库”发行。

中外记者聚焦马桥

1963 年《人民画报》

1963 年 2 月,《人民画报》以“前途无限”为题,刊出马桥人民公社的 12 幅新闻图片。

前途无限

《人民画报》

《人民画报》报道称：1962 年马桥公社又一次战胜自然灾害，晚稻获得良好收成。国家兴建的电网提供廉价的动力。新建了 20 个电力排灌站。马桥公社拖拉机站拥有 15 台拖拉机。

在晚稻刚开镰收割时，连轻易不露口风的老农也说："这样的好收成，解放以来也是少有的。"

经台风和虫害后，张家生产队棉花仍收成不错（1963 年《人民画报》）

马桥张家生产队 1962 年种的棉花，虽经三次台风和虫害严重侵袭，收成仍然不错。

国家在马桥新建的中心医院，设有内、外、小儿、妇、中医等科，拥有20多张病床和X光室、手术室、分娩室等设备。公社奶牛场生产的牛奶供应市场，也供应社员。

马桥公社晚稻获得良好收成
（1963年《人民画报》）

新建成的马桥公社中心医院

1964年法国摄影记者

来自瑞典的摄影师勒内·布里（Rene Burri），见证过很多历史和文化的重要事件，因拍摄毕加索和切·格瓦拉享誉世界，成为法国玛格南图片社20世纪最著名摄影记者。1964年早春时节，时年31岁的勒内·布里低调地来到马桥人民公社，一口气拍摄了许多当地公社社员的生活图像，其中《社员出工》《一家人》《农家客堂》等作品传世甚广。

马桥农家(法国玛格南图片社摄影师勒内·布里摄)

斯诺访问马桥

美国著名记者埃德加·斯诺(1905—1972),1970年8月至1971年2月第三次访问中国,还登上天安门参加了国庆观礼活动。1971年初,他访问了马桥公社。事后,在其《漫长的革命》一书这样说:

离上海车行不到一小时、有三万六千人口的马桥,是个"富"的郊区公社。在这个粮棉套种地区,1970年马桥的一年总产值每户约合720美元(按官价汇率人民币2.4元折合1美元)。

在大队的总收入中占3%—8%的缴纳国家的税款,包括在占总收入的40%—50%的管理费用中的。粮食的15%—20%,按固定价格卖给国家,作为交售任务。纯收入中包括工业产品、畜牧业产品和供销售的作物。从中提留10%—25%或更多一些作为公积金,用于设备投资、改良土壤、福利和贷款基金、医疗保险和对老年人的照顾。这笔数目的80%—85%由大队保管,余下的作为公社的投资和管理费用。

1969年,马桥每个劳动力的净收入约合102美元,平均每户(4.6人)约为274美元。在马桥公社,社办工业和大队办工业——造船、建筑材料、机械和变压器等,计占生产总值的25%以上。这是特别高的,在全国要达到这个目标还是遥远的。

第三章

胜迹遗珍

马桥手狮舞

荷巷桥金氏宅院桂花树

准确认识“马桥文化”

何为“马桥文化”

1959年12月7日，马桥公社联工大队俞家生产队社员在挖掘粪坑时，在1.5米左右深处发现鹿角和红色印纹软陶碎片，引起在该队劳动锻炼的提篮桥区粮食系统下放干部的重视，他们认为很可能是一个地下遗址。立即向当地公社、上海县有关部门汇报。同年12月10日，上海重型机器厂在俞塘河北岸用推土机取土，在推至地表1.2米以下时，也发现大量的印纹陶泥及少量石器。1960年，上海考古界在此开始了第一次抢救性发掘。1966年，进行了第二次发掘。由此获得大量出土遗物和遗迹，还发现了一些自然遗存。

在1978年召开的我国考古界“南方印纹陶学术讨论会”上，学者们首次命名其为“马桥文化”，其代表了夏商时期分布于长江三角洲地区的一个区域文化类型。“马桥遗址”是这一时期遗址中资源材料最丰富的文化遗址。

考古发现“马桥遗址”的中部北部、沙堤之上和东西两侧都有“马桥文化”遗存物分布，而且相当丰富，是这个时期环太湖地区面积最大、最具有当时社会生活面貌的典型村落，总面积超过15万平方米，范围之大为同一时期遗址所罕见。

令人特别关注的是,这里出现了一个奇特的“返祖”现象:即在其他地区良渚文化晚期出现的许多耗工费时的稀世珍品,如玉器,带细刻图案的陶器、象牙器等,在“马桥遗址”中均未发现。其留给今人的遗存物只是些粗陋的陶器杂件。同时,作为“马桥文化”原始文字的形体结构和表义方式,比距今三四百年的“良渚文化”更为简单。

从年代上来讲,“马桥文化”紧接着“良渚文化”,但文化面貌截然不同,两者之间没有直接的承袭关系。考古界认为“马桥文化”继承了少量“良渚文化”的文化因素,而且整类“良渚文化”因素在“马桥文化”中不占主导地位。研究成果表明,“马桥文化”来源于浙西南山地的原始文化,同时还包含山东地区的“岳石文化”、中原地区的“二里头文化”因素。对照中原地区的王朝序列,“马桥文化”的年代大致与中原的夏和商相当。

马桥先民生活图景

依据考古学家对“马桥遗址”出土文物所做的分析,我们可描绘出这样一幅马桥先民的生活图景:

公元前 1 800 年至 1 200 年,这里的先民们定居在由长江冲下的泥沙和海潮推来的贝壳砂共同沉积而成的沙堤上,东侧是大海,西侧是洼地。他们居住在干栏式建筑内,日常使用的是陶器和石器。陶制的食器有多种规格,如豆、簋、瓦足盘等。陶制的饮器有觯、觚、鸭形壶和尊等,又称酒器。

觯是这里最具特色的器皿,造型独特,形态变化最多。在绝大多数的豆、簋、觯、觚上,有排列规整或挥洒自如的云雷纹作装饰,且形态多样,最流行的是菱形雷纹、斜云雷纹、蝶形云雷纹和方形雷纹。这诡异莫测的云雷纹似乎与神灵信仰有关。

先民们的食谱中,野生动物占了很大比例,其中主要是梅花鹿,以及麋鹿、猪等。而鹿科动物喜欢生活在靠近水源的树林和草原,据此可推断这里曾有茂密的树林和广阔的沼泽地。鹿科动物常常进行群体性活动,先民们只能采取集体围捕的方法。这里东临大海,周边水道如网,水生动物众多,

自然也是先民们的食物。出土文物中有不少牡蛎、文蛤、青蛤、鲨鱼、鳖的遗骸。因此,这里可称是“渔村”。为了储存水产品,并能保鲜,先民们还发明了专门存放水生动物的水坑。

这里还出现了刀、凿、镞等小件青铜器,未发现铸铜工具。石制生产工具仍极为盛行。有翘刃石斧、段石、长三角形石犁、带柄三角形石刀、斜柄长条形石刀、石铲、半月形石刀、右耘田器,以及扁平三角形石镞和石矛。

先民们还用吃剩的动物骨骼制成“骨牙工具”和“工艺物品”,并在制陶时注重造型艺术,如生产出了“灰陶云雷纹鸭型壶”“夹砂红陶条纹圆锥足鼎”等器皿。于是,多种原始民间艺术由此诞生了。

当时,这里大规模地生产印纹陶,开始制作原始瓷。他们逐步掌握了高温烧窑技术,能控制窑内的温度,从而将印纹陶发展为硬陶。在做出重大技术创新后,生产出了原始瓷,尤其是发明了黑釉原始瓷。造型精美的鸭形壶、戳印云雷纹和三足盘等器物,已接近原始瓷的质量,壶面上呈现出光亮的青绿釉彩和极为罕见的黑釉。据测定,烧制这种陶瓷的火候,至少要1100℃以上的创新技术,由此可证,“马桥遗址”是目前所知我国最早的原始瓷出产地之一。在这类陶器上,还呈现出方格、菱形、波浪形和云雷纹等各种几何纹饰。在一只泥质黑衣灰陶盒外底部细刻内旋纹的中间,竟浅刻着一个朴质大气的五角星纹饰,有专家认定“这是中国迄今发现的最早五角星纹”。

发掘中所发现的柱洞、水井、灰坑、灰沟、陶片堆和灶塘等人类活动的遗迹,表明马桥先民居住房屋形式以干拱式建筑为主,也有个别浅穴式的房屋。

“马桥文化”的多元特性

实证表明上海地区的史前文化开端于距今6 000年左右的“马家浜文化”,其后经历“崧泽文化”“良渚文化”。“崧泽遗址”体现了新石器时代中期的文化面貌,被考古界视为上海地区远古文化的主要起源。“福泉山遗址”的亮点在于“良渚文化”。

根据“马桥遗址”出土的“马桥文化”遗存,考古界发现其主要融合了浙江、福建、江西、山东、中原等地夏商文化因素,似乎与“崧泽文化”基本脱节。遗址出土的盉、鬶、三足盘、觚和各类模印花纹等,源自河南偃师二里头、郑州二里冈时代的“中期文化”。红褐陶明显来自浙南闽北的“肩头弄文化”。有些出土物也继承了当地“良渚文化”遗风,但黯淡了许多。

由此可推测,当年的马桥先民来自浙江、福建、江西、山东、中原等地,迁徙到此,见冈身地带地势高亢便争相落脚,顽强谋生,留下了混合形态的“马桥文化”。后又迁往他乡,以致“马桥文化”逐渐消逝。

“马桥文化”遗存在杭嘉湖地区都有分布,目前已发现遗址 90 余处。“马桥遗址”只是远古时代一个基层社会的聚落,所展示的“马桥文化”并没有达到高等级聚落的水平。因为在此出土的材料比较丰富、典型,又是首次发现,于是成为“马桥文化”的命名地。

一项不该忽视的研究

近几年,复旦大学现代人类学研究中心的专家们对“马桥遗址”马桥先民的构成提出了“百越部族”的观点。

“百越”是秦汉时期中原人对长江中下游及以南地区所有民族的泛称,是中国西南乃至东南亚的侗傣民族的共同祖先。“百越”有很多部族,本地属“吴越”。

复旦大学现代人类学研究中心的专家们根据对本地人父系基因类型(Y染色体 SNP 位点)的测试证实,以马桥为中心,可画出一个当年本地“百越人”的生活区域,其涉及今闵行区南部、奉贤区西北部以及松江区、金山区与之相邻的边缘。相关地区均在黄浦江两岸,明代时大多同属上海县长人乡十六保,地缘贯通,人缘紧密。在这个区域内,父系基因类型相似,继承了“百越”血统,自古乡民装束大多崇尚蓝色,本地方言称为“荡搭闲话”(意为“这里的话”),至今保留有 20 个元音(方言元音之多被称为世界之最)。

这项研究为我们了解乡土历史提供了新的视角。

“马桥文化”后续

考古界对“马桥遗址”的地层划分有相对统一结论：第一层为表土层，第二层为“马桥文化”以后各时期的堆积，第三层为“马桥文化”时期，第四层至第七层为“良渚文化”时期的文化堆积和自然堆积。考古学界尤为重视的是第三层至第七层的文化遗存。

考古界将“马桥遗址”第二层文化遗存分为春秋战国、唐代和宋元时期三部分。这些文化遗存可反映这里自春秋战国之后的人文历史，同样值得后人关注。

“马桥文化”之后，这里发生了一系列重大的历史变迁，但历史文脉没有断层。

黄泥墩大墓，位于闵行老镇西约 7 千米，二号公路南侧农田中，靠近黄浦江。1973 年，乡人在耕作时发现此墓。经上海市文物保管委员会组织清理，这是东西向长方形土坑墓，长约 6 米，阔 2 米，深距地表 1.56 米，坑壁用大树对剖的大木，平面朝里的密排直插构成墓室，坑底平铺一层不规则的板岩石片，坑内东部约 1.5 米处，以木条分隔一间前室。清理发掘前此墓已被盗，前室空无一物，后室前部棺木朽蚀，后部有一堆严重破碎的印纹陶器和原始瓷器碎片。经拼接有方格纹与米筛纹的卷唇鼓肩、深腹平底的大陶坛，和青黄釉敞口浅腹平底的原始瓷盘。这是上海市至今发现的规模最大的春秋时代土墩墓。

筑耶城遗址，在江川路北、北沙泾港西侧，为东晋吴郡太守袁崧（字山松，左将军）所筑。为抵御孙恩聚众十万从海上进犯，晋隆安四年（400）十一月袁崧在沪渎垒城后，又在这里抢筑了一座偌大的城堡，《皇朝通志》称“袁公城”，《云间老》称“筑耶城”。次年，袁崧不幸战死后，人们在此建立“筑耶将军祠”以示纪念，俗称“袁将军庙”“筑耶城庙”。到宋绍熙元年（1190），筑耶城及祠庙大部已废。绍熙《云间志》记载：“在沙冈有筑耶城，遗址尚存，晋左将军袁崧所筑也。有筑耶将军祠,世传祀袁崧云。”明正统年间重修。

在马桥镇同心村五组南边靠近工农河的地方,曾有一座皋阳庙(今俗称“高阳庙”)。据地方文献记载,此庙始建于唐代。《上海文化年鉴》《上海文化艺术志》在记述上海道教音乐发展史中称:“唐时,在语儿泾即(女儿泾)东建有皋阳庙”,“这是上海道教历史有文字可考之开端”。

1959 年,在马桥镇俞塘村发现一座五代十国时期的墓葬,经考古发掘,出土越窑青釉小盖罐、越窑青瓷鹦鹉纹盒、越窑青瓷刻花纹盒及铜镜、木梳等随葬物。1994 年,在此又发现一处宋代家族墓葬,经考古发掘,出土青白瓷碟、青瓷盒、韩瓶、铜镜、钱币等随葬物品。

明代蓝印花布实物

1965年,在马桥乡三友大队的明代墓葬中出土了四条蓝印花布夹被,上面印有繁复而活泼的白花纹,蓝白两色搭配自然和谐,制作工艺精湛。据一起出土的一张地契所记时间,可确证为明代末期的文物,今保存于上海博物馆和闵行区博物馆。《话说中国》丛书称:"这是目前上海乃至全国发现的最早的蓝印花布实物。"

蓝色花布夹被

被称为江南文化符号之一的蓝印花布，是一种古老的手工印花织物。印染之前，先要设计纹样和制作花版，用点、线、面结合成纹样，然后用纸刻成花版，并用熟桐油油漆晾干。印花时，把镂空花版铺在白布上，用刮浆板把石灰和黄豆粉加水拌和成印花防染浆，漏刮在织物上，俗称“拷花”。待阴凉干燥七天后，用“蓝草”色素制成的染液，多次印染。染色后，经晒干或烘干，用刮刀刮掉防染浆层，然后用流水洗尽浮色。蓝印花布的纹样图案朴实典雅，四方连续，只用比较粗犷的点和短线组成，蓝白相配，对比强烈，浆纹自然，色彩明快。常见图案有凤凰、蝴蝶、月季、牡丹、花、柳叶、吉祥符号等，具有浓郁的乡土味。

明代墓葬中出土的这四条夹被，均由三条大致相等的粗棉布先印花后纵向拼接而成，两条长 2 米、宽 1.7 米，一条长 1.92 米、宽 1.27 米，一条长 2.05 米、宽 1.64 米。夹被上的图案内容各不相同，纹样线条流畅，造型构图饱满，画面写实生动。

其中一条夹被可称“菱形满地花被面”，在排列有序的连续菱形方格内饰花草、凤鸟、狮子滚绣球等花纹。被面从上到下带饰花纹为凤戏牡丹、菊花边饰，主体图案为连续菱形方格，正中心四格为一组，上下格内各印一凤穿牡丹图，上格凤首朝下，尾上扬弯曲呈圆弧形，下格凤首朝上，双翅舒展，左右格内各印一只狮子，在花丛中滚绣球，左边狮子蹲踞，左爪踩绣球上，右边狮子奔跑状，前爪刚扑到绣球，周围格内花卉纹质朴大方，充满浓郁的乡土气息。

另三条夹被可称“庭院人物被面”，构图基本相似，四周布以二方连续式花卉、鸟兽图案为花边，中心分为两部分。上部是三个开光花鸟折枝图案，上下两部中间由一道带饰分割开来构成装饰边栏。下部三组由不同的庭院、人物、花卉图案组合构成。

其中保存较为完整的一条夹被，主体图案中部是一棵参天松树和一棵高大的芭蕉树，两树之间有庭院回廊，树下两个贵妇坐在回廊内闲聊，左边主妇发髻高盘，戴发簪、额带饰、耳坠等首饰，身着华丽服装，肩披霞帔，坐在榻上。左侧站立一个侍从，似在向主妇禀报，右侧芭蕉树下一侍从双手端盘

蓝印花布

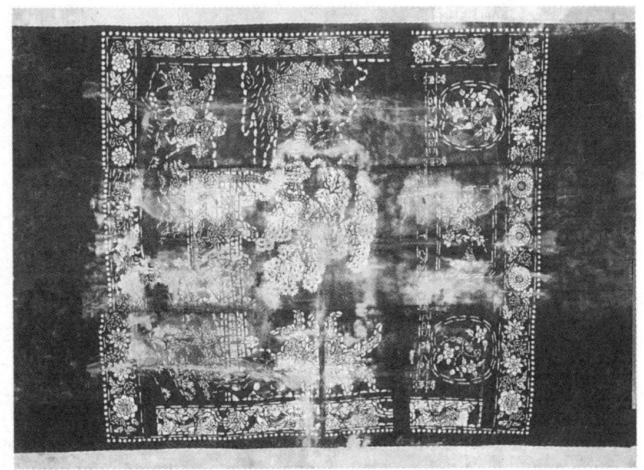
蓝印花布

朝主妇走来。而左侧,另有主仆三人山水行旅的场面,只见崎岖小路从山上弯曲而下,一匹昂首奔马四肢矫健,马上是头戴乌纱帽的官人,策马扬鞭,身后跟着两个挑行李的侍童,正沿着山道匆匆而来。图案之间由背景围栏相接,构图完整,衔接自然。画面组合起来,即是一个故事。

夹被图案

另外两条夹被侵蚀得较为严重,其中一条仍能看出主体图案为两人在庭院对弈，身边各立几名侍女。庭院内，有假山石、牡丹花、芭蕉及杂树相映，围栏曲径通幽，充满春光诗意。而院外，远山连绵起伏，背景表现为大面积留白。

另一条夹被也是庭院对弈图。夹被上下留有蓝色空间，四面边框均为缠枝菊花，上边框下横排三个桃形开光，各饰花鸟折枝纹，每开光内两只小鸟栖息枝头，三组相映成趣，左边鸟首右向，右边鸟首左向，中间的两只一左一右，合成整体。主体图案为远山近水庭院人物，中下部庭院回廊环绕，一对夫妇坐圆鼓形凳上对弈，左边男主人头戴尖帽，低头拱背，右手拈棋准备落子，右边女主人头戴花冠，面相丰腴，神态雍容，双目前视，双手插袖笼，正在冥思。男主人身后的侍从双手捧物。主妇右侧的侍女眼看棋盘，臂靠台沿。庭院外，左侧一棵芭蕉树枝叶繁茂，树下有两人正走来。右侧有两个身着长袍者，可惜已模糊不清。回廊外，是溪水、花木和山峦。

还有一条夹被为松竹梅图，三幅缝成，上下蓝地，四面边框为缠枝菊花纹。上边框下一横排三个开光，中部开光长方形，左右椭圆形，均饰双鸟折枝纹。开光下部一道回廊柱带饰。中部图案有松树、竹叶、梅花枝、花草、星宿图等。

明代，董其昌故里拥有十多位进士，大多为官，家境富庶，自有烦恼，花布上的场面及故事也许就是他们的生活缩影。

马桥老街历史风情

马桥老镇在上海县十八保三十六图，本名山海镇，地处沙港与俞塘汇合处。明末清初，此地形成商市，因镇上四座石桥分布呈马状，故人称马桥市。清乾隆年间，镇区扩大，市面繁荣，始称马桥镇。清人黄家琨《马桥晓市》诗云："初日俞塘上，纷纷赴市多。物稀腾口价，人众接肩摩。地僻风从俭，尘嚣雨后过。石桥来往便，负载入讴歌。"张伟《马桥晓市》诗云："破晓听鸡鸣，抱布赴小市。市井到东西，潺潺桥下水。担夫争道归，村落炊烟起。"

马桥老镇东街

老东街

老东街是马桥集镇的发源地,长约180米。东起金伯林什粮店,过陆家河石桥,向西沿老俞塘河至马桥天主堂大门东围墙是单面上塘街,从马桥天主堂西围墙向西至北沙港大石桥是双面街。东临杨家宅、贺家塘宅,南紧沿老俞塘河,和老俞塘河与北沙港两河汇合区,北靠北松公路,西止北沙港大石桥。沿街上塘有胡公侠石灰行,林家剃头、水果店,孙家新兴茶馆(三老太茶馆),朱家旅店、小吃馆,东杨瑞兴南什货店,金顺兴理发店。下塘有协记庄家油坊、贺家粽子店、杨和尚小吃店、胡文宝作铺店、钮万新南货店号、王振兴茶馆、马火生酒店、杨家婚庆用品店、肉庄、豆腐店、王氏摇袜店、王朱合作什货店。还有钮家厅、天主堂、万寿庵、达义小学、米厂、油坊以及沙港河船码头。

清末民初,协记庄家油坊扩厂用柴油机发电,老东街各商家出钱取得用电权,成为全镇最早用电的街区。1920年,胡、林、孙、朱四家联合翻拆上塘房,造七上七下二层楼,被称为“四姓七间楼”。同年,开设于清光绪三十二年(1906)的“三老太茶馆”改为“孙家新兴茶馆”。1932年,钮氏沿街翻建二开间二层新式走马楼,门面房开设“钮万新南货店”,店招牌由钮永建题写。

万寿庵

马桥镇东街29号万寿庵,人称“东庵”,原名“万通庵”,始建于元代。清康熙二十八年(1689)八月间整修。嘉庆年间改称“万寿禅院”。庵内有前、中、后三栋,每栋三间,中间有大厅供观世音菩萨。有古银杏树一株,枝繁叶茂,树龄300年以上。今被列为闵行区文物保护点。

今存《万通庵募田碑记》,碑立于万寿庵东墙根,高1.72米,宽0.72米,青石质半圆形额“募田碑记”。清康熙三十三年(1694)由住持僧明性所立,碑曾被断为两截,字迹尚可辨认,清晰可见“大浦处其南通衢在其北旅行者

于斯息”“八十一卷三载以未不论寒暑不论昼夜”等字句，并刻录大量募田者姓名，其中有“上海县知县陈善”，落款为“万通庵住持僧明性撰，护关僧性元，坐关僧持函”，左上角款识为“龙飞康熙叁十叁年岁次甲戌春”。

四“厅”宅院

老东街钮家厅宅院，建于清末，前后有五进房屋，占地4.4万平方米。沿街设石圈门，二进为前大厅，三进是小天井和东西厢房，四进是小天井正房，五进为后厅。围墙高约6.7米，内有竹园、果树及大水井。原址在今北松加油站全部及南厂房。

东街严家厅宅院，相传始建于明代，前后有五进。前门五开间街面房，二进有仪门、天井、厢房，三进有大厅和厢房，四进是大天井，东西两边围墙，中有清代石刻，五进为五上五下楼房。原址在今东街世纪联华超市大门富岩路东西之间。

中街康家厅宅院，相传始建于明代，东北靠文昌阁。临街五开间作商铺，前后有五进，院内有青石雕刻，足有三四米长。二进中天井，两边是厢房。三进厅堂称“丛书堂”。四进为天井。五进为走马楼。原址在今新街路西侧。

西街焦家厅宅院，相传始建于明代，临街五开间作商铺，前后有五进。二进有仪门，两旁石鼓一对，天井能容纳百人。三进是大厅，厅中能做戏台。四进为天井，中间是石柱框砖雕门楼。五井为三开间楼房，东西各两上两下。北有高墙，墙外是大竹园。原址在西街小区西街路北边。

老东街徽商人家

老东街，长约180米。东从金伯林什粮店过陆家河石桥，向西沿老俞塘河至马桥天主堂大门。东围墙是单面上塘街，从马桥天主堂西围墙向西至北沙港大石桥是双面街。东靠杨家宅、贺家塘宅，南紧临老俞塘河，及老俞塘河与北沙港两河汇合区，北紧靠北松路，西止北沙港大石桥。沿街有商店、米厂、油坊、天主堂、佛庵、学校、钮家厅,居民住宅及船码头。

近年,马桥老镇老东街居民在沙港河大石桥河边发现一块“大石桥捐款记碑”残石,刻有如下文字:

> 徽州府休宁县富商王伯延前倡助银二十两,王守溪同助银二十两,杨岩山助银十两,刘仲光助银十两,黄□珍助银二两,□□□□□一两……

记碑残石

“大石桥捐款记碑”立于何时没有记载。民国七年(1918),由奚佐汤(字真杰,次年任马桥乡议事会经董)捐资重修沙港河大石桥。此石应刻于此时或者更早修桥时。所记以“银两”计数,以此推测此碑立于清代晚期。

20世纪50年代初实行土地改革时,马桥镇上七户王姓人家中划定地主一户、工商地主二户、半地主一户、工商业主二户,八户杨姓人家中划定工商地主一户、工商业主二户,八户刘姓人家中划定地主二户、工商业主一户、小土地出租四户。说明镇上王氏、杨氏、刘氏大多是当地富商人家。

近年,老镇居民还发现一块“三槐堂”地界石。“三槐堂”,即闻名天下“三槐王氏”的堂号。地界石印证了马桥老街也有“三槐堂”的后裔,更印证

了他们属于来自安徽休宁的徽帮人家。

当年，东街沿街有刘家石圈门房、王万兴南货店、杨天宝银楼、刘家米店，中街有王友训豆腐店、杨百顺茶馆、王同兴什粮店，西街有杨其洪饭店、西杨端兴什货店、王顺祖肉店，老东街有王正兴茶馆、王朱什货店、东杨瑞兴南什货店、杨炳庆豆腐肉庄婚庆用品店等，镇东首还有杨家宅，这些也许是徽帮人家的同族。

三槐堂界石

公共图书馆

1928 年初，上海县教育局为了丰富乡村学校学生课外阅读，建立“上海县巡回书库”。同年 8 月，在南市蓬莱路上设立“上海县公共图书馆”，“巡回书库”改称“社会阅览文库”。不久，上海市、县分治，“上海县公共图书馆”随同上海县教育局迁到北桥镇。但是，因县教育局用房紧张，图书无法上架陈列，“巡回书库”停止校际巡回，民众意见很多。

1929 年 10 月，马桥镇士绅以吴会书院文化底蕴深厚为由，要求将“上海县公共图书馆”迁至马桥集镇上。征得县政府同意后，馆址迁入马桥强恕小学内。不久，原“巡回书库”经调整充实，恢复校际交流。

1930 年《中华图书馆协会会报》报道：上海县公共图书馆组织儿童读书会，会员有 100 多人，每月集会两次。

因读者不断增多，设在强恕小学内的图书馆日益显得狭小。1931 年，马桥镇上第六区公所用房正闲置，即改建为图书馆用房，由强恕小学张经野任馆长，设阅览室三间，研究演讲厅、书库各一大间，另有办公室、接待室和职工宿舍。时有藏书 7 000 余册，分哲学、政治、经济、文学、艺术、历史、地理、科学、医学、自然等。后由钮永建出面募款,将废弃的文昌阁装修一新,作为新馆,更名为“文昌阁图书馆”。楼上前阁是职员宿舍,后楼藏有历年《申报》《新闻报》,全套《万有文库》《四库全书珍本初集》和各种杂志。书刊整理有序,借阅手续简便严明,文化气息甚浓。

1935年,上海县公共图书馆有藏书4 500册,以小说和儿童读物居多,每天读者约80人次,负责人为杨益三。马桥镇文昌阁图书馆有藏书1.57万余册,以文学读物居多,每天有读者三四十人次。

1937年11月,日寇入侵,日兵骑兵队占据马桥城隍庙及图书馆,拆毁门窗书橱烧水洗澡,珍贵书籍被焚一空。

1945年,居士董竞成及张厉龙、王友康、严重光、王鸿发等在中街1号董氏私宅创办“文明佛学图书馆”,供大众阅读。藏书5 000余册,线装书多木刻版本佛经,还有医学、文化艺术类图书,及70余种杂志。1950年停办。

耶稣堂

1914年,松江基督教区浦南循环司牧师史友兰在闵行老镇后东街租房设布道处。次年,又租老镇前西街夏姓楼房,权当教堂及住处。时有马桥人葛咏澹、张子明在上海城区听道信主,返乡后携友前来加入。史友兰为闵行教友吴雍文谋得一份工作,派其到马桥地区兼任传道。

1920年,正式建立基督教浦北牧区,涉及闵行、马桥、北桥、莘庄等地。

1923年,鲍涵恩接任浦北循环司主任,在马桥镇中市租借了两间宽大房屋,改作礼拜堂及住处,并在颛桥、塘湾镇开设布道点。

1930年,钮永建携夫人黄梅仙返回家乡创办俞塘民众教育馆,并在俞塘兴建基督教牧爱堂。

1932年起,因缺乏经费,以及当地农村普遍破产,布道活动大多停办。

1944年,由美国卫理公会购买马桥镇中街宗姓住房,改建为教堂,大厅作礼拜堂。乡人称之为“耶稣堂”。

乡间集镇

明清时期，这里因远离城市，一再避过战乱兵灾，长期稳定在农耕社会状态。除马桥老镇外，还有荷巷桥、中渡桥、紫藤棚、沙脊街等乡间集镇。此地的经济并不显繁华，田园风光却更显安宁和谐。

荷巷桥

同心村境内自古有一个乡间市镇，今人称之为“荷巷桥”。这里地处偏僻乡村，没有奇闻异景，平时访客也不多，却是自得其乐，声名远扬。其中自有耐人寻味之处。

自元至元二十九年(1292)上海立县以来，这里地处上海县西南角的边缘，始终与松江(华亭)县相邻，700年间区划始终没有变化。而近200多年间，这里的地名却不时发生变更，先后称为“荷巷镇”“荷溪乡”“荷巷桥市”“邻松乡”“荷巷桥镇”“同心村”等，说明这里也曾世事多变，饱经沧桑。

荷巷桥老镇兴于清代早期，街市主要建在老柳条港的北岸。柳条港上，自古建有一座南北向石拱桥梁，共计9级台阶，长9米，宽2.2米，取名为“荷巷桥”。相传,因周边有5条小溪汇聚,水中荷叶田田飘香而得名。

老镇因桥得名。镇区规模不大,多为市巷,溪有小桥。清嘉庆年间,这里称“荷巷镇”。嘉庆十九年(1814)出版的《上海县志》记载称:“荷巷镇,在十六保二十八图、二十九图,县西南八十里,以桥名,西半属华亭(县)。”而57年之后,即同治十年(1871)出版的《上海县志》记载,这里改称“荷巷桥市”,一千米外的中渡桥被称为“语儿泾桥市”(十六保三十一图)。其间,经历了太平天国大动荡,数年兵火成灾。

近百年来,这里又因时局动荡而区划多变。民国初期,江苏省暂行市乡制,这里称“荷巷桥镇”,属闵行乡,可见这时的荷巷桥老街的市面已恢复发展态势。1928年,这里属上海县第一区。1948年,这里改称“荷溪乡”,归闵行镇。1950年土地改革时,集镇上只有村民22户,95人,其中金姓12户。

上海解放后,因老镇往西相邻松江县,20世纪50年代马桥区在此增设“邻松乡”。1950年,老镇属邻松乡荷溪村。这里成为本乡商贸中心,因此乡人至今称这里为“邻松老街”。

1956年,这里为荷溪高级农业生产合作社二小队。1958年9月,属群力人民公社野战大队一中队。1961年9月,为马桥人民公社同心大队第二生产队,又称“荷溪生产队”。1984年起,大部为马桥乡同心村第二村民小组,东街部分属彭渡村第十村民小组。

荷巷桥集镇周边有五条小溪汇聚,经女儿泾,可南通黄浦江,北通俞塘。1966年,又开挖南北向西河泾直通黄浦江,与东西向的柳条港在镇区相汇。这里水系配套,水利条件优越。

荷巷桥及周边地区传统农业向来以种植水稻为主,这里成了当地最主要的粮食购销聚散地。为此,老镇上建有规模不小的货运码头,每天均有来来往往的船只穿梭在柳条港上。每逢秋收之后,粮商云集到此,四乡粮农纷纷赶来售粮兑款,整个小镇热闹非凡。

民国时期,镇上以东西向大街为主,形成热闹的商市。街路全长203米,宽 4.6 米,不计两边街沿石,街面宽 3 米,全程用青砖铺设,并不显狭窄。西段有一处“之”字形弯道。东街入口处有典当,坐北面南的街面房子在 1937 年翻建为两层新楼房,楼下为店铺,由东向西依次有杂货店、药材店、烟纸店、布庄、五金店、肉铺、棺材店(后改银行),往西还有米行、酒楼等,镇上大小茶馆店最多时有 7 家。东街有关帝庙。

自抗日战争全面爆发后,这里是抗日游击队开展敌后斗争的活跃地区,日伪军疯狂清乡扫荡,沿女儿泾建立了封锁线,在镇西汇桥、中渡桥等地设立检问所。随之,乡民出行不便,城乡贸易受限,荷巷桥的商市逐渐萧条,以致抗战胜利之后仍旧难以恢复原状。

1948 年,尽管这里正式称为荷巷桥镇,而 200 多米长的老街上仅存商铺 18 家,从业人员 35 人,其中油酱店 4 家,豆腐店和药店各 2 家。另有榨油坊 3 家,从业人员 7 人。1950 年时,自东往西依次有吴久望豆腐店、唐锦其中药店、叶同和南货点、陈志超熟食店、于金兴理发店、瞿守廉南货店、吴阶仁肉庄、陆凤祥理发店、唐宁生中药店、一条龙茶馆、程风里什货店,弯道处有叶家染坊店。

1956 年实行公私合营后,老街上的不少店主弃商务农。

1959 年,因河道加宽,荷巷桥石桥被拆除。

1960 年起,马桥供销合作社在街北面开设百货店、生产资料部,马桥食品站开设肉店,还有邻松信用合作社。街南面在顾言宅邸内设邻松卫生所,在金庆章宅邸内设马桥粮管所邻松站,弯道处设同心大队五匠组。

20 世纪 70 年代,东街属彭渡村十组的房屋拆除,村民迁居河东埭宅基。1976 年后,商店、肉店、粮站、信用社、卫生所等先后合并到马桥集镇,五匠组停业,这里的集镇功能基本消失。

1986 年起,因附近工业区发展迅猛,有不少外来人员前来荷巷桥租房入住,有的还在此开设小超市、商店、蔬菜供应点等。2010 年时,本地荷巷桥只有 32 户,其中叶姓、金姓各 6 户,村民 103 人,大多为中老年人。全街有 6 家商店,均为外来人员开设。这个“邻镇小镇”竟呈现出“外地人世界”的奇特现象。

沿街尽是外来人口所设摊位

中渡桥

荷巷桥镇西南女儿泾畔的中渡桥,自古为上海、松江两县临界地,桥东属民主村五组,桥西今属松江区车墩镇汇桥村。

明万历《上海县志》记载:“语儿泾桥市,县西南七十八里,俗称中渡桥。”因船户和生意人在女儿泾两岸落户谋生,形成集市,有茶馆店、肉庄、豆腐店、理发店等,街市长约百米,两岸往来由船摆渡。

清咸丰十一年(1861),有松江县顾姓富户在女儿泾上捐资修建了一座石桥,方便两岸往来,人称“中渡桥”“中大桥”。

光绪二十四年(1898),眼见中渡桥岁久颓废,本地乡绅顾言(字丹泉)出面劝募筹资四千余金,动工重建石桥,定名集义桥,并题写桥联“中流揖击冲波去,渡口人来踏月归”。石桥重建后,两侧集市迅速发展,形成了中渡桥集镇。

中渡桥河西有草庵。在河东桥堍之北,明代建有通庆庵,又名三义阁,俗称“佛阁”。清同治《上海县志》记载:“通庆庵,在中渡桥北堍,明季建。有董其昌书额。”清光绪年间重建,内供关公、关平、周仓等神像。

中渡桥

1925年时,河东有茶馆、南北货商店、豆腐店各两家,中药店、理发店、肉庄、糖摊头、竹器店、饭店、杀牛作坊、石灰行各一家。

1937年抗战全面爆发后,抗日地方武装与侵华日军在中渡桥一带发生交战。日伪军为报复,放火烧毁了镇上14户48间房屋,校舍4间,碾米厂房12间,肉庄、杂货店、中药店各1家。1942年,日伪军实施“清乡”封锁政策,自黄浦江口起,沿女儿泾修筑了高约两米的竹篱笆封锁线,在佛阁内设立检问所,罪恶累累,曾有14个乡民在此被日军枪杀。

1950年,河东有茶馆、什货店各3家,理发店两家,豆腐店、肉庄、国药店各1家。20世纪60年代,河东无商店,人气难聚。70年代,中渡桥翻建为水泥桥,90年代又改建。1993年,仙鹤墓园扩建,河东部分划入墓园而集镇消失。

紫藤棚

离荷巷桥镇不远的沙港河畔，曾有一个人称“紫藤棚”的小镇，以拥有明代紫藤而声名远扬。

相传，明嘉靖年间著名诗人董宜阳在紫冈草堂附近的沙冈桥一侧手植了几株紫藤。他去世后，乡人对紫藤倾心呵护，以示缅怀。就此，每年盛夏，竹港河畔紫藤花盛开，满园飘香。紫藤逐步成荫，盖满了大半条街。乡人为紫藤搭起廊桥棚顶，宛如天篷，渐有人在此开店，有人迁来汇居，形成了一个乡间集镇，取名称“紫藤棚”。

清咸丰年间，有人在此起灶烧饭，引发大火，紫藤棚被烧毁。紫藤就此枯萎，直至辛亥前夕重新吐青。

乡间有传说称：乾隆皇帝曾经到此一游，还在紫藤树下亲自拴过马。自然这仅是戏说。

紫藤棚集镇

可惜，尽管“紫藤棚”名声极为响亮，而“前人栽树，后人只知乘凉”，以致街市未曾拓展，难以形成规模。

集镇东街属友好村十组，西街属原紫藤大队第二生产队，中间有木桥相连。集镇有关帝庙，庙舍前后两间，供关公、周仓、关平等。20 世纪 50 年代神像被毁，1958 年前后改为茶馆店。

如今，紫藤棚小镇已经消逝，而古紫藤依然枝繁叶茂，

其形如蟠虬，藤围达163厘米，实属沪上罕见，已被列为上海古树名木保护单位。1999年12月，有关部门就地（临沧路148号）建成园林，取名“古藤园”。每年紫藤花开时节，园内游人如织。

紫藤棚老街

沙脊街

沙脊街集镇，南北长约200米，街面由小青砖铺成。地处古冈身之上，故名“沙脊”，明清时盛产棉花，“沙脊棉花”为当地特产。诗人黄家锟《沙脊棉花》诗云：

高原宜吉贝，沙土种为嘉。
烈日铃俱坼，迎风叶欲斜。
携筐忙妇女，压担尽霜葩。
南北遥相望，秋收晒满家。

1950 年时,集镇仍有 2 个作坊、11 家店铺。逢农历六月十九日为白沃庙庙会日,沙脊街热闹非凡。

2005 年,上海旗忠森林体育城征地,沙脊街集镇消失,唯有白沃庙仍在原址。

手带狮舞

手带狮舞的由来

相传，清代初期马桥地区的俗节灯市上就盛行狮子灯。

马桥老镇上街道狭窄，沿俞塘北岸而建，长约600米，真正的闹市只有120米长。每逢俗节欢庆时，因街道狭窄，观者又拥挤，提灯人往往要用竹竿撑起狮子灯，以利炫耀，手舞足蹈，以示欢乐，尤其途经大户人家门口，便摆开场子，尽情展示狮子灯。就在如此有意无意的玩耍之中，手舞狮子灯渐渐变成了一系列手带狮子舞动作，舞者还常常与舞龙队伍相呼应，形成狮龙共舞的热闹场面，令观者不禁喝彩。

至清代中期，马桥手带狮舞逐渐成熟而流行开来。

手持狮子灯而舞，自然扩展了舞者抒情的表现力。但是，在行街表演过程中，因为旧时乡镇的街道都很狭窄，加上两旁的屋檐大多低矮，舞动手狮时极容易发生碰撞，舞者们灵机一动，便形成了以“矮蹲步”为基础的横移、直进、三进三退等步伐以及贴身绕狮的表演动作，以适应表演场地的多变。经过多年的积累，手狮舞终以别出心裁的面貌，形成了当众表演的基本套路。

同时，每逢俗节、庙会，马桥舞狮人将此舞带到周边乡镇去行街，使其逐步向四方扩散。于是，逢节庆喜事，有人就会赶到马桥来邀请舞狮艺人前去献艺,更有心灵手巧者“看样学样”地自己扎个狮子舞个痛快,从而舞姿又有创新,影响不断扩大。至20世纪40年代,此舞已流传到邻近的松江县、奉贤县等地。

云牌太狮舞

在马桥地区,当年还流传着一种云牌太狮舞,俗称“太狮云牌灯”,由马桥镇钮姓望族首创。所谓太狮,即大似小牛的大型手狮;所谓云牌,即绘有白云的硬牌。

手狮舞

相传,在清代初期,有一矮子逃难来到马桥,钮家老爷见他不俗,便聘其为儿孙教书。矮子99岁那年元宵节,钮家小公子吵着要其领着出门去看灯。矮子便抱起小公子出了门。来到街上,小公子见各式花灯兴奋异常,似脚踩云端,伴狮起舞,谁料一个趔趄跌坐在先生怀里。小公子不由惊醒,发觉矮子双目紧闭已无声息。钮公子长大后,喜拳术,好侠义,曾扎了一只太狮灯,其大如牛,又做了八块云牌灯,在马桥镇上出会赛灯时当众展示,云牌太狮灯成为灯中魁首。

后来,钮公子成了辛亥革命的一员闯将,乡亲们每逢节庆时常专为他舞起云牌太狮灯。

云牌太狮舞,适宜夜晚表演。届时,狮身内燃烛光,云牌围住太狮鱼贯穿梭,云飘狮跃,时而“云逗狮”,时而“狮逐云”,人随灯转,邀游嬉戏,场面极为动人。

手狮舞的传承

手狮舞属岁时节令舞蹈，一般用于新春元宵灯会、迎神赛会和喜庆节日时的广场表演。旧时当地有青壮年自愿参与、自然传承，每逢俗节聚会时争相亮相献艺。

清朝晚期，马桥乡联建村曹宅、北桥乡乔家宅和闵行老镇上均有一批青年人喜欢扎灯舞狮，并传给子弟或同伴。后来流传到奉贤县、松江县叶榭和新桥等地区。

1911 年年底，当地民众为庆贺辛亥革命胜利，舞狮人相聚在北桥镇上集灯示庆。而北桥警署闻讯急派人赶来，宣称禁止集会。四乡民众纷纷抗议，戚家桥何姓茶担师傅、乔家宅的乔同生等舞狮者激愤难忍，索性将手中的狮子灯扔进了警署大门，以示抗议。结果引发了警署的一场大火。

1929 年 11 月，私立俞塘民众教育馆创办。1933 年 7 月起，改为江苏省立。俞塘成了上海西南诸乡的文化中心，民众同乐会、菊花会、桃花节等文化娱乐活动颇为活跃，本地舞狮者就会自发组队，会同那些龙灯、蚌灯、马灯、荡湖船、高跷、丝竹班等列队表演。

重新获新生

1959 年，上海县举行民间音乐舞蹈会演，手狮舞再次亮相。当年 6 月，长春电影制片厂在杭州西湖边拍摄故事片《风从东方来》最后的欢庆场面时，有舞龙舞狮表演，其中的手狮舞表演队就是从马桥乡请来的。1960 年 1 月 28 日时逢春节，刚建成的“闵行一条街”隆重举办“花灯会”，马桥人扎了 4 只手狮赶去参加行街表演。当晚，气温降到零下一度，“花灯会”依然吸引了三四万名观众。

后来，因当地灯会、庙会相继停办，手狮舞随之缺少表演机会，便渐渐被人们淡忘。

1983 年春,上海县文化局、县文化馆为推进民族民间文化抢救、保护工作,在部分乡镇开展情况普查,根据当地历史情况,尤其是先要寻到扎制道具的手艺人。乔正林、孙炳祥等扎出八只手狮道具之后,县文化部门决定抽调力量,尽快恢复手狮舞排演。老艺人在马桥文化站共同回忆手狮舞表演动作和队形,经过归纳,确定了八个主要动作,即"站着舞""跪着舞""躺着舞""滚着舞""对着舞""绕着舞""矮步舞""拜礼(谢幕)舞"。已消失 30 多年的手狮舞终于重新让马桥人感受到了民间艺术的魅力。

为了提升手狮舞的表现力,公社文化站调集了一批青年文艺骨干,经过半个多月的努力,编排成完整的舞蹈节目。9 月 12 日,第五届全国体育运动会"振兴中华"火炬接力传到上海县。新复排的手狮舞首次公开表演,顿时引起了社会轰动。

舞艺大提升

传统的手狮舞表演无一定程式,行街表演时以即兴发挥为主。为了提高手狮舞的表演水平,手狮舞表演队坚持苦练基本功,不断提炼和规范舞蹈动作,还逐渐吸取了当地舞龙的翻滚、跌扑等基本技巧,丰富了手狮舞的粗

手狮舞行街表演

犷勇猛、刚柔相济、细腻动人的表演风格，具有独特的“海派”风采。因此，新时代的马桥手狮舞更加注重通过对狮子形与神的模拟，充分体现“文狮”温顺的神态和“武狮”勇猛的性格，更以夸张的手法表现人舞狮、狮拟人的情趣，把人的欢乐情绪融入手舞足蹈之中。手狮道具也不断更新，使其更加美观、生动、牢固，由于采用了新材料，道具更显轻巧。

1992年11月，由国家文化部、广播电影电视部主办的全国民间音乐舞蹈比赛在北京举行，来自马桥乡的《手狮舞》荣获三等奖。

列为国家级非遗项目

手狮舞揉灯彩、杂技等为一体，用手舞狮，形式独特，技艺性较强。马桥地区传人吸取了舞龙的翻滚、跌扑等基本技巧，发挥了狮舞的粗犷勇猛又刚柔相济以及细腻动人的表演风格。由于手狮舞舞蹈场面热烈，充满自娱、娱人的生活气息和喜庆祥和的艺术感染力，因此深受人们喜爱。近百年来，一直是当地主要的岁时节令习俗舞蹈之一。手狮舞凝聚着当地人文历史和风土人情，在近百年来的流传和发展中，使人们尤其是年轻一代深切地感悟到前辈的智慧和美德，自觉地去传承独特的地域文化，从而产生着深远的社会影响。

2007年6月，马桥手狮舞被列为上海市首批非物质文化遗产。2010年6月，被列入《第三批国家级非物质文化遗产名录》，保护责任单位为闵行区马桥镇文化体育事业发展中心。

马桥三个皮影戏班

七宝毛门戏班第三代传人刘子兴，颛桥刘家塘（今联农村）人，因表演出众，人称“打靶子（影窗）”高手。1916 年，在颛桥地区建立皮影戏班，戏班中有些艺人就是马桥人。

1923 年前后，马桥地区同时涌现出三个由毛门戏班第四代传人组建的皮影戏班。

来自王家塘（今马桥镇青登村）的王山、王书分别组班，建立了王山皮影戏班和王书皮影戏班。后来，王山传授朱铁山等，王书传授钱财生等。

杨家里罗家宅（今马桥镇望海村一组）的罗桂芳（1901—1978）师从刘子兴，22 岁时组建了自己的皮影戏班，从此长期活跃在上海县南部及松江县一带。罗桂芳为人热情，乐于传授，因此他的学生众多，并争相自行组班，以致罗桂芳自己的戏班反而日趋衰落，于 1935 年中断了演出。罗桂芳的徒弟吴国章是松江车墩人，家道小康，为学皮影戏竟在家中搭起“影窗”，一有空闲就操练起来。操纵影人表演“道姑转身”动作最为困难，而他练就了一套用线拎头旋转自如的好功夫。

抗战胜利后，皮影戏再次在马桥地区兴起。

罗桂芳艺传琚墨熙

1958 年 3 月 6 日,上海县文化馆在闵行七一拖拉机厂工人俱乐部举办全县皮影戏汇演,罗桂芳戏班以皮影新戏《老夫妻双双看彩楼》赶去献演,露了一手。

在那里,来自七宝的琚墨熙(1927—2012)对罗桂芳戏班特别感兴趣,刚看完戏就去寻罗桂芳。罗桂芳年已 57 岁,仍热情豪爽。琚墨熙与他攀谈良久,提出要拜其为师。罗桂芳笑问:“侬已经小有名气,还要拜师?”琚墨熙认真答道:“我过去只是个艺友,三不精。伲七宝毛耕渔传下来的皮影艺术丰富多彩,不跟师父学习三年,就不可能学到家。侬手艺扎硬,是正宗七宝皮影,我这个七宝人就跑到马桥来学,再传回七宝去。”自此,每年秋季他都跟随罗桂芳戏班外出巡演,学到许多演唱技巧,掌握了挑头、祭宝、短打、演变等表演诀窍,成为毛门戏班第五代传人。

1978 年,罗桂芳在马桥家中悄然病逝,世人毫无察觉,连琚墨熙也是两年之后才听到噩讯。当琚墨熙赶到师父家中吊唁时,师母告诉他,罗桂芳临终时叮嘱要把所有的皮影戏演出道具留给他。他从师母手中接过那些遗物,深感责任重大,心头感慨万千。在七宝文化中心站的支持下,他终于重建戏班,将皮影艺术发扬光大。

特产豆腐干

豆腐干，又称香干，上海市食品药品监督管理局公布的定义是"有 30 年以上历史，以传统方式生产的，以黄豆为主要原料，经清洗、浸泡、磨浆、煮浆、点卤、压制成型、烧煮、回锅或不回锅、冷却、包装制成的，富有韧性的非发酵性豆制品"。马桥豆腐干，是上海地区最具代表的地方传统特色豆干类食品。

2006 年 4 月，在上海市烹饪协会和上海市商业联合会共同主办的上海名菜名点认定暨农家菜展示交流活动中，闵行区选送的"马桥豆腐干炖鸭煲"既保持传统风味，又融入现代元素，被评为"上海名菜名点"。"马桥豆腐干"随之风靡上海餐饮业，声名远扬，广受关注。

农耕时代，马桥地区得益于地理优势，物产丰富，自古为粮食生产基地。乡人逢熟吃熟，自得其乐。擅长自制土菜小吃，改善饮食结构，讲究口味。

马桥地区盛产"大青豆"，农家自制的豆腐及豆干肉质细腻，味美多汁，口感清香。真材实料磨浆，适时点卤，用心精制，真诚待客，成为传统习俗。当地集镇上均有几家豆腐作坊。由于选料和工艺流程讲究，加上本地近临黄浦江而水质纯净，所制豆腐干、油豆腐（油屯子）等广受好评，豆制品制作技艺得以代代传承。

然而，磨豆腐、制香干极为辛苦，随着食品行业的现代化发展，坚持传统

技艺则人吃力而利太薄。尤其是在20世纪50年代实行合作化之后，私有豆腐加工厂罕见，尤其在建立现代化豆制品厂以后，纯手工制作的小作坊基本绝迹。公社化之后，各村建立排灌站，而每年秋收之后至来年春播时段无排灌任务，则专事加工生产豆制品。社员以自产青豆换取豆腐香干，改善生活。

望海村二队办集体副业，在牧场设豆腐作坊，以高才兴（18岁起制豆腐）为领头人。

1975年，望海村刘永华为了生计，拜师学艺，自办豆腐作坊。20世纪80年代中期，有几家农户也办起豆腐作坊，寻求致富之路。1994年前后，刘家、何家、曹家豆腐作坊再次引人关注，但产量有限。

2006年，“马桥豆腐干”一举成名后，各地相继趁势而兴。马桥人何其林家，便注册开设马桥其林豆制品加工店，年营业额曾达近100万元。而周边乡镇及外地来沪者纷纷仿效开设作坊，均自称“马桥豆腐干”，且只求产量不求口味，舍盐卤而用石膏（工业盐卤）点卤，造成市场混乱，以致连马桥人也吃不到真正的“马桥豆腐干”。闵行区质量技监局执法人员曾在俞塘村发现豆制品地下加工场，竟然使用工业盐卤“点卤”。

由于物价不断上升，豆腐干制作成本越来越高，而售价难涨，以致收支不均衡，本地作坊大多渐渐放弃经营。刘永华家的豆腐干味道鲜美，专供闵行地区的大饭店，《闵行报》和电视台美食节目都做过报道，口碑很好，但是一年忙到头也赚不了多少钱。

为了保护传统技艺，2008年，《上海本帮农家菜制作技艺》列入闵行区级非遗名录，“马桥豆腐干”为其中之一，确认马桥镇文体中心为非遗项目保护责任单位，但是一时难以确认非遗代表性传承人。

2014年，刘家无奈关闭小作坊，卖掉了部分制作工具。

本地人乔长春祖辈三代人都做过豆腐，接手了刘家的小作坊后，成立阿乔豆制品有限公司，注重包装，开发新品种。2016年，乔家作坊被确认为非遗项目传承基地，乔长春被确认为区级主要非遗代表性传承人。

目前，本地尚有三家小作坊，都在马桥集市内。除乔长春一家外，另两家由外地人经营。乔家豆腐干上写着“乔家”两字,其他两家写着马桥或阿乔。

在马桥地区,熟悉豆腐干制作技艺的手艺人还有一些,只是上了年纪,家庭条件好,不需要再重操旧业。因此,难以说清谁是马桥豆腐干最正宗的传人。

2016 年 1 月,经上海市食品安全委员会批准,上海市食品药品监督管理局公布上海市食品生产加工小作坊食品品种“正面清单”目录(2015 年版),“马桥豆腐干”名列首位。

为了加强项目保护和品牌管理,马桥镇政府已于 2016 年 5 月出资从私人手中回购了“马桥豆腐干”品牌。2018 年 5 月,“马桥豆腐干”拿到上海“0001”号小作坊准许生产证。

筑耶城与黄泥墩

筑耶城庙遗址，位于江川路北，北沙港西侧，亦称“袁将军祠”。为祭祀东晋吴郡太守袁崧（字山松，左将军）而建。相传，袁崧为抵御孙恩从海上进犯，在黄浦江北岸（今马桥镇三友村境内）建有兵营，人称“筑耶城”，又名邹城。明正统年间，筑耶城庙重修。庙外一株银杏树（今上海市 0377 号古树）幸存至今（今红河路 20 号）。

0377 号银杏树

附近沙冈东、西两侧各有一个黄泥墩遗址，可能是袁崧所建“沪渎垒”城。

1973 年，文博部门在黄泥墩（今碧江路 401 弄）发掘春秋大墓,是上海市至今发现的规模最大的春秋时代土墩墓。

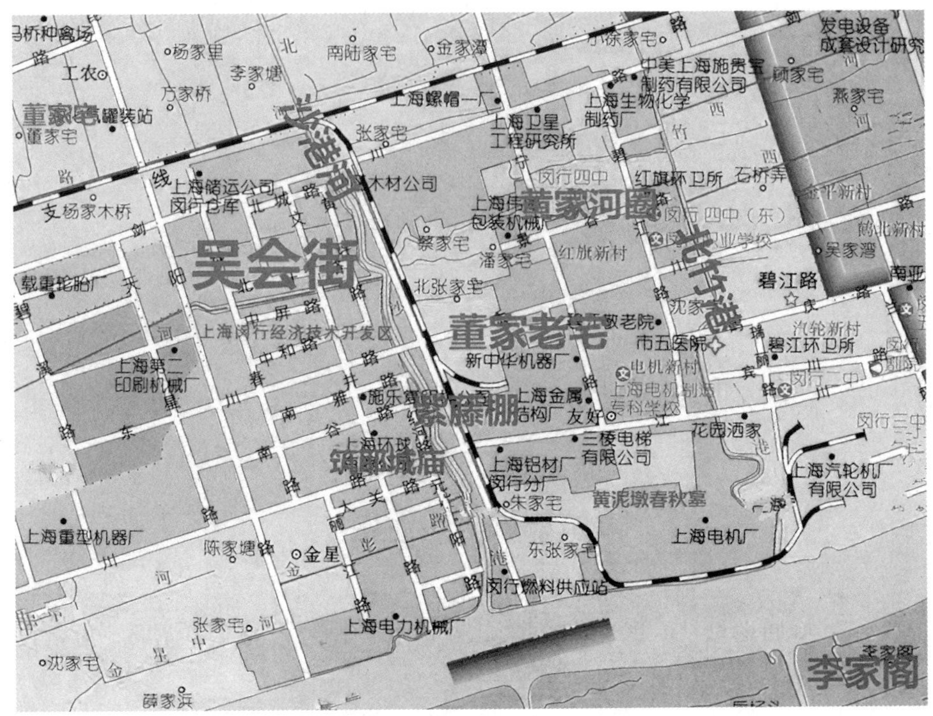

沙港河两岸地图

千年道观皋阳庙

在同心村五组南边靠近工农河的地方,曾有一座皋阳庙(今俗称“高阳庙”)。据地方文献记载,此庙始建于唐代。《上海文化年鉴》《上海文化艺术志》在记述上海道教音乐发展史中称:“唐时,在语儿泾东建有皋阳庙”,“这是上海道教历史有文字可考之开端”。

清乾隆年间,皋阳庙重修,香火旺盛。此时屋宇前后两埭,四周围墙高筑。庙院内有两株银杏树,高大挺拔,有300多年树龄。乡人相传,其根须已穿越黄浦江。

1950年,本地隶属邻松乡皋阳村。1956年,庙屋前埭辟为同心农业生产

合作社办公室,在后埭开设渡桥小学(单班复式)。

庙、树均毁于1958年前。

彭家渡由来

荷巷桥镇往南1千米,在黄浦江与女儿泾交汇处,自元末以来设有手摇船对江摆渡口,人称“彭家渡”,简称“彭渡”(今马桥镇彭渡村)。对岸为浦南巨潮港口,因此又称“巨潮渡”。

这里,古称“彭溪”。据史料记载,这里的彭氏族人始迁祖是彭汝器(字琏,号素庵),祖籍江西省安福县(今属吉安市)。元末,彭汝器迁徙来沪,定居在黄浦江北岸彭溪,建有“笔议轩”,后子孙在此繁衍。清嘉庆《松江府志》称,笔议轩“在彭溪,彭汝器手评《宋史》之所”。明永乐二年(1404),彭汝器赴京应试,考中二甲第八名进士。曾跟随明成祖朱棣北征,预修《明太祖实录》。官至翰林学士,年逾30便离世。著有《扈从稿》二卷、《五云稿》二卷、《彭修撰先生诗集》五卷。

清同治《上海县志》称:“彭汝器,字宗连。博学有史才,曾评《宋史》,以杜太后遗命立太宗,与宋宣公舍其子而立穆公,同为贻乱于后,宣仁后预制小黄袍,立哲宗为贤,大旨类此。”元末明初名士贝琼(1314—1379,字廷臣,号清江)撰《笔议轩记》,深许彭汝器识古今大义。彭氏子孙除留在彭渡村外,分支有俞塘、塘湾等地。

附近有个村落取名韩仓,相传为八仙之一韩湘子居住过的地方,而且龚家宅上明嘉靖年间拥有龚情(字善甫,号方川)、龚凯(字次元,号全山)两名进士,名声显赫。

民国初,闵南协记内河轮船公司开通闵行老镇至浙江平湖的航线,在彭家渡设立客轮航班码头。随之,这里成为交通要塞,形成了半条街市。

但是,这里未能进一步的发展,一阵热闹之后依然沉寂如旧。1984年时,彭家渡摆渡船仍幸存,后移址改称昆阳客渡,对江为邬桥客渡。

1950年时,彭渡村有十三个宅基,分属沙冈乡吴家村(今一、二、三、四组)、钟楼村(今五、六、七、八组)、张家村(今九、十组)。韩仓村有九个宅基,分属沙冈乡韩仓村(今十一、十二、十三、十四组)、西南村(今十五、十六、十七、十八组)。1992 年 7 月 6 日,韩仓村与彭渡村合并成立新的彭渡村。

自 2002 年起,为保护上海饮用水取水口安全,这里建成水生态园林,占地 26.7 万平方米,以河道、古桥、古树、景观石、仿古建筑为主要构件,现名"韩湘水博园"。

女儿泾轶闻

同心村六组的范家里、田肚里、朱家里和七组的北浜、庵基宅、朱家宅等宅基,西依南北向的女儿泾河,隔河与松江区相望。

女儿泾是黄浦江支流,又名"语儿泾",古称"鱼鳞泾""鱼泥泾",北接俞塘,南入黄浦江,全长 4.5 千米,自古为上海县与松江(华亭)县的界河,700 多年不变。同心村内的河道不少是女儿泾的支流。

浙江桐乡的南沙渚塘,亦曾称作"语儿泾",为春秋时吴越边界之地。因此,历代有关女儿泾的传闻难免有某些交集。

在女儿泾东岸的同心村五组,唐代即建有皋阳庙,说明这里自古就是个有故事的地方。

相传,当年美女西施随范蠡出游时,曾在此泊船。她特别爱吃这里的米粥汤和河里银鱼。因此,这里得名"女儿泾",人们又称之为"爱情河"。

在不少名士留下的诗篇中,也展现了女儿泾美妙的身影,更使其声名远扬。

清代乾隆年间著名诗人黄霆(字橘洲,号雷门,金山人)《松江竹枝词》云:

五茸景物最清幽,环海东南第一州。
闲向女儿泾上过,为郎婉转唱吴讴。

有“乡野诗人”美誉的丁宜福(1817—?),字时水、慈水,清代南汇县十六保八图(即浦南太平乡白庙港)人,其《申江棹歌》之一诗云:

少妇当家极可怜,女儿泾上盼归船。
劝郎莫再经商去,多买俞塘南北田。

女儿泾畔的中渡桥,自古为上海、松江两县临界地,桥东属民主村五组,桥西今属松江区车墩镇汇桥村。

女儿泾上还有一座汇桥(今属松江区车墩镇汇桥村),距荷巷桥老镇有1.5千米远。汇桥桥堍自古有些市面,为本地乡人前往松江府城的必经之路。1919年,里人张秀实等重建汇桥,但这里始终没有兴盛起来。

1942年9月1日起,日伪政府为消灭抗日武装,将沪杭铁路以南、黄浦江以北以西、茜蒲泾和女儿泾以东(时属伪北桥特别区)列为“清乡”范围。“清乡”期间,日伪军实施物资管控,严禁农村粮食、棉花、食油和城市棉纱、棉布、火柴、肥皂、糖、蜡烛、药品等生活用品自由流通,以致封锁线内外物价相差数倍。在中渡桥、汇桥哨卡,发生了一系列日伪军暴行的惨案。

1994年7月,黄浦江上游二期工程将取水口移至松浦大桥下游1.8千米的女儿泾。

在女儿泾西侧,2013年松江区启动建设滨江生态森林型的松南郊野公园,规划面积25.2平方千米。2018年12月,松南郊野公园试开园,引起市民广泛关注。

咸泰桥

咸泰桥,俗称“富家桥”,原址在望海村三组,始建于民国年间。原为花岗石质三跨平梁桥,呈南北走向,跨望海塘。桥面为三拼,全长15米,宽1.1米,中跨桥墩为双拼立壁墩,桥额阳刻“咸泰桥”三字。

咸泰桥

2004年因市政建设需要,咸泰桥被拆除,构件放置在彭渡村。2007年,在“上海韩湘水博园”南部重建,但仅用了中跨桥板,并加筑石桥栏,作园内景观曲桥一段。2016年9月5日,咸泰桥被列为闵行区文物保护点。

永秀桥

永秀桥,俗称“梁家桥”,位于马桥镇联建村西南端与松江区交界的茜浦泾上。始建于清代。

该桥为花岗石质,三跨平梁桥,呈东西走向,跨茜浦泾。桥面为三拼,总长18.05米,中宽1.24米,净跨14.25米。中跨桥墩为三拼立壁式,两岸桥墩用石块垒砌,桥额隐约可见阴刻“重新建造永秀桥”字样。永秀桥表层虽有风化,但主体保存基本完整。后因所处河道属两区界河,河东闵行区地块为苗木林,河西岸为松江区的农田,两岸的种植户为避免相互侵扰,将东跨

的桥面板推入河中。2016年9月5日,永秀桥被列为闵行区文物保护点。

靖安桥

靖安桥,位于马桥镇联建村西侧与松江区交界的茜浦泾上,始建于明代。清乾隆三十八年(1773)重修。2004年再修,重建青石桥栏。

靖安桥

该桥为花岗石和青石混砌的单孔拱桥,呈东西走向,跨茜浦泾。桥面全长18.18米,中宽2.61米,西端桥面宽2.94米,东端桥面宽2.98米,拱跨6.8米,两边石阶各为14级。顶心石雕刻蕖花纹,桥额镌刻楷书“靖安桥”桥名和修桥人姓名,两侧楹联石上均阴刻楷书“阿弥陀佛”四字。2003年12月3日,靖安桥被列为闵行区文物保护单位。

益民桥

益民桥,俗称“夏家桥”,原址在马桥镇联盟村夏家宅西约 50 米,始建于 1940 年。

原为花岗石质三跨平梁桥,呈南北走向,跨陈家泾。南北两跨桥面为独板,中跨为双拼,全长 9.30 米,宽 0.81 米,净跨 8.21 米。中跨桥墩为双拼立壁墩式,两侧桥额均刻阳文楷书桥名“益民桥”。2005 年初,益民桥被拆除,构件移至彭渡村。2007 年在“上海韩湘水博园”南部重建。益民桥今仍为三跨,但改为东西走向,桥面加宽,两侧添置石桥栏,桥面长 9.05 米,中宽 1.88 米,作为园内水域景观桥。2016 年 9 月 5 日,夏家桥被列为闵行区文物保护点。

八字桥

八字桥,在茜浦泾与六磊塘相交处,北口有座石桥东西横跨茜浦泾,西口有木制栏杆桥南北跨六磊塘,形成一个“八”字,为村民来去松江、上海两县的必经之地。河西有一座“关帝庙”,庙场曾有两棵银杏树。每逢农历五月十三和九月十三为庙会日。

1943 年,日伪军在此设封锁线岗哨。旗忠村金家宅金锡全、金补生在此遭日军摧残,落下终身残疾。

镇岗庙

镇岗庙遗址,在旗忠村七组。庙南紧靠六磊塘,庙基占地约 2 700 平方米,相传已有 600 多年的历史。庙内供奉观世音和城隍老爷,农历六月十九为庙会日。东面是沙港河,有环龙桥(1953 年拆除),西面连着村宅称“镇岗庙宅”。庙后有一株银杏,直径 1.5 米,高有 20 多米。1958 年,庙屋改作马桥乡沙溪片办公场所。

白沃庙

白沃庙,位于马桥镇联盟村三组(昆阳北路元江路口)。白沃系后汉时人,宋代时有白沃“跃马避水,指地救人”的故事传世。白沃庙始建时间无考,清乾隆十年(1745)重修时立碑(碑石幸存至今)。庙内有一雄一雌两株银杏树,人称“夫妻银杏”,树龄已有400多年,雌树仍能结果。庙东北有集镇沙脊街。1966年,后排大殿被拆除。2005年,上海旗忠森林体育城征地,沙脊集镇消失。2006年,白沃庙旧址三间房屋重修,香火得以延续。今香火日盛,改称“白沃净寺”。

白沃庙“夫妻银杏”

现存古树一览

编号	树种	地点	树龄	状况
099	银杏	青登村青登庙	434 年	濒危
104	银杏	白沃庙	434 年	一级保护
113	银杏	白沃庙	434 年	一级保护
120	银杏	马桥老街万寿庵	384 年	一级保护
364	银杏	工农村万年庙	184 年	二级保护
377	银杏	红河路筑耶城庙	150 年	二级保护
405	银杏	望海村十一组王童庙	184 年	二级保护
433	银杏	工农村十二组	134 年	二级保护
641	榉树	望海村四组	200 年	濒危
716	广玉兰	马桥镇苗圃	100 年	二级保护
1368	紫藤	古藤园	470 年	一级保护
1703	桂花树	同心村二组	近 100 年	二级保护

农家服饰

本地地势高亢,适宜种植棉花(古称“吉贝”),其成为主要经济作物,延续数百年。手工织布为农家主要副业,家家拥有“三锭脚踏纺车”和织布机。本地土布的品种众多,主要分为芦席纹布、洋壮稀布、雪里青布、斜纹布、稀布等大类,各类布品所呈现的花纹图案极为丰富,可细分出100多种样式。尤以芦席纹布(俗称“芦席布”“雪青布”)为主,其颜色清淡,通常以蓝白纱为主,质地厚重,紧密耐穿,应用最广。

自古以来,本地乡民的日常服饰崇尚蓝色,出门时会穿一身土布(俗称老布、夏布)衣裤,间有图案美观的锦带装饰。直到20世纪80年代,不少老年人仍保持这样的装束。

女子头戴大方巾,脑后折成倒五边形,上身穿窄袖斜开襟短衫,下身穿长褶裙(束腰浅蓝色,裙布深蓝色),腰前一块方巾,用锦带束缚。

男子头戴帽子,上身对开襟短衫,下身也穿长褶裙,腰束方巾。

本地传统长褶裙,又称“腰裙”,俗称“作裙”,一般用两幅蓝布裙料组成,裥多而密,男式较长,女式较短。女式作裙腰间两侧褶裥上方,缀以线绣的图案或囍字纹、寿字纹、万字纹、回文等作为装饰。穿时用锦带束在腰部,下摆较大,穿在身上方便劳作,冬天将上衣收紧可保暖。

逢熟吃熟

自古以来,本地农家饭桌上的土菜,就地取材,粗细搭配,应时而变,新鲜爽口,祖传风味,自行巧制,既丰富食谱,改善生活,又增进食欲,有利健康。农家菜肴以时令蔬菜为主,荤腥喜食肥猪肉,以补油水不足。逢年过节,大鱼大肉,招待客人多用鱼虾、鸡鸭、牛羊肉。乡人喜欢自制耐饥食品,一为及时尝新,调剂口味;二为时令风味,增进食欲;三为待客报恩,馈赠亲友,分享成果,传递情义。

农家流行自制时令食品,逢熟吃熟,自得其乐。尤其是农闲时节,一向有尝新之俗。当季新出的米、面、豆、菜,经能手巧制,更觉食香味美。

每当新麦上市,摊面饼,炒麦粉,剁面,裹馄饨,煎烧饼,汏面筋,做黄浆塌饼,油炸饺子。小秋后,煮绿豆汤、赤豆汤。秋收稻谷登场,用新米炒粢饭,用新糯米粉拌时鲜菜叶煎菜筋塌饼、老瓜塌饼,做豆末锦团、苦草圆子。入冬时,自制酒酿,煨番薯、胡萝卜。

四季时节各有名堂,亲友相聚大显身手:元宵干蒸圆子,清明制青团,端午裹粽子,立夏草头摊粉头,七夕煎饽望爷娘,中秋吃芋艿、毛豆结,做桂花糖藕、各式塌饼,重阳和除夕蒸方糕、桶蒸糕,食圆子。

这些饮食习俗,浓缩了心灵手巧的农家智慧,蕴含着流传千百年的乡村情怀,影响深远。

传统小吃

本地农家日常风味小吃,称“点心”,俗称“吃头”,一是指平时劳动时在两顿正餐之间的加餐;二是指亲友来往时预备或馈赠的食品。

饽(巧果):本地自古流行“七月秋香,望望爷娘”(嫁出去的女儿,每年插好稻秧,便带着自己做的“吃头”,回娘家看望父母)。此时的“吃头”主要

是饽,用鸡蛋、面粉、白砂糖搅拌、搡捣、揉搓成条块后,用剪刀剪出各式形状,常见的有“螃蟹”“蜈蚣”“小鱼”“花篮”等,然后放入滚烫的油锅上下翻动,一只只饽随之成形,香味扑鼻,妙趣横生。

草头摊粉头:一到立夏,天气开始闷热,蚊虫便四处肆虐,小孩娇嫩的皮肤立马被叮出包来,红肿不堪。为此,乡人用鸡蛋、糯米粉、草头均匀拌好,导入油锅,将粉糊煎制成厚度适中的粉头。拌了鸡蛋的糯米粉顿时显露暖黄色,掺杂着嫩绿的草头,色香味俱全。不仅能让孩子胃口大开,饱食一餐,而且可预防疰夏和蚊虫叮咬。

烧饼:主要原料为面粉、鸡蛋、芝麻、糖。面粉鸡蛋加入适量的水多次揉搓成团,再分成大小均衡的小团,并按压出口子揉入白糖,擀制成饼,放入油锅煎炸。烧饼刚出锅时最香脆可口。

酱豆瓣:用炸过的蚕豆和甜面酱混合搅拌,放入玻璃瓶中保存,随时都可食用。

三角粽:本地不仅逢端午节时裹粽子,每当新糯米登场,乡人就会摘来新鲜粽叶,将新米、豆沙、蜜枣等包扎成小巧玲珑的三角粽,用沸水蒸熟,及时尝新。

豆黄锦团:将新糯米洗净煮熟后,放入大量黄豆粉拌匀,再以白糖为馅,以糯米饭为壳,像做汤圆一样做成小饭团,并在黄豆粉中滚一下。蒸煮后,只只香味浓郁,软糯甜美。

猪油豆沙糕:每年新春,乡人都要自制猪油豆沙糕,互贺“高兴”,预示“高升”。因豆沙馅料中加了猪油,吃口软糯不粘牙,而且满口留香。

鸡油塌饼:本地有习俗,新生儿第一次到外婆家,外婆应亲自制作塌饼,并且入油锅煎之前在鸡蛋液里中滚动几下,确保出锅时只只色泽金黄,以示祝福孩子“塌塌滑滑”(顺顺利利、平平安安),“金光油亮,团团圆圆”。

油炸饺子:均为鲜肉饺。

炒粢饭:新米蒸熟之后,再用油炒三四次。

八月秋场

秋收时节的打谷场,称“秋场”。农历八月间,田头水稻成熟,乡人忙于凑钱为祭祀先农,称“青苗社”,亦称“谢天节”。过了中秋节,进入秋收时节。旧时八月二十四日开镰收割新稻,并用新米做粉圆祀灶神,称为“开稻门”。清人顾翰《松江竹枝词》称:“社做青苗次第来,荐新须待稻门开。阿侬种得金钗糯,好客还思酿旧醅。”

水稻收割后,用人工“掼稻”或机械“脱粒”,“扬谷”除杂物,再经“牵砻”(用木砻碾去稻谷外壳,加工成糙米)、“舂碓”(用石臼将糙米加工成米粒或米粉),进仓保管。

本地水稻以香粳稻为主。用香粳新米煮饭粥,香糯可口,人称“八月中秋吃新姜,囤里新米是香梗,毛豆荚要配新米粥,糖烧芋艿吃口香”。

傷傣闲话

本地方言中的第一人称为“奴”,第二人称为“直奴”。乡人平时说话带有松江口音,俗称为“傷傣闲话”,为松江方言的一个分支,早在南宋时期即在黄浦江两岸形成,直至上海开埠前始终保留有20个元音,而且辅音里保留着3个先喉塞浊音(即缩气音)。

张充仁塑《田歌》

1964年初夏，著名雕塑家张充仁来到马桥公社俞塘大队参加以“清账目、清仓库、清财务、清工分”为主题内容的社会主义教育运动（称“小四清”）。他与社员们同吃同住同劳动，体验了一个星期的农村生活。他在马桥，看到一望无际的秧田充满着勃勃生机，参观了电力灌溉设施、托儿所、敬老院、农具厂等，感受了男女老少一片欣喜的气象。一个星期后，他在赶往北松公路汽车站准备回家的路上，看见田埂上走来一位梳着辫子的女青年，肩背割草篮，一手牵着小羊，一手挥动镰刀，嘴里哼着歌，形象朴实而动人。这一情景，顿时拨动了雕塑家的心弦。张充仁回到家里，立即在雕塑工作架前动手塑捏起这令他难忘的瞬间。

雕塑《田歌》

不久，雕塑《田歌》就完美地诞生了。

这件70厘米高的雕塑作品，张充仁以朴素真挚的情感，刻画了一个身材丰满健美的农村姑娘劳作归来时的动人情景，只见她迈着轻盈的步伐，晃悠着镰刀，以心中流出的田歌伴行，浑身充满了自信、豪迈的活力。姑娘的头巾、发辫、衣衫和卷起的裤腿,都表现得细致而逼真,凸显了张充仁鲜明的现代写实主义艺术风格。

张充仁的雕塑《田歌》胜似一支乡村田园的抒情曲,更是一首献给马桥人民的赞美诗。

附录

马桥古文化大事记

公元前 3 000 年前

竹冈以西成陆。

公元前 2 100 年前

紫冈以西成陆。先民留下“良渚文化”遗存。

公元前 2 000 年前后

环太湖地区江河泛滥,洪水淹没陆地。“良渚文化”突然终结。

公元前 1 800 年至公元前 1 200 年

先民留下“马桥文化”遗存。

公元前 1 000 年前

沙冈以西成陆。

公元前 500 年前后

春秋晚期至战国前期,北面建古吴国,南面建越国。

公元前 515 年

吴越交战,连年兵灾。

唐天宝十年(751)

设置华亭县。

建炎年间(1127—1130)

竹冈董氏族人自河南洛阳迁徙松江华亭,始迁祖为董官一。

南宋淳祐年间(1241—1252)

王云卿在吴会街建九品观堂,后称王家寺。

元至元二十八年(1291)

8月19日(农历七月二十四日)元廷批准设上海县。

至元三十一年,元贞元年(1295)

吴会里王氏建仁济道院。

大德年间(1297—1307)

王家寺改名南净土讲寺。

至正初年(1341)

里人韩日新重修仁济道院。

明洪武三年(1370)

秋,吴会里董纪(字良史,号述夫)应召廷试对策胜出,授江西按察使佥事。

是年,朱元璋敕封秦裕伯为"显佑伯",称"上海邑城隍正堂"。

洪武六年(1373)

农历三月,吴会里"邹城巡检司"移长人乡二十一保(闵行老镇),改称"黄浦巡检司"。

永乐二年(1404)

春,彭家渡彭汝器中进士。官至翰林学士。

天顺七年(1463)

春,董纶中进士。

天顺八年(1464)

春,戴春中进士。

弘治九年(1496)

春,吴会里董恬、董忱同榜中进士。

正德六年(1511)

戴恩中进士。

正德十一年(1516)

松江知府奉旨在董家老宅建“云间三凤坊”。

嘉靖五年(1526)

戴邦正中进士。

嘉靖十七年(1538)

春,董子仪中进士。

嘉靖二十六年(1547)

春,龚恺中进士。

嘉靖二十九年(1550)

春,董传策中进士。

嘉靖三十二年(1553)

春,龚情中进士。

四月十五日至六月二十七日,倭寇五次入侵上海县境,吴会镇遭受劫掠尽毁。

嘉靖三十四年(1555)

一月十九日(2月10日),董其昌出生。

是年,董宜阳在沙冈桥侧建紫冈草堂,种植紫藤树。

嘉靖三十八年(1559)

画家文嘉为董宜阳绘《曲水园图》。

万历元年(1573)

九月二十一日,董传策返回故乡。

万历十七年(1589)

春,董其昌中进士。

万历三十五年(1607)

龚孚吉中武进士。

万历四十一年(1613)

春,董羽宸中进士。

万历四十四年(1616)

农历正月十五、十六日，因董其昌子董祖常横行乡里，激起民愤，将董宅焚烧，史称“民抄董宦”。

万历四十七年(1619)

春，董象恒中进士。

清顺治十八年(1661)

春，董含中进士。

是年，因“江南奏销案”董含等受害。

乾隆十三年(1748)

俞塘钮思恪(字作宾)中进士，候补内阁中书。

乾隆年间(1736—1795)

马桥乡始建东瞿圣母为天主之母堂。

道光十年(1830)

马桥乡杨家建圣母圣诞堂。

咸丰二年(1852)

马桥西河桥建天主教宗德堂。

咸丰七年(1857)

马桥天主堂始建大堂，至光绪元年(1875)全面竣工，正式取名为“圣母无染原罪堂”。

同治十一年(1872)

五月，顾言主持马桥镇“文昌阁会课”开办，后取名“吴会书院”。

光绪元年(1875)

马桥圣母无染原罪堂(俗称“无原罪始胎圣母堂”)在马桥镇开堂。

光绪八年(1882)

马桥荚门建颂赞圣母圣名堂。

光绪二十四年(1898)

4月，上海《农学报》第26册刊发黄宗坚《种棉实验浅说》一文。

光绪二十五年(1899)

钮永建倡议吴会书院改为强恕学堂。次年4月，强恕学堂正式开学。

光绪二十九年(1903)

秋,钮永建在俞塘以“紫冈学舍”名义,招收本地有志青年学生,训练新式兵操。

是年,黄蕴深、黄艺锡等赴日本留学。

光绪三十年(1904)

顾言、马轶群在荷巷桥镇创办荷溪小学堂。

光绪三十一年(1905)

王锡珍、钮元晏创办俞塘小学堂。

宣统元年(1909)

1 月,清廷颁布《城镇乡地方自治章程》,实行乡镇自治。

历代进士名录

彭汝器，字宗琏，号素庵。明永乐二年（1404）进士，官至翰林学士。

董纶，字诚之，号介轩。明天顺八年（1464）进士，官至河南道监察御史。

戴春，字景元。明天顺八年（1464）进士，顺庆府知府、刑部给事中。

董恬，字世良，号中冈。明弘治九年（1496）进士，官至大理寺少卿。

董忱，字进行、世恒，号宜庵。明弘治九年（1496）进士，广东肇庆府太守。

戴恩，字子允。明正德六年（1511）进士，官至陕西布政使参议。

戴邦正，字贞卿。明嘉靖五年（1526）进士，官至四川布政使参政。

董子仪，字羽吉，号朗州。明嘉靖十七年（1538）进士，翰林院五经博士。

龚恺，字次元，号全山。明嘉靖二十六年（1547）进士，官至湖广副使。

董传策，字原汉，号幼海。明嘉靖二十九年（1550）进士，刑部主事、礼工二部侍郎。

龚情，字善甫，号方川。明嘉靖三十二年（1553）进士，礼部给事中、工部侍郎。

董其昌，字玄宰，号思白。明万历十七年（1589）进士，官至礼部尚书。

龚孚吉，字虞伯，号梅玙。明万历三十五年（1607）武进士。

董羽宸，字原孚。明万历四十一年（1613）进士，左副都御史、吏部左侍郎。

董象恒,字有仲。明万历四十七年(1619)进士,官至浙江巡抚、佥都御史。

董含,字阆石,号苍水。清顺治十八年(1661)进士。

钮思恪,字作宾,号省斋。清乾隆十三年(1748)进士。官至内阁中书。

烈士英名录

严同宇(1917—1942),马桥镇人。1937年淞沪抗战爆发后,从事抗日救亡活动。1939年12月加入中国共产党,任中共商务印书馆支部委员。1942年6月,遭叛徒出卖被捕。10月11日被折磨致死。1951年被人民政府追认为革命烈士。归葬在闵行区烈士陵园。

姜敏君(1928—1951),马桥镇同心村二组人。1928年4月生于雇农家庭。1951年6月,参加中国人民志愿军67军201师603团奔赴抗美援朝战场,为3营9连战士。10月16日,在朝鲜金化923高地阻击战中牺牲。1951年11月8日,被追认为革命烈士。安葬在朝鲜江原道金化郡远东区广大洞村。

王根林(1929—1951),马桥镇金星村人。1951年1月参加工作,9月参加中国人民志愿军,67军201师603团2营4连战士。10月16日,在朝鲜金化923高地阻击战中牺牲。1951年11月8日,被追认为革命烈士。安葬在朝鲜江原道金化郡远东区广大洞村。

张通林(1929—1951),马桥镇彭渡村人。1950年12月应征入伍,1951年6月随部队参加抗美援朝,志愿军68军201师602团3营8连战士。10月20日,在朝鲜金化战役中牺牲。1954年7月16日,被追认为革命烈士。初葬在朝鲜金化郡桥岩山,归葬在闵行区烈士陵园。

徐宗辉(1922—1951),马桥镇俞塘村人。1951 年 1 月应征入伍,6 月随部队参加抗美援朝,志愿军 67 军 201 师 602 团 2 营 6 连战士。1951 年 10 月 20 日,在朝鲜金化战役中牺牲。安葬在闵行区烈士陵园。

陆世林(1931—1951),马桥乡人。1950 年 11 月应征入伍。1951 年 9 月参加中国人民志愿军,67 军 201 师 603 团 3 营 9 连战士。10 月 20 日,在朝鲜金化战役中牺牲。安葬在朝鲜金化。

陈书华,马桥镇民主村三组陈家潭人。1953 年 1 月,参加中国人民志愿军,在 0212 部队军士教导营任学员。1957 年 2 月 26 日,在前线因病身亡。

金全根,马桥乡人。中国人民志愿军某部战士。在朝鲜失踪。

陈友林(1925—1953),马桥乡人。1949 年 4 月参加革命。志愿军 23 军 67 师 199 团 1 营 1 连战士。1953 年 7 月 9 日,在朝鲜江原道铁原郡石岘洞北山阻击战中牺牲。安葬在朝鲜江原道。

王火炳(1923—1953),马桥镇金星村人。中国人民志愿军某部战士。1953 年 7 月 3 日,在朝鲜牺牲。同年 10 月 5 日,被追认为革命烈士。安葬在闵行区烈士陵园。

张洪良(1955—1978),马桥乡人。1975 年应征入伍,1977 年 11 月入党,海军 37825 部队 58 分队班长。1978 年 9 月 26 日,在福建省宁德县三都岛战备训练中牺牲。1978 年 10 月 6 日,被追认为革命烈士。安葬在福建省宁德县烈士公墓。

上海闵行地方文史丛书

（闵行区文化发展专项资金资助项目）

第二辑

《浦江史话》
《吴泾史话》
《马桥史话》
《颛桥、莘庄工业区史话》
《梅陇、古美史话》
《莘庄史话》
《七宝史话》
《虹桥史话》
《华漕、新虹史话》
《江川史话》
《浦锦史话》

第一辑

《闵行秀·老屋大观》
《闵行秀·古迹寻踪》
《闵行秀·乡土墨客》
《上海闵行英烈》
《上海闵行红色地图》
《百年沪闵路》（修订本）
《海派乡土文化》（修订本）
《20世纪上海乡土图像》
《上海闵行历代著姓望族》
《上海闵行地方古籍提要》